"十二五"职业教育国家规划教材 修订版
经全国职业教育教材审定委员会审定

城市轨道交通车站运作管理

第3版

主编 永秀
参编 毕胜 杨长清

机械工业出版社
CHINA MACHINE PRESS

本书在"十二五"职业教育国家规划教材的基础上修订。城市轨道交通是以轨道为运行基础、点线结合运作的交通方式。其中的"点"即车站，完成城市轨道交通的列车停靠、乘客集散等主要功能。车站管理是城市轨道交通运营管理的基础环节。

本书通过剖析轨道交通车站运作管理，对车站管理的各个环节做了详细介绍，内容包括轨道交通车站概述、轨道交通车站管理概述、轨道交通新线车站接管、轨道交通车站设备设施管理、轨道交通车站行车业务、轨道交通车站客运业务、轨道交通车站票务业务、轨道交通车站施工管理、轨道交通车站安全管理、轨道交通车站综合管理、轨道交通车站应急处理。

本书可作为高等及中等职业院校城市轨道交通相关专业的教学用书，也可供从事城市轨道交通运营管理的专业技术人员参考，还可作为城市轨道交通车站管理岗位人员的培训教材。

图书在版编目（CIP）数据

城市轨道交通车站运作管理 / 永秀主编. —3 版（修订本）. —北京：机械工业出版社，2021.4（2025.1 重印）

"十二五"职业教育国家规划教材

ISBN 978-7-111-67921-9

Ⅰ. ①城… Ⅱ. ①永… Ⅲ. ①城市铁路—车站—管理—职业教育—教材 Ⅳ. ① U239.5

中国版本图书馆 CIP 数据核字（2021）第 060311 号

机械工业出版社（北京市百万庄大街 22 号 邮政编码 100037）

策划编辑：孔文梅　　责任编辑：孔文梅　董宇佳
责任校对：孙丽萍　　封面设计：鞠　杨
责任印制：单爱军

北京虎彩文化传播有限公司印刷

2025 年 1 月第 3 版第 9 次印刷
184mm×260mm・15.75 印张・389 千字
标准书号：ISBN 978-7-111-67921-9
定价：49.80 元

电话服务　　　　　　　　网络服务
客服电话：010-88361066　　机 工 官 网：www.cmpbook.com
　　　　　010-88379833　　机 工 官 博：weibo.com/cmp1952
　　　　　010-68326294　　金 书 网：www.golden-book.com
封底无防伪标均为盗版　　　机工教育服务网：www.cmpedu.com

Preface 前言

城市轨道交通作为大容量、中短途的客运基础设施，具有便捷高效、安全环保、社会效益显著的独特优势，受到世界各大城市的青睐，成为优化城区布局、提升生活质量、促进经济发展的重要举措。随着城市轨道交通建设和运营的快速发展，轨道交通已成为我国城市公共交通体系中的骨干力量，遍布城市各网点的轨道交通车站日益成为市民生活中不可或缺的组成部分。

各城市轨道交通建设和运营，需要大量掌握车站管理知识及操作技能的运营技术、管理和服务人员。然而目前，城市轨道交通相关专业还缺乏具有较强针对性、实用性、内容较全面的城市轨道交通车站运作管理方面的教材；而各城市轨道交通运营企业面对繁重的新线开通筹备工作，承担着大量车站新员工的上岗以及老员工的晋升培训工作，基本是"缺什么，补什么"，缺乏较为系统、全面和详尽的培训教材，培训效果事倍功半。

本书正是基于这样的考虑，结合当前的行业和教学现状，充分吸收"产教融合、校企合作"的经验，按照职业教育"以必需、够用为度"的原则，严格按照职业岗位工作的需要去精选适合的专业理论知识，对城市轨道交通车站运作人员所需的知识点和技能点进行认真分析整合，采用模块化教学设计，编写了涉及车站规划设计、新线车站接管、车站管理模式、车站行车、客运、票务、施工、安全、综合管理及应急处置等方面的内容。

本书注重理实一体化教学，契合企业需求，理论知识少而精，运用技能全面而实用。在每个章节都安排了实例案例介绍，以及实际场景图片和适当的复习与实训。本书可作为高等职业教育相关专业的教材用书，也可作为城市轨道交通运营企业员工的培训教材，以及城市轨道交通其他相关专业的参考用书。

本书由从事轨道交通运营管理工作20多年的高级工程师永秀主编。永秀负责对全书框架及编写思路的设计，以及全书的统稿校对工作。编写分工如下：模块一由杨长清编写，模块二由永秀编写，模块三由毕胜编写，模块四～模块六由永秀、杨长清编写，模块七由毕胜编写，模块八～模块十一由永秀、毕胜编写。编写人员均在轨道交通运营企业一线工作多年，具有全面的理论功底和丰富的现场实践经验，能够将"所学与所用"有效地结合起来。

本书在编写过程中得到了机械工业出版社的大力支持与帮助，尤其是孔文梅编辑给予了指导和帮助，在此致以衷心的感谢。

城市轨道交通的发展日新月异，随着轨道交通行业新技术和新设备的不断引入，轨道交通运营管理模式也在不断改进和优化。由于编写人员实践经验及专业技术水平受区域和时间阶段的局限，书中对各种问题的处理和分析难免偏颇或不足，敬请读者反馈意见，以便今后修订和完善，期待广大读者和同行提出宝贵意见。

为方便教学，本书配备了电子课件等教学资源。凡选用本书作为教材的教师均可登录机械工业出版社教育服务网www.cmpedu.com免费下载。如有问题请致电010-88379375，服务QQ：945379158。

编 者

二维码索引

序号	名称	二维码	页码	序号	名称	二维码	页码
1	模块一 学习导引		1	7	模块七 学习导引		130
2	模块二 学习导引		20	8	模块八 学习导引		156
3	模块三 学习导引		36	9	模块九 学习导引		175
4	模块四 学习导引		62	10	模块十 学习导引		194
5	模块五 学习导引		84	11	模块十一 学习导引		220
6	模块六 学习导引		105				

Contents 目录

前言
二维码索引

1 模块一 轨道交通车站概述 // 1
单元一　轨道交通车站的设置 // 4
单元二　轨道交通车站的功能 // 7
单元三　轨道交通车站的结构 // 9
单元四　轨道交通车站设备系统 // 12
模块小结 // 17
复习与实训 // 18

2 模块二 轨道交通车站管理概述 // 20
单元一　轨道交通运营管理概述 // 21
单元二　轨道交通车站管理特点与模式 // 22
单元三　轨道交通车站组织架构及岗位设置 // 25
单元四　轨道交通车站运作流程 // 30
模块小结 // 33
复习与实训 // 34

3 模块三 轨道交通新线车站接管 // 36
单元一　工程介入 // 37
单元二　进驻车站 // 44
单元三　车站三权移交 // 47
单元四　车站开通运营准备 // 53
模块小结 // 60
复习与实训 // 61

4 模块四 轨道交通车站设备设施管理 // 62
单元一　轨道交通车站设备介绍 // 63

单元二　轨道交通车站设施介绍 // 69
单元三　轨道交通车站设备设施巡视 // 74
单元四　轨道交通车站设备设施维护 // 79
模块小结 // 82
复习与实训 // 83

5 模块五 轨道交通车站行车业务 // 84
单元一　行车业务基础知识 // 85
单元二　车站综合控制室 // 89
单元三　行车凭证及行车报表 // 91
单元四　车站行车组织 // 97
模块小结 // 102
复习与实训 // 103

6 模块六 轨道交通车站客运业务 // 105
单元一　车站客运组织工作特点 // 106
单元二　车站开关站作业 // 108
单元三　车站客运计划 // 111
单元四　车站客流组织 // 115
单元五　车站乘客服务 // 120
模块小结 // 127
复习与实训 // 128

7 模块七 轨道交通车站票务业务 // 130
单元一　车站票务基础知识 // 131
单元二　车站自动售检票系统运作 // 134
单元三　车站票务运作流程 // 139

单元四　车站票务事务处理 // 146

模块小结 // 153

复习与实训 // 154

8 模块八　轨道交通车站施工管理 // 156

单元一　车站施工管理办法 // 158

单元二　车站用电、动火管理办法 // 163

单元三　车站施工人员管理办法 // 167

单元四　车站施工作业网络化管理 // 169

模块小结 // 172

复习与实训 // 173

9 模块九　轨道交通车站安全管理 // 175

单元一　车站危险源识别与控制 // 176

单元二　车站消防安全管理 // 182

单元三　车站轨行区安全管理 // 185

单元四　车站作业安全 // 186

模块小结 // 192

复习与实训 // 192

10 模块十　轨道交通车站综合管理 // 194

单元一　车站员工管理 // 195

单元二　车站保安、保洁管理 // 199

单元三　车站商户管理 // 206

单元四　车站培训与演练 // 207

单元五　车站物资备品管理 // 214

模块小结 // 217

复习与实训 // 218

11 模块十一　轨道交通车站应急处理 // 220

单元一　车站应急组织机构 // 221

单元二　车站应急处置原则 // 223

单元三　车站应急信息传递 // 223

单元四　车站应急救援 // 225

单元五　车站应急处理程序 // 226

模块小结 // 244

复习与实训 // 244

参考文献 // 246

模块一 Module 1
轨道交通车站概述

【学习目标】

能力目标:
- 能写出轨道交通车站的主要设备系统及其主要作用。
- 能写出轨道交通车站的组成结构。

知识目标:
- 理解轨道交通车站的设置原则。
- 掌握轨道交通车站的功能。

模块一　学习导引

随着科技进步和劳动生产率的提高，城市范围内大量人员的流动，要求配置便捷、可达性强的客运交通工具，以便人们高效率地出行。城市轨道交通系统是近代高科技的产物，采用全封闭道路、自动信号控制调度系统和轻型快速电力驱动车组。城市轨道交通可以提高城市运输量和速度，深受很多饱受交通拥堵困扰的城市青睐。近百年来世界上许多大城市的发展经验表明，轨道交通系统作为公共交通的骨干网络，能够有效地完成艰巨的城市客运任务。电气化的轨道交通被誉为"绿色交通"，其疏通城市客流的功能比之传统的道路公共交通工具更具优越性。

引导案例　世界上最吸引人的十大地铁站

一、中国上海外滩观光隧道

外滩观光隧道地处上海"钻石"地段，隧道洞体全长647米，隧道内壁由高科技手段营造的各种奇异的色彩变换不停，黄色的海星、粉色的花朵、形状各异的几何图案、各种充满生机的地球生物，跃动着生命的力量，引人遐思。

二、俄罗斯莫斯科共青团地铁站

俄罗斯莫斯科共青团地铁站处于莫斯科最繁忙的交通枢纽——共青团广场。共青团地铁站在莫斯科地铁5号线及整个地铁系统中都是最出名的，它的设计主题是爱国主义和激发民族的荣誉感，于1952年1月30日开放。

三、德国法兰克福Bockenheimer Warte地铁站

Bockenheimer Warte地铁站位于法兰克福，具有奇特的入口，好像一辆火车在人行道中间爆炸，并沉入地下。设计师称，他在设计时受到超现实主义艺术家的启发。

四、西班牙毕尔巴鄂地铁站

西班牙巴斯克地区的毕尔巴鄂地铁站因交通系统的速度和效率以及设计风格而为当地人

所称道。毕尔巴鄂地铁站由诺曼·福斯特（Norman Foster）设计，在设计时使用了梁、楼梯和灯光点缀，站内宽敞明亮，体现了一种简洁而明快的设计风格。入口设计更是独一无二，呈圆管状突出到街道地面上。

五、美国纽约市政厅地铁站

美国纽约市政厅地铁站的设计理念是建成一座美丽而实用的地铁站。纽约市政厅地铁站自1945年投入使用以来，一直是纽约市最吸引人的地铁站。

六、美国芝加哥奥黑尔地铁站

美国芝加哥奥黑尔地铁站建于1984年，从站台上可以看到机场候机楼。玻璃块组成的弧形侧壁以及不同的背景颜色照亮了站台并且吸收了站台的声音。在站台尽头是楼梯和自动扶梯，上升并通过一个模仿飞机外形的灰色金属外墙，可以让旅客到达检票口和机场出口。

七、阿联酋迪拜地铁站

阿联酋迪拜地铁站结合了传统和现代的设计风格，以贝壳的外形为模型，室内设计描绘了水、空气、土和火等自然元素。

八、瑞典斯德哥尔摩地铁站

为了让旅客忘记他们是在地下旅行,地铁站通常都非常干净,在设计上大都采用现代主义色彩。而在瑞典的斯德哥尔摩地铁站,情况却不是这样的:几个地铁站由磐石构成,并留下如洞穴状的"天花板"。这里是古代和现代的结合,"洞穴壁画"成了点睛之作。

九、朝鲜平壤地铁站

平壤地铁无疑是朝鲜平壤交通基础设施的重要部分。平壤地铁的建筑风格即使在世界上都是非常吸引人的。

十、德国慕尼黑城市地铁(U-Bahn)站

慕尼黑公共交通系统非常出色,包括郊区火车、城市地铁、市内有轨电车和地面公交线路,把城市的每个部分完美地结合起来。城市地铁系统在1972年开放,地铁站台干净漂亮。早期的地铁设计上具有简约的风格,后来的地铁设计增添了许多有趣的元素和一些艺术作品。

(资料来源:http://www.chinatibetnews.com,中国西藏新闻网)

单元一 轨道交通车站的设置

一、概述

城市轨道交通就其运输工具的属性而言,其规划的主要内容是线路的走向和站点布设,主要目的是解决沿线居民的出行问题。

在轨道交通线路走向方面,针对不同城市的不同需求,轨道交通线路规划粗分为追随型、满足型和导向型三种类型。

追随型即哪里交通供给严重不足，轨道交通就修到哪里。

满足型则是需求与规划同步，规划基本满足日益增长的客流出行需求，起到相当好的支持保障作用。

导向型则是规划具有较强的超前性，引导城市的发展布局，轨道交通建到哪里，哪里就逐渐繁华起来，客流逐步增加。

在线路走向稳定后，需要解决的就是站点的布设问题。

二、车站站点的设置原则

建设城市轨道交通的目的是解决城市居民出行需求，车站是轨道交通客流集散的重要场所，因此，车站站点的设置需要兼顾多方面的需求。

（一）满足吸引客流的需求

车站站点的设置首先满足最大限度地吸引客流的需求。原则上，靠近大型住宅区、商业区、办公区或者学校、工厂等人口密集区设置。

根据国家相关规范要求，轨道交通车站站间距，在城市中心区和居民稠密地区宜为1千米左右，在城市外围区应根据具体情况适当加大车站间的距离，一般宜为2千米左右。主要吸引周边500米步行范围的客流，也可以通过设置接驳常规公交的方式，以吸引更大范围的客流。

（二）满足城市规划的需求

车站的总体布局，应符合城市规划、城市交通规划、环境保护和城市景观的要求，妥善处理好与地面建筑、地下管线、地下构筑物等之间的关系。

城市轨道交通的线路必须为全封闭形式，以便实现高密度、高速度的列车组织运行。地下线处于自然封闭隧道中，无须特别隔离；地面线和高架线则需要在沿线设置防护墙或防护网，以便与外界保持隔离状态。因此，原则上在城市中心区采用地下站设计形式，而在郊区或城市边缘区域则采用地面或高架形式。

1. 地下站

地下站一般为地面出入口、中间站厅和地下站台的两层或三层结构形式，出入口通道总数不得少于两个。由于建在地下，其工程造价远高于其他两种类型的车站。地下站实景及剖面图如图1-1所示。

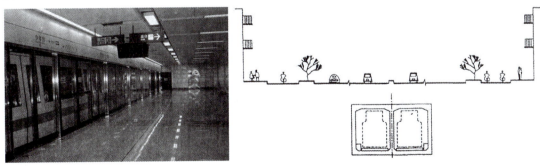

图1-1 地下站实景及剖面图

2. 地面站

地面站出入口、站厅、站台分布在同一个平面，优点是造价低，缺点是占地面积过大，对线路经过的区域造成地面的人为分割。地面站实景及剖面图如图1-2所示。

 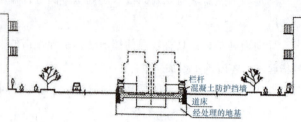

图1-2 地面站实景及剖面图

3. 高架站

高架站一般为地面出入口、地面或高架站厅、高架站台的两层或三层结构。其缺点是占用地面空间较大，对城市景观影响大。高架站实景及剖面图如图1-3所示。

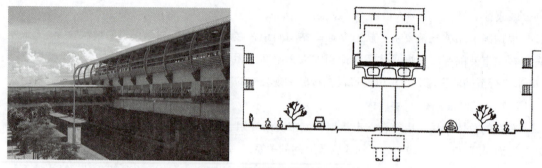

图1-3 高架站实景及剖面图

（三）满足行车组织的需求

车站除了满足客流集散要求，还要满足行车组织的需求。车站需要提供列车折返、故障列车存放、检修等条件，与车辆段（车厂）相连的车站，还要提供进出车辆段（车厂）的路径条件。

线路的终点站或区段折返站应设置专用折返线或折返渡线。当两个具备临时停车条件的车站相距过远时，根据运营需要，宜在沿线每隔3～5个车站加设停车线或渡线。

三、车站规模及设计

（一）车站规模

车站规模主要根据远期高峰客流量来确定。远期高峰客流量选用全线通车交付运营后第25年各站的高峰客流量，为考虑高峰小时进出站客流量的不均匀性需乘以1.2～1.4的系数。

高峰小时客流量，一般指早、晚高峰小时客流量，对于所处位置特殊的车站，如大型文体场所、火车站等也可选用其他高峰小时客流量。轨道交通各线路之间及与其他交通线路交汇处的换乘站，换乘设施的通过能力应满足预测的远期换乘客流量的需要。

车站的规模还应对车站所在位置的重要性及该地区发展规划等因素综合考虑，寻求最佳方案。

（二）车站设计

车站设计必须满足客流需求，保证乘降安全、疏散迅速、布置紧凑、便于管理，并具有良好的通风、照明、卫生、防灾等设施，为乘客提供舒适的乘车环境。如对于客流集散功能的需求需考虑：气流组织、排烟能力、紧急疏散能力、站台候车能力、购票速度、闸机通过能力以及楼扶梯通过能力、通道通过能力等。对车站运营管理功能的需求需考虑：业务需求（票务、问讯、内部管理等）、设备需求（屏蔽门、电扶梯、照明、环控、给水排水等）、生活需求（卫生、更衣、饮食等）、保洁需求（排水、给水、电源、工具、垃圾等）。

车站平面形式应根据线路特征、营运要求、地上和地下环境及施工方法等条件确定。站台可选用岛式、侧式或岛侧混合式等形式。

各种交通方式的有效衔接是整个城市交通系统优化的关键，轨道交通作为一个大运量的交通工具，只有与其他交通方式实现有效换乘，才能发挥更大的社会效益和经济效益。因此，许多的轨道交通换乘站被设计成综合的交通枢纽站，成为多种交通方式车流与人流的集散地，同时配合适度的商业开发，获得经济效益和社会效益的双赢效果。

单元二　轨道交通车站的功能

一、概述

车站具有供列车停车、折返、检修、临时待避及乘客集散、候车、上下车、换乘等功能，为满足安全、迅速、方便地组织乘客进出站的运营要求，车站同时又是城市轨道交通运营设备的集中设置地。

二、轨道交通车站的分类

轨道交通车站根据其用途的不同发挥着不同的运营功能，因此也有着不同的分类。

（一）按车站的运输功能划分

按车站的运输功能可分为终点站（始发站）、中间站和换乘站。

1. 终点站（始发站）

终点站（始发站）是设置在线路两端终点的车站。除具有供乘客乘降的基本功能之外，还可供列车折返、停留和临时检修之用。

2. 中间站

中间站是线路上数量最多的基本站型，其主要作用就是供乘客乘降。在线路设计时，有些中间站还设置折返线、渡线或存车线等，以便在信号系统、供电系统或列车车辆等出现故障时，快速有效地进行列车调整，如进行小交路运行、列车就地退出服务等，以尽快恢复运营正线正常的列车运行秩序。

3. 换乘站

换乘站是设置在两条及两条以上的轨道交通线路交叉点的车站。其最大的特点是乘客可从一条线路换乘到另一条线路，为乘客换乘提供方便。其设计原则是：尽量满足乘客无须出站或无须重新购票就能换乘到另一条线路的需要。

（二）按车站站台形式划分

根据车站站台的形式，可分为岛式站台车站、侧式站台车站和混合式站台车站。

1. 岛式站台车站

岛式站台的上、下行线分布在站台的两侧，如图1-4所示。

岛式站台的优点是站台面积可以得到充分利用，便于集中管理，车站结构紧凑，设备使用率高，乘客换乘方便；缺点是对线

图1-4　岛式站台车站

路设计影响大，设计难度大、造价高。根据站台和线路数量的不同又可分为一岛式、两岛式等。

2. 侧式站台车站

侧式站台分布在上、下行线一侧，如图1-5所示。其优点是站台的横向扩展余地大，双向乘客上下车无干扰，不易乘错方向，且对线路设计影响不大，工程造价相对岛式站台低。缺点是站厅客流组织难度大，乘客容易下错乘车站台。

3. 混合式站台车站

混合式站台车站是指既有岛式站台又有侧式站台的车站，如图1-6所示，如一岛两侧式、两岛一侧式等。一般多为终点站（始发站），设有道岔和信号联锁等设备。乘客可以在不同的站台上下车，方便车站的客流组织。

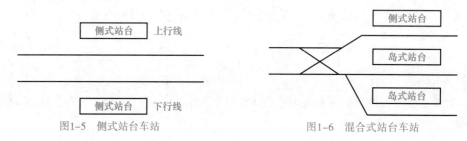

图1-5　侧式站台车站　　　　　图1-6　混合式站台车站

三、车站换乘方式

换乘方式的选择是轨道交通网络换乘衔接组织的主要内容，换乘车站空间组织方式取决于轨道交通交汇线路的走向和相互交织形式。常见的交织形式有垂直交叉、斜交、平行交织等，但归纳到换乘空间的组织方式，一般分为同站台换乘、阶梯换乘、站厅换乘、通道换乘和站外换乘5种基本形式。

1. 同站台换乘

同站台换乘一般适用于两条线路平行交织，而且采用岛式站台的车站形式。乘客换乘时，由岛式站台的一侧下车，在站台另一侧上车，即完成了转线换乘，换乘极为方便。同站台换乘的基本布局是双岛站台的结构形式，可以在同一平面上布置，也可以双层布置。

2. 阶梯换乘

在两条线路的交叉处，将两线重叠部分的结构做成整体的结点，并采用阶梯将上下两座车站站台直接连通，乘客通过自动扶梯或垂直电梯、步行楼梯进行换乘。阶梯换乘方式根据不同线路车站交叉方式，分为"十"字形、"T"形、"L"形等布置形式。

3. 站厅换乘

设置两线或多线的共用站厅，相互连通形成统一的换乘大厅。乘客下车后，无论是出站还是换乘，都必须经过站厅，再根据导向标志出站或进入另一个站台继续乘车；由于下车客流到站厅分流，减少了站台上的人流交织，乘客在站台上的滞留时间减少，可避免因行车延误造成站台拥挤，同时又可减少自动扶梯或垂直电梯、步行楼梯等升降设备设施的总数量，增加站台有效使用面积，有利于控制站台宽度规模。

4. 通道换乘

在两线交叉处，车站结构完全脱开，通过通道将两车站连接起来，供乘客换乘。连接通道一般设于两站站厅或站台之间。通道换乘布置方式较为灵活，对两条线路交角大小及车站位置有较大适应性，预留工程少，甚至可以不预留。

5. 站外换乘

乘客在换乘枢纽付费区以外进行换乘，是没有专用换乘设施的换乘方式。这种空间组织方式使得乘客增加一次进站、出站手续，在站外与其他人流交织，换乘步行距离也长。对交通换乘枢纽自身而言，这种换乘模式是一种系统性缺陷的反映。因此，在线网规划和枢纽空间衔接设计中应尽量避免站外换乘方式。

在换乘枢纽空间组织的实际应用中，往往采用几种空间方式组合，以达到改善换乘条件、方便乘客使用、降低工程造价的目的。例如，同站台换乘方式辅以站厅或通道换乘方式，使所有的换乘方向都能换乘；阶梯换乘方式在岛式站台中，必须辅以站厅或通道换乘方式，才能满足乘客换乘的要求；站厅换乘方式辅以通道换乘方式，可以减少预留工程量等。

单元三　轨道交通车站的结构

轨道交通车站根据其功能需求一般由以下部分组成：风亭、冷却塔，出入口、通道，站厅和站台等。

一、风亭、冷却塔

风亭是为车站及隧道提供通风、换气的设施，在车站或隧道发生火灾时还能排烟。风亭按其功能不同分为活塞风亭、进风亭和排风亭。其结构一般为出地面的带盖风井构造（如图1-7所示）。风亭的设计根据周边环境的条件许可采用独立式或合建式。

冷却塔的主要功能是为车站的环境控制系统散热，也是出地面的结构（如图1-8所示）。

图1-7　风亭

图1-8　冷却塔

二、出入口、通道

车站出入口和通道是客流集散的必经地，乘客必须经过出入口和通道才能进出车站，实现其乘坐列车的目的。车站管理通过出入口和通道的设置来实现与外界的物理分隔。

（一）出入口

1. 设计原则

车站出入口的设计以最大限度地吸引客流和方便客流集散为目的，与其他交通方式、停车场形成较佳的换乘布局，可设在地面交通主干道两侧的人行道上，兼顾过街通道，也可考虑与地面建筑物结合，设在地面建筑物内（如商场、办公楼、大型活动场所等）。

2. 安全因素

出入口担负着车站与外界物理分隔的作用，必须设置卷帘门或安全门，以便实现车站封闭管理的需求：在运营时间开启，便于乘客进出；在非运营时间关闭，防止无关人员闯入，对车站安全构成威胁。

出入口作为一个开放的空间，必须设置防洪和防台风设施，避免地面积水涌入车站，对车站人员和设备设施安全构成威胁。参照国内外轨道交通建设的经验，在出入口处宜设置平台，平台高度以高于地面三个台阶为宜，即450毫米左右，长度一般2~3米，如图1-9所示。

为方便残疾人员或行动不便人员也能安全地进出车站，车站出入口应考虑增加特殊设计，如每个车站至少保证有一个出入口设置垂直电梯，楼梯处设计斜坡道等。

图1-9 出入口

3. 数量与宽度

出于消防疏散的要求，车站出入口设置数量不得少于两个。车站出入口设计还应考虑与周边物业的接驳问题，考虑承担过街通道功能等。为了方便管理，车站至少保留一个独立的出入口作为车站的紧急出入口，在车站发生突发事件时，供抢险人员进出和运输抢险设备、物资。

出入口的宽度应与相连的通道宽度一致，出入口的宽度应按远期分方向设计客流量乘以不均匀系数（一般为1.1~1.25）计算确定。出入口设置有自动扶梯时，对其楼梯和自动扶梯的通过能力应分别进行计算。

（二）通道

车站的出入口、站厅、站台之间以通道连通，通道可以由步行道、楼梯、自动扶梯等构成，如图1-10所示。

1. 设计原则

（1）车站出入口与站厅相连的通道，长度不宜超过100米，超过时应采取能满足消防疏散要求的措施。各部位的通过能力，应满足远期客流所需的宽度和数量。

图1-10 通道

（2）地下出入口通道力求短、直，通道的弯折不宜超过三处，弯折角度宜大于90°。

（3）设置必要的照明和通风设施，在通道内设置广告时，应注意内容简洁明快，以画面为主，避免过多的文字内容，以免乘客长时间驻足观看，影响人流通行效率。

（4）设置排水沟，处理雨水和墙体渗水等。

（5）通道内宜安装一定数量的摄像头，便于工作人员掌握客流通行情况。并设置一定数量和类别的导向标志引导乘客的出行。

2. 宽度计算

通道宽度（b）的计算公式为

$$b = \frac{1.25 Q_{max}}{qn}$$

式中 Q_{max} ——高峰时段通过客流量，单位：人/小时；

q——单位时间通过能力,单向(顺行,无交叉)取5 000,双向(混行,有交叉)取4 000,单位:人/(小时·米);

n——通道数,$n \geq 2$;

1.25——两端不均匀系数。

3. 连通通道

与周边物业连通的车站通道按其不同的连通方式有以下几种类型:

(1)结合连通型。车站出入口与物业的建筑物地下空间完全结合,该出入口的乘客必须经连通部分才能进出车站。一般以连通的建筑用地红线作为连通分界线。

(2)通道连通型。出入口通道增设一个连通接口,使建筑物地下空间与车站连通,车站原设计出入口仍保留,该出入口通道的乘客可选择是否经过连通部分进出车站。一般以连通接口处的通道结构沉降缝作为连通分界线。

(3)无缝连通型。车站站厅层与申请连通的建筑物地下空间采用面的结合方式连通,形成整体空间。一般以连通面作为连通分界线。

三、站厅

站厅是乘客换乘列车的中转层,其主要作用是集散客流,为乘客提供售票、检票、补票、咨询等服务,如图1-11所示。

站厅按其用途分为公共区和设备区,一般中间为公共区,两端为设备区。

图1-11 站厅

1. 公共区

公共区又分付费区和非付费区,以检票闸机和栏杆进行分割。此区域主要供乘客完成购票、检票过程,从非付费区购票通过检票闸机进入付费区,到达站台乘车;或者从付费区通过检票闸机到达非付费区出站。在此区域内设置各种导向标志、事故疏散标志、服务乘客标志,引导乘客方便、快捷地进出车站。

客服中心设在站厅的付费区和非付费区之间(如图1-12所示),可同时服务于两个区域的乘客,完成售票、咨询、补票等业务。

2. 设备区

设备区主要设有设备用房和管理用房。设备用房是安置各类设备、进行日常维修及保养设备的场所,主要有售检票、通信、信号、环控、照明、低压配电、变电所等系统相关设备房。

图1-12 客服中心

管理用房是车站工作人员的办公用房,包括车站综合控制室、设备系统值班室、票务室、会议室、更衣室、休息室、卫生间、备品库、垃圾间、清扫工具间等。

站厅层作为乘客密集的场所,也带来了无限商机。在非付费区内可以根据场地大小布置部分便民的商业设施,如公用电话、自助银行、自动售卖机、小商铺等,布置原则以不影响乘客出行为首要条件。

四、站台

站台是最直接体现车站主要功能的场所(如图1-13所示),其主要作用是供列车停靠、乘客候车及乘客上下车等。

站台也分公共区和设备区,一般两端为设备区,中间为公共区。站台公共区的主要功能是供乘客上下车、候车,一般布置有站台监控亭、列车到发信息牌、紧急停车按钮、乘客候车座椅等设备、设施。

1. 站台长度

站台长度由列车长度决定,以线路远期最大编组列车的长度加列车停车误差来计算。站台上的人行楼梯和自动扶梯沿纵向均匀设置,同时还满足站台计算长度内任一点距最近梯口或通道口的距离不得大于50米,其通过能力满足事故疏散时间不大于6分钟的验算。

地下车站站台一旦建成,基本没有延长改建的可能,因此,在设计时就需充分考虑远期客流量,科学合理地确定列车编组辆数。

2. 站台宽度

站台宽度根据高峰时段候车客流及上车、下车客流综合计算,并考虑站台上占据有效面积的柱子和楼梯、自动扶梯等设施,得出满足客流需求的有效宽度。国家标准《地铁设计规范》(GB 50157—2013)规定,岛式站台最小宽度应不小于8米。

图1-13　车站站台

单元四　轨道交通车站设备系统

一、信号系统

城市轨道交通信号系统利用行车闭塞法原理和联锁概念实现了列车的运行指挥和控制的自动化,它是汇集了先进的计算机技术、网络技术和数据传输等技术的一个综合集成系统。如何能够快速地识别进路空闲,并将进路是否空闲的结果传递给列车,列车据此做出加速、减速、惰行还是制动的判断和行为,这就是城市轨道交通信号系统所要解决的问题。

城市轨道交通信号系统根据其实现的功能特点又称为列车自动运行控制系统(Automatic Train Control,ATC),其设备分布在控制中心、车站、列车、轨道及轨旁。

列车自动运行控制系统包括列车自动防护(Automatic Train Protection,ATP)、列车自动驾驶(Automatic Train Operation,ATO)、列车自动监控(Automatic Train Supervision,ATS)及计算机联锁四个子系统。

列车自动运行控制系统根据其闭塞制式的不同分为固定闭塞式ATC系统和移动闭塞式ATC系统。

(一)固定闭塞式ATC系统

固定闭塞式的ATC系统是基于传统的轨道电路的自动闭塞方式,闭塞分区按线路条件经牵引计算来确定,一旦划定将固定不变。列车以闭塞分区为最小行车间隔来实现行车指挥和列车运行的自动控制。固定闭塞式的ATC系统又分为速度码模式和目标距离码模式。

固定闭塞速度码模式ATC基于普通音频轨道电路,技术成熟、造价较低,但因闭塞分区长度的设计受限于最不利线路条件和最低列车性能,不利于提高线路运输效率。

目标距离码模式又称为准移动闭塞模式，具有较大的信息传输量和较强的抗干扰能力。通过音频数字轨道电路发送设备或应答器向车载设备提供目标速度、目标距离、线路状态（曲线半径、坡道等数据）等信息，车载设备结合固定的车辆性能数据计算出适合于列车运行的目标距离速度模式曲线（最终形成一段曲线控制方式），保证列车在目标距离速度模式曲线下有序运行，不仅增强了列车运行的舒适度，而且列车追踪运行的最小安全间隔缩短为安全保护距离，有利于提高线路的通过能力。

（二）移动闭塞式ATC系统

移动闭塞方式的ATC系统通常采用无线通信、地面交叉感应环线、波导等媒体，向列控车载设备传递信息。列车安全间隔距离是根据最大允许车速、当前停车点位置、线路等信息计算得出，信息被循环更新，以保证列车不间断收到即时信息。

移动闭塞ATC系统是利用列车和地面间的双向数据通信设备，使地面信号设备可以得到每一列车连续的位置信息，并据此计算出每一列车的运行权限，动态更新发送给列车，列车根据接收到的运行权限和自身的运行状态，计算出列车运行的速度曲线，实现精确的定点停车，实现完全防护的列车双向运行模式，更有利于线路通过能力的充分发挥。

二、通信系统

通信系统是确保城市轨道交通正常运营的中枢神经，它为城市轨道交通运营各系统、各部门间相互传递信息提供传输手段和通道，以便各岗位及时采取行动确保整个系统正常运营。

城市轨道交通通信系统包括传输子系统、数字程控交换子系统、有线广播子系统、闭路电视子系统、无线通信子系统和时钟子系统。

（一）传输子系统

传输子系统主要为各个系统提供传输通道。

（1）为电话、广播、闭路电视等传输语音和图像信息。

（2）为无线通信系统提供信道。

（3）为供电电力监控系统提供信道。

（4）为自动售检票系统提供信道。

（5）为环控系统及防灾报警系统提供信道。

（6）为办公及其他自动化系统等提供信道。

（二）数字程控交换子系统

城市轨道交通的电话网是利用同一套程控交换机网组成公务电话网和专用电话网。

1. 公务电话网

各车站、控制中心、各系统设备的维修单位、各管理单位内部以及各单位之间利用程控交换机联成程控交换机网络，形成城市轨道交通内部的公务电话网。

2. 专用电话网

专用电话网终端包括调度电话、站间直通电话、轨旁电话。

（1）调度电话。调度电话是用于行车调度、电力调度、环控调度、专用调度所和各车站、车辆运用单位等用户之间的直接通话。

（2）站间直通电话。站间直通电话由专用通道传递，拎起即直接接通，主要办理行车业务用。

（3）轨旁电话。轨旁电话是设置在线路轨道旁的电话，用于供有关专业人员和调度及其他有关分机联系，及时报告运行线路发生的故障及其他紧急情况，一般轨道旁隔一定距离就设置一部轨旁电话机。

（三）有线广播子系统

有线广播子系统的主要作用是对外向乘客及时通报运营信息，播放温馨提示或音乐以改善候车环境，在故障等非正常情况下通报行车、客运等安排情况；对内则用于紧急召唤检修、抢修人员和车站其他工作人员等。

（四）闭路电视子系统

闭路电视子系统是通过安装在车站各处所的摄像设备，供控制中心的调度人员或车站的值班人员实时、有选择地监视沿线各车站或本站站台及站厅的状况；监视客流动态以确保乘客进出站及乘降列车的安全和有序；监视列车在车站的作业情况，以确保行车安全。

（五）无线通信子系统

无线通信子系统主要供处于移动状态的运营工作人员（司机、现场检修人员及站务人员等）与调度或指挥处所保持联系，必要时可以使用无线通信设备发布调度口头命令，指挥行车。无线通信子系统由基地台、天线（隧道内漏泄电缆）、列车无线台、便携式无线台及电源等设备组成。

无线通信子系统根据使用主体不同分为列车无线调度电话、车辆段无线电话和应急抢险无线电话等。其中，列车无线调度电话又简称无线列调，是指挥行车的重要工具之一，可实现列车司机与行车调度员、车站值班员之间的即时通话联系。

（六）时钟子系统

时钟子系统主要为各线路、各车站提供统一的标准时间信息，为城市轨道交通的其他设备系统提供统一的定时信号。时钟子系统由中心母钟（简称一级母钟）、车站和车辆段母钟（简称二级母钟）和时间显示单元（简称子钟）组成。

一级母钟设置在控制中心，二级母钟设置在各车站和车辆段，子钟设置在中心调度室、车站控制室、牵引变电所值班室、站厅、站台，以及其他与行车工作直接相关的办公场所。

三、屏蔽门系统

屏蔽门是安装于城市轨道交通站台靠轨道侧边沿，把站台区域与轨道区域相互隔离开的设备系统。设置屏蔽门系统的主要目的是：防止人员跌落轨道等意外事故；降低车站空调、通风等环境控制系统的运行能耗；减少列车运行噪声和活塞风对车站环境的影响；为乘客提供安全、舒适的候车环境。

屏蔽门门体包括滑动门、固定门、应急门、端门等，如图1-14所示。

滑动门为中分双开式门，关闭时隔断站台和轨道，开启时供乘客上下列车，在非正常运行模式和紧急运行模式下，作为乘客的疏散通道，每侧屏蔽门有相等数量的滑动门与列车门对应。

应急门隔断站台和轨道，有门锁装置，在紧急情况下允许手动打开；每侧屏蔽门有若干扇应急门，站台工作人员在站台侧用钥匙打开应急门，列车司机或乘客压推杆锁打开应急门。

图1-14　屏蔽门

端门设于站台两端，主要用于车站工作人员进出轨行区，同时兼顾紧急情况下疏散乘客的要求，有门锁装置，在紧急情况下允许手动打开；乘客在轨道侧压推杆锁打开端门，或由站台工作人员在站台侧用钥匙打开端门。

车站控制室内设有屏蔽门控制开关，当发生火灾时，车站工作人员视具体情况可经授权操作此开关开启或关闭屏蔽门。

每侧站台两端端门外列车停车位置，与列车驾驶室门相对应的墙上均设有一套就地控制盘（PSL），当因信号系统故障或屏蔽门控制系统故障，导致对门机控制器控制失效时，由司机或被授权操作人员操作此开关控制屏蔽门的开关。

四、环控系统

环控系统是环境控制系统的简称，其主要作用是：为车站内乘客及工作人员提供舒适的环境；为区间隧道通风换气，包括平时的通风换气及列车因故阻塞在区间隧道时的通风换气；火灾时排除烟气，利于人员疏散。

环控系统包括车站空调通风系统和隧道通风系统。

（一）车站空调通风系统

1. 大系统

大系统是车站公共区（站厅、站台）空调通风系统的简称，主要功能是为站厅、站台通风换气（高温季节提供冷风），当站厅、站台发生火灾时排除站厅或站台层的烟气，防止烟气蔓延。

2. 小系统

小系统是车站设备及管理用房空调通风系统的简称，主要功能是为站厅、站台层的设备和管理用房通风换气（高温季节提供冷风），当设备管理用房发生火灾时排除房间的烟气，防止烟气蔓延。

3. 冷水系统

冷水系统是车站制冷空调循环水系统的简称，主要功能是为大系统、小系统提供冷源。

（二）隧道通风系统

1. 区间隧道通风系统

区间隧道通风系统主要功能是对隧道进行通风换气，当列车在区间隧道阻塞或发生火灾时进行通风或排烟。

2. 车站排热系统

车站排热系统包括车站范围内、屏蔽门外站台下部、轨行区顶部排热系统，简称车站排热系统，主要功能是抽排列车顶部空调器及列车进站制动时产生的热量。

五、防灾报警系统

防灾报警系统包括火灾自动报警、气体灭火控制、感温光纤测温、电气火灾监控四个子系统。

为了能及时监测和报告火灾事故，保证城市轨道交通的运营安全，在城市轨道交通各车站、主变电所、车辆段均设置火灾自动报警系统。其主要功能有：探测火警及监视消防装置的动作状态；接收所辖区域火灾报警信号，并显示报警部位；确认灾情后，发出视信/音响报警（如声光报警/警铃报警和消防广播）；当确认发生火灾时，联动或启动防排烟通风及救生系统、防灾灭火系统设备，并切断非消防电源。

六、自动售检票系统

自动售检票（Automatic Fare Collection，AFC）系统，可以完成售票、检票、计费、收费、统计的全过程自动化。目前国内外轨道交通车站的票务运作和管理，基本都以AFC系统作为平台。

AFC系统从空间上可以分为彼此相对独立又紧密联系的四个层次：中心AFC系统、车站AFC系统、售检票设备和车票（票卡）。中心AFC系统的网络结构上可以分出若干个网络结点，每个结点相当于一个车站AFC系统。

AFC系统从实物上可以分为中心AFC系统和车站AFC系统，实现系统运作和收益集中管理功能，实现对系统数据的集中采集、统计及管理功能，并且能实现与"智能储值卡"系统的数据交换及财务清算功能。中心AFC系统是AFC系统的核心部分，车站AFC系统是AFC系统的具体执行者，是交易数据产生地。

案例　以公共交通为导向的开发模式（TOD模式）

以公共交通为导向的发展模式，即Transit Oriented Development，简称TOD模式。其中公共交通主要是指地铁、轻轨等轨道交通及巴士干线，然后以公交站点为中心、以400～800米（5～10分钟步行路程）为半径建立集工作、商业、文化、教育、居住等为一体的城区，以实现各个城市组团紧凑型开发的有机协调模式。

TOD模式应用的比较成功的是香港和东京。

一、香港

香港是世界上人口最稠密的城市之一。在1 078平方千米的土地中，位于海拔50米以下的部分仅占18%，其余大多是陡峭的丘陵。香港在如此之高的人口密度下仍然能保持城市交通的顺畅，有效地控制交通污染，与其居民极高的公共交通使用率是分不开的。从20世纪80年代开始，公共交通一直负担着全港80%以上的客流量，仅有大约6%的居民出行使用私人交通工具。香港的成绩很大程度上归功于TOD社区的土地利用形态。

全香港约有45%的人口居住在距离地铁站仅500米的范围内，九龙、新九龙以及香港岛更是高达65%（如图1-15所示）。港岛商务中心内以公共交通枢纽为起点的步行系统四通八达，凡与步行系统相连的建筑，本身就是步行系统的组成部分，其通道层及邻接的楼层通常作为零售商业和娱乐用途，给行人提供了极大的方便。

二、东京

东京是一个国际性大都市，仅距城市中心半径20千米的范围内就聚集着800多万人口。高密度发展的城市形态使城市内部交通量高度集中。东京的铁路是这个城市最主要的交通方式，也是世界上少数能够盈利的城市铁路系统之一。

以20世纪70年代开发的新宿副中心为例（如图1-16所示），商业娱乐中心及其周围的办公建筑集中在距铁路车站不足千米的范围内，有空中、地下步行通道保护行人免遭汽车和恶劣气候的侵扰。由于大量活动直接在车站附近完成，轨道交通是人们出入该区域最方便、最常用的交通方式。由环形铁路向外放射的郊区铁路沿线更存在一系列典型的TOD社区。大型社区中心围绕车站布置，有景观良好的步行系统从中心通往附近的居住区，居民步行和乘公共汽车到铁路车站都很方便。居民到铁路车站的出行总量中，68%为步行，24%乘公交汽车，仅有6%使用私人轿车。显然，这种用地布局在吸引居民远距离出行使用铁路的同时，还有效降低了社区内部的机动车交通量。

图1-15　香港九龙

图1-16　东京新宿

模 块 小 结

车站站点的设置需要满足吸引客流、城市规划、行车组织等多方面的需求。

车站设计必须满足客流需求，保证乘降安全、疏散迅速、布置紧凑、便于管理，并具有良好的通风、照明、卫生、防灾等设施，为乘客提供舒适的乘车环境。

车站具有供列车停车、折返、检修、临时待避及乘客集散、候车、上下车、换乘等功能，又是城市轨道交通运营设备的集中设置地。车站根据其用途的不同发挥着不同的运营功能，按车站的运输功能可分为终点站（始发站）、中间站和换乘站。根据车站站台的形式，可分为岛式站台车站、侧式站台车站和混合式站台车站。

轨道交通车站根据其功能需求一般由以下部分组成：风亭、冷却塔，出入口、通道，站厅和站台等。

列车自动运行控制系统包括列车自动防护（ATP）、列车自动驾驶（ATO）、列车自动监控（ATS）以及计算机联锁四个子系统。根据其闭塞制式的不同分为：固定闭塞式和移动闭塞式。

城市轨道交通通信系统包括传输子系统、数字程控交换子系统、有线广播子系统、闭路电视子系统、无线通信子系统和时钟子系统。

屏蔽门门体包括滑动门、固定门、应急门、端门等。设置屏蔽门系统的主要目的：①防止人员跌落轨道产生意外事故；②降低车站空调、通风等环境控制系统的运行能耗；③减少列车运行噪声和活塞风对车站环境的影响；④为乘客提供安全、舒适的候车环境。

环控系统是环境控制系统的简称，包括车站空调通风系统和隧道通风系统。其主要作用是：①为车站内乘客及工作人员提供舒适的环境；②为城市轨道交通区间隧道通风换气，包括平时的通风换气及列车因故阻塞在区间隧道时的通风换气；③火灾时排除烟气，利于人员疏散。

防灾报警系统包括火灾自动报警系统、气体灭火控制系统、感温光纤测温系统、电气火灾监控系统四个子系统。

AFC系统从空间上可以分为彼此相对独立又紧密联系的四个层次：中心AFC系统、车站AFC系统、售检票设备和车票。

复习与实训

一、单选题

1．根据我国轨道交通设计相关规范要求，轨道交通车站站间距，在城市中心区和居民稠密地区、在城市外围区分别为（　　）左右。

　　A．1千米、1.5千米　　　　　　　　B．2千米、3千米

　　C．1.5千米、2千米　　　　　　　　D．1千米、2千米

2．（　　）站台便于集中管理、车站结构紧凑，设备使用率高，乘客换乘方便，但是对线路设计影响大，设计难度大、造价高。

　　A．侧式　　　　B．岛式　　　　C．混合式　　　　D．以上都不对

3．（　　）是乘客换乘列车的中转层，其主要作用是集散客流，为乘客提供售票、检票、补票、咨询等服务。

　　A．出入口　　　B．通道　　　　C．站台　　　　　D．站厅

二、多选题

1．城市轨道交通车站换乘空间的组织方式一般分为（　　）等基本形式。

　　A．同站台换乘　　B．阶梯换乘　　C．站厅换乘　　D．通道换乘

　　E．站外换乘

2．以下属于轨道交通车站设备系统的有（　　）。

　　A．屏蔽门系统　　B．通信系统　　C．信号系统　　D．防灾报警系统

　　E．环控系统

3．轨道交通车站由（　　）等组成。

　　A．设备用房和管理用房　　　　　　B．站台

　　C．出入口、通道　　　　　　　　　D．风亭

　　E．冷却塔

4. 站台公共区的主要功能是供乘客上下车、候车，一般布置有（　　　）。

　　A．警务室　　　　　　　　　　　B．乘客候车椅

　　C．站台监控亭　　　　　　　　　D．列车到发信息牌

　　E．紧急停车按钮

三、简答题

1．简述轨道交通车站的设置原则。

2．简答轨道交通车站的主要设备系统及其作用。

四、实训项目

现场参观一个标准站、一个换乘车站和一个折返站，理解轨道交通车站的设置原则，了解车站的主要设备系统及其主要作用，能掌握车站的功能，写出轨道交通车站的组成要素。

模块二 Module 2

轨道交通车站管理概述

【学习目标】

能力目标：
- 能解释城市轨道交通运营管理架构。
- 能解释轨道交通车站管理内容。
- 能解释车站各岗位的工作职责分工。

知识目标：
- 了解城市轨道交通车站不同的管理模式。
- 理解轨道交通运营管理特点。
- 掌握轨道交通车站运作流程。

模块二　学习导引

城市的活力与其公共交通服务质量密切相关，发达的轨道交通网络成为现代化城市不可缺少的基础设施。随着各城市轨道交通的网络化、规模化运营，轨道交通的运营安全和服务质量受到市民和城市管理者的密切关注，其运营管理成为一个重要的研究课题，车站管理是观察评价轨道交通经营单位运营管理成效的重要窗口。

> **新闻回放　北京地铁车站禁带七类物品　不接受安检不能进站**
>
> 《北京市城市轨道交通安全运营管理办法》（简称《管理办法》）修改后，对禁带物品、地铁安检、地铁内强行乞讨等内容进行了明确规定。
>
> **拒不接受安检将由公安机关处理**
>
> 《管理办法》明确了地铁安检的必要性，按照规定，凡在实施安全检查措施期间不接受安检的，车站工作人员有权拒绝其进入城市轨道交通车站，拒不接受安检强行进入车站或扰乱安检现场秩序的，由公安机关依法处理。
>
> 同时，《管理办法》也对安检人员的行为做出了规定：文明礼貌，尊重受检查人；不得损坏受检查人携带的合法物品。
>
> 《管理办法》明令禁止在地铁中兜售物品、散发广告或反复纠缠、强行讨要以及以其他滋扰他人方式行乞的行为。
>
> **七类物品禁止携入地铁车站**
>
> 《管理办法》明确了七类物品禁止携入地铁车站："禁止携带枪支弹药、管制器具以及爆炸性、易燃性、放射性、毒害性、腐蚀性等可能影响公共安全的物品进入城市轨道交通设施，对进入城市轨道交通车站人员携带物品可以实施必要的安全检查措施。"
>
> **隧道周边50米以内为控制保护区**
>
> 《管理办法》还提出了"城市轨道交通控制保护区"的概念，按照规定，地下车站与隧道周边外侧50米以内地面和高架车站以及线路轨道外边线外侧30米以内，出入口、通风亭、变电站等建筑物、构筑物外边线外侧10米之内均为"城市轨道交通控制保护区"。
>
> （资料来源：《法制晚报》）

单元一　轨道交通运营管理概述

一、轨道交通运营管理的特点

现代城市轨道交通的运营管理是一个复杂的系统工程，其本质是通过人员组织管理和设施设备的维护与使用，实现对乘客的承运和送达，从而创造社会效益和经济效益。

（一）城市轨道交通运营管理是多专业多工种的复合型技术管理

轨道交通运营管理集中了车辆、轨道、信号、供电、通信、自动售检票、环控、低压照明、消防、屏蔽门、自动扶梯、给水排水等10多个系统30多个专业，这些系统既自成一体采用不同的实现方式和原理，又同时服从于"组织行车、服务乘客"的目标，成为一个大联动机，任一系统的故障都会影响到整个系统的运营安全和服务质量。

（二）城市轨道交通的运营管理是多目标多层次的综合性组织管理

从运营目标分析，它有运营成本控制目标、日均客流量目标、安全管理目标、客运服务质量目标、劳动生产率目标以及科研技改目标等。各目标中摆在首位的始终是安全和服务质量。

从运输管理层次分析，它采用中央集中调度为主的三级控制原则：中央控制、车站控制和现场控制。每一级控制都由完备的技术设备、人员、组织、规则和操作手册等作为基础。

从运营组织结构分析，它有行车组织、客运组织、票务组织、乘务组织、车辆组织、维修组织、安全保卫组织、技术组织、备品备件组织及后勤服务（人、财、物）组织等。

二、城市轨道交通运营管理架构

城市轨道交通的运营管理架构与其运营管理模式密切相关。有些轨道交通经营企业同时承担轨道交通建设和运营任务，有些企业则只承担运营任务，因此，运营管理架构有公司制或事业部制的区分，具体的组织架构形式可根据运营管理的实际情况及需求设立。

根据轨道交通运营管理单位承担的业务，其基本架构构成包括：财务、人力资源、企业管理、综合事务、物资、安全技术、车务（包括调度指挥、客运组织、乘务组织、票务组织等）、车辆维修、综合维修（包括除车辆外的其他所有设备）等部门，如图2-1所示。

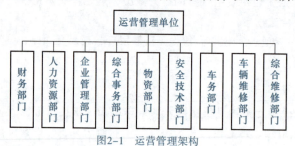

图2-1　运营管理架构

三、城市轨道交通运营员工配备

对于轨道交通运营企业，与其他企业一样，投入与产出也是需要重点关注的关键事项。在投入项中员工配备最能体现轨道交通运营系统的劳动生产率。由于国情、体制、经济等因素的影响，各城市轨道交通员工配备数量不具有必然的可比性。为便于经济和技术上的横向比较，原则上以每千米员工配备数量作为一个常用指标，即用运营员工总数除以线路长度得出。显然，每千米员工数量主要受平均站间距和运输量的影响。

（一）平均站间距

一般轨道交通站间距在城市中心区在1千米左右，市郊地区1~3千米。

（二）运输量

运输量是衡量轨道交通系统效率和建设必要性的重要指标。

（三）员工配备数量

根据各城市轨道交通的具体情况，平均每千米线路员工人数有较大的差异。随着城市经济的发展，技术分工专业化程度的提高，新建的城市轨道交通，固定人员配置相对较少，其中有较多的工作都由专业公司承包，员工数量的减少也减轻了轨道交通经营企业的人工负担。

单元二　轨道交通车站管理特点与模式

人员、列车、线路、车站是城市轨道交通网络的基本构成要素，而车站是轨道交通主要的服务窗口。车站管理部门主要负责车站的行车组织、乘客服务以及车站人员、设备与设施的管理及具体运作，车站业务按类别可分为客运、票务、行车、综合业务等。

一、轨道交通车站管理的特点

（一）客运组织管理

车站是一个提供运输服务的公共场所，需要有服务场地、服务设施、服务人员等。市民乘坐轨道交通出行，经过进站—购票—进闸—候车—乘车—下车—出闸—出站八个步骤。

车站客运组织就是在服务场地按乘客进站动线和出站动线安排服务设施、服务人员，提供进站和出站服务。原则上进站和出站两条动线尽量不交叉或少交叉，车站提供的服务设施数量要满足乘客快速流动的需求，服务人员则及时帮助有需要的乘客或者解决使乘客停留集聚的问题，疏导乘客快速进站、出站，维持站内秩序。

车站客流进站、出站动线如图2-2所示。

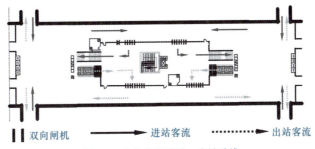

图2-2　车站客流进站、出站动线

（二）票务组织管理

票务收入是轨道交通运营单位的主要收入来源，安全、可靠和完备的自动售检票系统是轨道交通票务收入和结算的基础。

乘客乘坐轨道交通需支付一定的车资，因此售票和检票是车站提供的基本服务之一，这些服务需借助设备和人员来完成，其中涉及现金管理、车票管理以及设备的维护、维修管理等。

原则上，车站票务组织以乘客自助服务为主，车站提供自动售票机、自动增值机、自动查询机、进出站闸机等设备，实现售票、检票的全自动化，在乘客进站、出站动线上设置完善的服务标志，帮助乘客快速地找到相关设施。车站的客服中心主要提供咨询、补票等业务。

车站需要持续和不间断地提供车票、找零硬币、回收车票、回收票款，组织做好车票流和现金流的安全、顺畅运作。单程车票的管理流程如图2-3所示，储值票的管理流程如图2-4所示，现金的管理流程如图2-5所示。

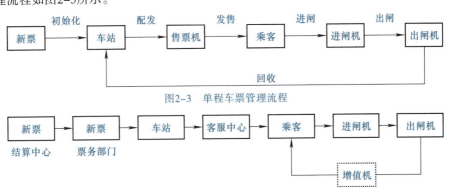

图2-3　单程车票管理流程

图2-4　储值票管理流程

图2-5 现金管理流程

（三）行车组织管理

乘客坐上列车，列车必须运行才能完成乘客的位移，因此，车站还必须为列车运行和停靠提供线路，以及组织列车运行的其他设备条件和人力资源。

列车在线路上的运行由行车控制中心负责指挥，车站主要引导乘客安全有序地上车、下车和保证列车进、出站的安全。特殊情况下，根据控制中心行车调度员的指挥做好人工排列列车进路，以及列车进站、出站的人工接车、发车作业。

（四）综合业务管理

车站作为大量人员聚散的场所，除了满足乘客出行的需求，还需提供部分便民服务以及适当的商业资源开发，如公用电话、洗手间、便利店、取款机、售卖机、广告、商铺等；作为分割界限清晰、空间相对封闭的场所，车站还需要保安、保洁、维保人员，进行物业管理等。

车站综合业务管理涉及工商、城管、公安、消防、卫生防疫等，一些可以通过委托执法程序由车站人员代执行，有些则需要车站人员配合相关部门工作。车站综合业务的管理需要车站站长具备较强的综合协调能力。

二、轨道交通车站管理模式

轨道交通车站管理模式取决于运营设备自动化程度和客流量的大小，也与整个运营单位管理模式密切相关。按其隶属层次和管理权限不同，车站的管理模式略有不同。

（一）以车站为基本单位的管理模式

以车站为基本单位的管理模式是基于"点、线"结合的单线管理模式，是一种集权式管理结构，其主要特点就是按线别统一成立一个车站管理部门，以车站为基本单位进行管理，统一模式、统一标准，车站管理部门统一提供技术和业务支持。其结构层次如图2-6所示。

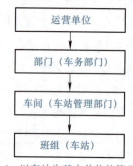

该模式的优点是集中设置技术业务支持人员，车站只负责运输计划的执行，综合业务均由技术支持人员完成，一方面确保了政策、制度执行不走样，另一方面节约了人力资源。但该模式的缺点也比较明显，如：

图2-6 以车站为基本单位的管理模式

（1）由于集中设置技术支持人员，遇到突发事件需赶赴现场时，耗费时间长，现场处置效率降低。

（2）车站管理的线条过长、幅度过大，车站管理主要采用由上至下的推动式管理方式，各车站本身完全是被动、依赖式的管理，站长缺乏根据全线当前运营要求，在本站管理上积极主动采取相应措施的主观能动性。

（3）车站是运营设备的集中地，是面向乘客服务的窗口，是内部、外部各种矛盾的交集点，站长缺少相应的管理权限和资源去处置车站的具体工作，车站自身管理的力度不够，管理效率降低。

（二）中心站管理模式

中心站管理模式是根据车站客流量和技术设备设置的不同（如联锁站或非联锁站），在一条线路上选取几个车站作为中心站，邻近车站作为卫星站，以一带几（如3~5个车站）的形式进行管理，由中心站统一提供技术和业务支持。

中心站管理模式是对所有的车站实行分线、分区域式的管理。在分线或分区域式管理的前提下，以区段（以中心站带卫星站）取代车间和单个车站作为车站管理基本单元（如图2-7所示）。通过优化管理幅度，完善区段自身管理功能和职能，使区段成为车站的管理中心、成本中心，同时强化车站现场管理作用，实现地主式管理。

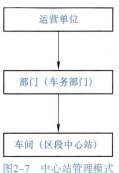

图2-7 中心站管理模式

中心站的设置，加强了现场业务的指导力度，车站具有了更多的自主权限，在处置突发事件时，效率提高。中心站的管理模式更适合"点、线、面"三结合的网络化运营管理。

以上两种管理模式都是基于传统的车务、车辆、综合维修三大运营业务模块的分割化管理方式。随着设备系统自动化程度的提高，设备运作的可靠性增强，车站管理模式具有了进一步优化的可能性。有些城市轨道交通的运营单位也在尝试将简单维修业务并入车站管理内容，服务人员兼简单维护和更换修任务，而维修人员也肩负起乘客服务工作，在应急情况下，统一服从站长指挥，增强现场处置能力和处置效率。

单元三　轨道交通车站组织架构及岗位设置

轨道交通车站组织架构服务于其管理模式，各城市的轨道交通车站岗位数量、名称和职责具有各自的特色。但根据其业务管理的特点，还是有一定的规律可循。为了便于讲述，本节内容主要以运营三大业务车务、车辆、综合维修的分割化管理方式为前提来展开。

一、组织架构

车站的工作任务主要包括行车组织、客运组织、票务组织和综合管理。纵观国内城市轨道交通车站的岗位设置，车站岗位基本可以分为以下几种：站长、值班站长、值班员、站务员、保安、保洁等。

车站实施站长负责制，实行由上至下的管理制度和由下至上的汇报制度。根据其工作性质，车站工作24小时运转。站长为日勤岗，值班站长为倒班岗，负责相应班次的管理责任，指导和组织值班员、站务员、保安、保洁开展工作。

根据不同业务的工作量和岗位职守点，值班员还可以分为两种：行车值班员和客运值班员。行车值班员职守在车站综合控制室，负责车站行车工作，监视列车到、发情况及乘客上下车、候车动态，监控设备运作状况；客运值班员职守在车站票务室，负责钱款、车票等的运作、报表填写等。行车值班员和客运值班员均为倒班岗。

站务员按其工作场所和执行职责不同，可以分为售票员、站台巡视员和站厅巡视员，具体架构如图2-8所示。

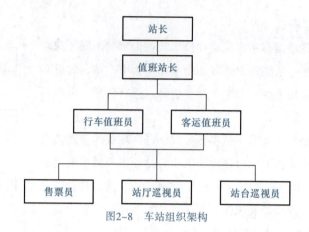

图2-8 车站组织架构

二、岗位设置

（一）站长

站长负责车站全面工作。

1. 安全管理

（1）对车站行车、客运、票务、消防、治安及人身安全负责。

（2）贯彻实施各项安全管理制度和措施，制订、落实各项安全工作计划。

（3）按照安全制度，检查车站安全情况，及时消除安全隐患。

（4）组织车站员工参与处理各类事件、事故。

（5）组织召开班组月度安全工作会议，进行月度安全工作总结和员工安全教育。

2. 行车、客运和票务管理

（1）组织执行车站行车组织方案，开展车站客运和票务工作。

（2）编制日常及节假日客运组织方案。

（3）定期做好车站行车、客运和票务的计划、检查、总结工作。

3. 乘客服务

（1）监督车站乘客服务工作，为乘客提供优质服务。

（2）受理并处理乘客投诉、来信、来访。

（3）汇总服务案例，总结服务技巧，提高员工服务质量。

4. 班组管理

（1）每月根据上级要求，结合车站实际制订计划，做好员工排班、考勤及考核工作。

（2）对全站员工、保安、保洁进行管理考核，每月汇总、公布员工考核情况。

（3）定期召开班组成员会议，及时解决车站出现的问题。

（4）负责本站建章立制工作。

（5）负责本站与驻站部门、接口单位的联劳协作，协调车站相关工作。

5. 员工培训

（1）根据上级的要求制订车站培训及演练计划。

（2）负责新员工和调岗、复工员工的车站级安全教育。

（3）定期进行员工教育，掌握员工思想、工作状况，按车站实际情况安排并开展培训工作。

（4）定期检查培训效果，进行培训总结。

（二）值班站长

值班站长在站长的指挥下开展工作，负责本班组的业务及人员管理。

（1）按规定班制、规定的交接班时间上下班。上班签到后，与交班值班站长进行工作交接。

（2）接班后，阅读相关文件、通知等，了解上一班的运营情况，掌握注意事项及工作重点，落实本班工作；按计划组织本班组员工班前业务培训。

（3）主持交接班会，传达上级指示及相关文件、通知精神，强调注意事项及工作重点。

（4）按规定巡站，检查、指导行车、票务、乘客服务等工作；监督各岗位工作执行情况，做好本班组的考核记录。

（5）监控车站消防设施设备运作情况，检查、监督设备系统报警记录登记情况。

（6）做好维修施工的监督和管理工作。

（7）遇突发事件、事故时组织本班组执行相应的应急处理程序。

（8）组织各岗位人员按程序做好开、关站工作。

（9）必要时协助、顶替其他岗位工作。

（10）协助站长做好车站的基础管理工作，做好当班事务的记录，属于本班处理的工作原则上不留到下一班处理。

（11）做好本班工作的班后总结，按规定汇总上报重要生产信息。

（12）与接班值班站长按规定进行交接班工作。

（三）值班员

1．行车值班员

行车值班员在本班组值班站长的指挥下开展工作，负责本班组行车工作的开展。

（1）按规定班制、规定的交接班时间上下班；签到后，与交班行车值班员进行交接班。

（2）交接完毕后，登录相关系统工作终端，如信号系统、环控系统、防灾报警系统、乘客资讯系统、门禁系统、自动售检票系统等；监视车站各类设备系统的运行情况。

（3）负责车站行车工作，通过电视监控屏监视列车到发情况及乘客动态，并按规定播放乘客广播。

（4）遇危及行车安全的情况时，在车站综合控制室设备系统就地控制盘上按压紧急停车按钮，并执行应急处理程序。

（5）遇突发事件、事故时根据值班站长指示执行相应的应急处理预案。

（6）接到文件、通知时及时登记、汇报，并协助值班站长处理本班工作。

（7）做好施工的请销点登记手续及安全防护监督工作。

（8）按程序及值班站长指示开关站。

（9）与接班行车值班员按规定进行交接班；交接完毕，退出登录的相关系统工作终端。

2．客运值班员

客运值班员在本班组值班站长的指挥下开展工作，负责本班组客运及票务业务。

（1）按规定班制、规定的交接班时间上下班。

（2）签到后，与交班客运值班员按规定进行交接，登录车站票务室自动售检票系统操作终端。

（3）为售票员配币配票，及时将相关数据输入自动售检票系统操作终端，及时填写、上交报表。

（4）巡视车站，监督指导客运及票务工作，检查售票员工作情况，进行必要的复核，监督票务政策的执行。

（5）协助值班站长处理车站内务；处理相关客运、票务乘客事务，做好车站客流组织与控制、票务设备故障的报修与处理、失物处理、乘客投诉等工作。

（6）保持票务室办公环境整洁，确保无车票、现金遗漏。

（7）按程序及值班站长指示开关站，运营结束后更换钱箱和票箱，开启钱箱、清点并打包、结账；填写报表，按要求封好要加封的车票、现金，及时将相关数据输入自动售检票系统操作终端。

（8）在规定的解行时间内做好解行工作。

（9）遇突发事件、事故时，根据值班站长指示执行相应的应急处理程序。

（10）与接班客运值班员按规定进行交接；退出票务室自动售检票系统操作终端。

（四）站务员

1. 售票员

售票员负责客服中心的售票、充值、补票、咨询等工作。

（1）按规定班制上下班，签到后参加点名和交接班会，了解工作注意事项，到车站票务室领取车票、备用金及票务钥匙等。

（2）接班售票员需与交班售票员做好交接工作。早班售票员需做好下列开窗前准备工作，准备完毕后，插入工号牌，开始服务：检查对讲设备能否正常使用；检查票务设备、备品（验钞机、分钞盒、发票等）的状态、数量；检查客服中心卫生；检查客服中心有无来历不明的现金、车票；如有问题立即报客运值班员；登录票务处理机，如图2-9所示。

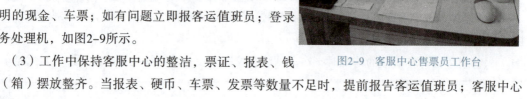

图2-9 客服中心售票员工作台

（3）工作中保持客服中心的整洁，票证、报表、钱袋（箱）摆放整齐。当报表、硬币、车票、发票等数量不足时，提前报告客运值班员；客服中心门保持锁闭状态。

（4）严格执行售票作业程序（见表2-1）。

表2-1 售票作业程序

步骤	程序	内容
1	收	收取乘客购票的票款
2	唱	讲出票款金额，重复乘客要求的购票张数和车票类型，如未听清乘客的要求，应主动礼貌地询问
3	操作	正确、迅速地操作： （1）检验钞票真伪 （2）在票务处理机上选择相应功能键，处理车票
4	找	清楚说出找赎金额和车票张数，将车票和找赎的零钱一起礼貌地交给乘客

（5）收到的现金要分类摆好，数量过多时，通知客运值班员预先收款。

（6）当班中因故离岗或重新上岗时须向客运值班员汇报，退出或重新登录票务处理机，做好票务钥匙、票务设备、对讲设备的交接工作。

（7）下班时，退出票务处理机，整理钱、票，如需与接班售票员交接，按规定交接完毕后，收回工号牌，整理钱、票，带回车站票务室与客运值班员结算，结算完毕后下班。

2．站厅巡视员

（1）按规定班制上下班。

（2）签到后参加点名和交接班会，了解工作注意事项，领取或与交班站厅巡视员按规定交接相关钥匙（票务设备钥匙、员工通道门钥匙、自动扶梯钥匙等）及对讲设备。

（3）带齐工作备品准时到岗，引导乘客正确使用自动售检票设备，及时处理自动售检票设备故障，解答乘客咨询，如遇解决不了的问题立即报车控室，并协助客运值班员更换钱箱和票箱。

（4）巡视车站，发现乘客有违反乘车规定的行为要及时劝止。

（5）做好车站安防巡查工作，确保消防通道畅通，发现可疑人员或可疑物品，及时汇报，对乘客携带的可疑物品，要求乘客开箱配合检查。

（6）根据车站要求，顶售票岗。

（7）运营结束、清客完毕后，将相关钥匙及对讲设备交还车控室，并在相应台账上注销，交接完毕后下班。

3．站台巡视员

（1）按规定班制上下班。

（2）签到后参加点名和交接班会，了解工作注意事项，与交班站台巡视员按规定交接，交接完毕后双方共同在站台交接班本（见表2-2）上签认。

表2-2　站台交接班本

年　月　日

交接内容	状态				
监控亭钥匙					
屏蔽门钥匙					
对讲机					
手提广播					
其他					
交班人	班次		接班人	班次	
	姓名			姓名	
	员工号			员工号	

（3）按照站台岗作业标准程序监视列车到发、巡视站台及线路出清情况，列车进站时，阻止乘客抢上、抢下，发现紧急情况时按压紧急停车按钮。

（4）主动疏导乘客候车，关注乘客动态，提醒乘客不要手扶屏蔽门。

（5）发现站台有异常情况时，立即报车控室，并按指示处理。

（6）在运营结束后，协助客运值班员在站台、站厅清客，并按程序及车站要求做好开关站工作。

（7）如有夜间施工作业，按车控室指示引导有关施工人员及设置防护，作业中关注防护是否完好。

单元四　轨道交通车站运作流程

车站的运作是运营大联动机的有效体现，车站运作与调度指挥、技术管理、票务、财务、设备维修、物资配送、人力资源等部门密切相关。

一、计划的制订

轨道交通运营单位计划分为生产计划和管理计划两类。生产计划包括运输计划、维修计划、物资计划等；管理计划包括技术管理、安全管理、质量管理、人力资源管理、综合管理等，如图2-10所示。每年年末制订下一年度计划，全年按计划开展相应工作。

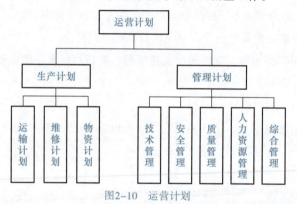

图2-10　运营计划

运输计划包括年度运营天数、每日运营时间、上线列车数、每日开行列车次数、高峰时段行车间隔、平峰时段行车间隔等，并据此形成列车运行时刻表和营运计划指标。

列车运行时刻表是行车组织的基础，由控制中心负责编制。车站的行车组织工作接受控制中心的指挥，车站按列车运行时刻表计划组织生产。

营运计划由计划部门制订后分解为部门目标下发给各个生产部门执行。营运计划指标包括客运量、客运收入、日均客运量、客车开行列次、运营里程、满载率、运行图兑现率、列车正点率、乘客投诉率等指标。

二、人力资源的安排

车站是生产单位，原则上按岗设人，不能因缺岗少人而影响安全生产。车站开通运营前确保所有岗位人员按定员定编全部到位，开始运作。

车站定编主要与以下因素相关：

（1）各岗位班制及备员率。

（2）车站结构和性质。

（3）车站规模及客流量。

（4）车站客运设施设备情况。

（5）车站运作管理要求。

（6）服务标准。

车站生产岗位人员需要掌握的技能要求高，劳动强度大，每天面对的情况也比较复杂，需具备一定的应急处置心理素质,这在一定程度上加大了车站岗位人员的流动性,因此,车站要考虑一定数量的备员,并根据人员流动情况定期补充。

备员率需要考虑两方面的因素:①正常情况下,节假日、员工公休假等情况的应对;②员工流失率的应对。原则上,备员率不少于5%。

由于车站各层级岗位的特殊关联性,原则上晋升上一级岗位必须要在下一级岗位工作满规定的期限,如6个月到1年。因此,面向社会或院校招聘的以站务员为主,经岗位培训合格取得站务员岗位资格证后上岗。所有岗位均配备一定比例的备员,备员需考取相应资格证,并进行一段时间的跟班实习,直至通过考核,能够独立上岗。车站根据岗位空缺情况及时从相应备员中选拔合资格人员进岗,确保车站工作安全有序。

三、物资、备品的配备

车站的物资、备品计划由车站根据定额和配备标准提报计划,提报物资部门后,由物资部门予以采购。

由于车站物资、备品种类杂、数量多,车站设备区空间有限,没有专门的区域作为仓库,配送和储存都较困难。为了满足车站日常和应急情况下的运作,对于物资备品必须分类制订出详细的采购和配送方案。如一些特殊备品,车站用量不多、损耗不大的,可以按年度采购以后,配送到车站,由车站保管和使用;一些易耗易损件,通过年初与供应商签订合同,由车站按需提出需求,供应商直接配送到站的方式操作,节省人力和物力。

案例　车站附近举办大型活动的客运组织

一、事件概况

某日20:00～21:30,在某地铁站附近人民广场举行焰火晚会,焰火燃放级别为I级。根据策划安排预计当天观摩烟火晚会市民人数将达3万多人,周边道路实行地面交通管制,地铁站距焰火地点约500米,在晚会前后因受地面交通管制影响,将会出现大客流高峰,进站客流增长约50%～80%。

车站为地下二层结构,岛式站台,4个出入口:A、B、C、D口;站厅有一个客服中心,自动售票机10台,自动增值机4台,站厅中部为入站闸机,两端为出站闸机,站厅到站台之间A、B端各有自动扶梯一部,二部自动扶梯均往站厅方向运行,另有三部楼梯,如图2-11所示。

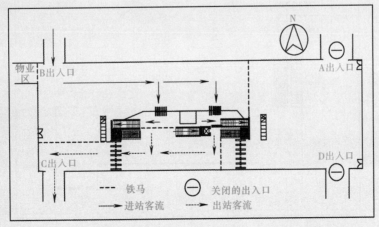

图2-11　车站站厅布置图

二、焰火晚会前的准备工作

1. 票务准备

车站提前2个工作日提报预制单程票数量,提前1个工作日提报普通单程票,并兑换好零钞,保证1元硬币和5元纸币的库存数量,以备大客流所需;客运值班员提前检查所有的点币机、清分机、点钞机、票据打印机、验钞机、钱箱、票箱等票务设备,对有故障设备立即报修。

2. 客运准备

车站提前两周申报相关的客运及票务备品。为确保客运备品、票务备品等数量足够及状态良好,提前一周检查手提广播及其电池、对讲机及其电池、便携式喊话器及电池等行车、客运备品的状态,检查铁马、隔离带、告示牌等客服设施。晚会前一天,做好电台、手提广播、便携式喊话器的充电工作。

3. 人员安排

晚会举办前两周,车站通知地铁公安,并告知车站客流组织方案及相关的控制措施。焰火晚会当天车站大休员工回车站加班,保证车站各岗位为双岗,并请求邻站安排人员支援;车站进行区域划分,实行区域责任到人,分区管理,并设置区域负责人和总指挥,每个区域成员均派发任务卡,由区域负责人统一调配及指挥,所有区域负责人均须服从总指挥的管理及指令。

4. 客运组织措施

(1)车站客流组织严格贯彻"统一指挥、逐级负责"的原则。根据情况分别在下站台的楼扶梯口、进站闸机、出入口实行三级客流控制,遵循"乱上不乱下、乱外不乱内"的要求。必要时单程票、预制票可不检票直接进站,适时采取暂停进站闸机服务、关停自动扶梯、临时关闭出入口等措施,同时请求地铁公安协助维持秩序,并做好解释安抚工作。一旦人群发生异常,立即听从地铁公安指挥,必要时可采取关站措施。车站在大客流期间要加强广播提醒乘客,避免发生意外。

(2)焰火晚会当天客流高峰,车站采取如下方式实行客流控制:将C出入口设为只出不进,B出入口设为只进不出,其他出入口及物业连通出入口均全部关闭,B出入口外用铁马围成S形通道,以减缓乘客进站速度,如图2-12所示。同时,根据列车运能及车站容量采取出入口分段适量放行进站的三级客流控制方式,防止站台、站厅客流压力过大。站厅A端和付费区用铁马将进站客流与出站客流分隔开,避免产生交叉客流。

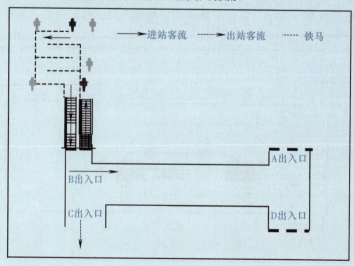

图2-12 车站出入口布置

（3）车站执行出入口10分钟交叉巡视制度，做好乘客引导和分流，适时缓解客流压力。加强与行车调度员、服务热线及值班领导的联络，重点监控站台和列车到发情况。

（4）车站加派人手，对办公、设备区严加管理，严禁外来人员进入。严格落实"三品"检查制度，及时清理地面积水并放置"小心地滑"牌，预防客伤事件发生。

（5）车站员工在大客流期间要严格执行服务规范，加强对保洁、保安的管理力度。遇乘客事务时耐心有礼，避免冲突，杜绝负面新闻和报道。

（6）活动当天末班车开出前，车站提前设置告示栏，并不间断播放广播提醒乘客。同时，在自动售票机前加派人员引导乘客购票，安排专人持手提广播做好提示和解释工作，并妥善处理相关乘客事务。

三、焰火晚会当天

晚会开始前，陆续有大量市民搭乘地铁前往晚会现场。车站在晚会开始半小时后，立即组织关闭A、D口，B口设置成只进不出，C口设置成只出不进，B口外用铁马围成"S"形通道，以减缓乘客进站速度，并在B、C通道及出入口增设临时导向及区域专人引导；站厅A端和付费区用铁马将进站客流与出站客流分隔开，避免产生交叉客流。21:20晚会即将结束，车站出入口已经陆续有大量市民进入站内，车站安排了多个临时售票亭售卖预制票。行车调度员在21:30安排一趟空车停在该站站台等候。

21:40，站内客流达到高峰，站内一切设备运行正常，行车值班员通过乘客资讯系统显示屏和播放广播提醒乘客有序乘车和安全乘车事项；车站向行车调度员请求加开客车，同时开始逐步实施三级人潮控制方案，从站台到站厅，站厅到出入口。车站工作人员、地铁公安在B出入口通过铁马控制乘客进站速度，分批放乘客进入车站，以缓解站内的客流压力。C出入口外由车站工作人员和地铁公安共同维持出站次序。22:30，入站客流明显减少，随后客流恢复正常。

四、点评

该客流类型属于可预见性大型活动大客流，车站对该活动客流情况进行预测，制订详细的实施方案，在客运组织过程中，能有序地组织客流进出车站，避免了因客流过多而造成车站失控。该案例为可预见性大客流处理较成功的一个案例。

模 块 小 结

城市轨道交通的运营管理的本质是通过人员组织管理和设施设备的维护与使用，实现对乘客的承运和送达，从而创造社会效益和经济效益。

城市轨道交通运营管理架构的基本构成包括财务、人力资源、企业管理、综合事务、物资、安全技术、车务（包括调度指挥、客运组织、乘务组织、票务组织等）、车辆维修、综合维修（包括除车辆外的其他所有设备）等部门。

车站管理部门主要负责车站面向乘客的服务和车站人员、设备、设施的管理工作，以及各车站的具体运作，包括客运、票务、行车、综合业务等。

轨道交通车站管理模式主要采用以车站为基本单位的管理模式和中心站管理模式。

车站原则上实行由上至下的管理制度，实施由下至上的汇报制度。根据其工作性质，实施24小时倒班工作制。车站岗位基本可以分为以下几种：站长、值班站长、值班员（行车值班员和客运值班员）、站务员（售票员、站台巡视员、站厅巡视员）、保安（站厅保安和站台保安）、保洁等。

车站的运作是运营大联动机的有效体现，车站运作与调度指挥、技术管理、票务、财务、设备维修、物资配送、人力资源等部门密切相关。

轨道交通运营单位计划分为生产计划和管理计划两类。生产计划包括运输计划、维修计划、物资计划等；管理计划包括技术管理、安全管理、质量管理、人力资源、综合管理等。每年年末制订下一年度计划，全年按计划开展相应工作。

车站是生产单位，原则上按岗设人，不能缺岗少人影响安全生产。所有岗位均配备一定比例的备员，确保车站工作安全有序。车站的物资、备品计划由车站根据定额和配备标准提报计划，提报物资部门后，由物资部门予以采购、配送。

复习与实训

一、单选题

1. 原则上，轨道交通车站实行（　　）的管理制度。
   A. 由下至上　　　　　　　　　　B. 由上至下
   C. 集中管理　　　　　　　　　　D. 分散管理

2. 车站（　　）岗位的工作人员负责监视列车到发情况及乘客动态，监控设备运行情况。
   A. 站长　　　　　　　　　　　　B. 值班站长
   C. 行车值班员　　　　　　　　　D. 站厅巡视员

3. 城市轨道交通的基本构成元素中（　　）是轨道交通运营企业的主要服务窗口。
   A. 人　　　　　　　　　　　　　B. 车站
   C. 线路　　　　　　　　　　　　D. 列车

4. （　　）的车站管理模式是基于"点、线"结合的单线管理模式，是一种集权式管理结构。
   A. 分区管理　　　　　　　　　　B. 分线管理
   C. 以车站为基本单位　　　　　　D. 中心站管理

二、多选题

1. 城市轨道交通运营每千米员工配备数量主要受（　　）影响。
   A. 平均站间距　　　　　　　　　B. 票价
   C. 线路长度　　　　　　　　　　D. 运营模式
   E. 运输量

2. 轨道交通运营单位制订的计划分为（　　）两大类。
   A. 维修计划　　　　　　　　　　B. 生产计划
   C. 管理计划　　　　　　　　　　D. 运输计划
   E. 物资计划

3. 车站的管理模式按其隶属层次和管理权限的不同分为（　　）。
   A. 分区管理　　　　　　　　　　B. 分线管理

C．以车站为基本单位管理　　　　D．中心站管理

E．分段管理

三、简答题

1．简述轨道交通运营管理的特点。

2．简述轨道交通车站管理的主要内容及特点。

3．简述轨道交通车站组织架构及各岗位的岗位职责。

四、实训项目

跟岗实习售票员，学习售票员工作流程：配票—售票—充值—补票—咨询等工作。

配票：在规定时间到车站票务室领取车票、备用金及相关票务钥匙等；在客服中心与交班售票员做好交接工作，检查票务设备、备品的状态、数量正常后，插入工号牌，打开对讲机，登录票务处理机开始服务。

售票：售票又分为售单程票和储值卡。车站正常运营时，售票员只发售储值卡，无须在票务处理机上发售单程票，乘客可通过自动售票机购买车票。

充值：遵守一收、二唱、三操作、四找零的作业程序进行充值操作。

补票：分为免费票和付费票，根据实际情况给乘客做相应的处理。

咨询：乘客有疑问咨询时，售票员要耐心有礼，杜绝"冷、硬、顶、训"的现象。

下班结算或有事需要离开客服中心时，要双人确认退出票务处理机，收好票款锁好钱箱回票务室结算。

模块三 Module 3

轨道交通新线车站接管

【学习目标】

能力目标：
- 能解释新线工程介入内容。
- 能处理新线进驻期间基础工作。
- 能处理车站开通运营的保障及准备工作。

知识目标：
- 了解工程介入的目的。
- 理解新线筹备站务人员的工作职责。
- 理解三权移交的含义。

模块三 学习导引

为了新建轨道交通线路安全、可靠地投入运营，在建设后期同步开展运营筹备工作。要保证新线顺利投入运营，必须具备两个基本条件：①要有性能良好、设计合理、施工完善的轨道交通设施设备；②要有集人、财、物、技术等资源于一体的提供组织技术保障的管理集体。新线车站接管就意味着已初步具备上述两个条件，轨道交通已由建设行为转入运营行为。新线车站接管分三个阶段：工程介入、进驻车站及车站正式接管。

新闻回放　交通部急令地铁排查隐患　影响安全立即停运

2011年9月27日，上海地铁10号线列车发生追尾事故，交通运输部于次日发出紧急通知，要求交通运输主管部门各级领导到一线排查城市轨道交通安全隐患。各地要定期组织第三方专业机构对运营后的轨道交通运营安全进行评价，对提出的不符合运营条件的问题须及时整改，如影响到安全须立即停止运营，整改合格后再运营。

一、轨道交通将安全检查

通知强调各地交通运输主管部门应充分吸取上海地铁列车追尾事故教训，加强安全监管，并要求交通运输主管部门各级领导深入一线，排查安全隐患，督促落实安全管理制度，切实保障城市轨道交通运营安全。

各地要重点就安全生产责任制落实、试运营基本条件执行、运营安全保障、设备质量保证、企业安全教育培训等情况进行认真检查。

具体对已开通线路试运营评审，评审意见及安全隐患整改情况，拟开新线路试运营筹备情况；相关设备检修和运营线路管理、安全保障措施等情况；车辆、轨道、桥隧、供电、信号、通信等系统设备是否满足运行安全要求，是否具备故障导向安全功能等逐项进行严格仔细的检查排查。

二、新开通地铁将开展评审

对新开通城市轨道交通线路，各地交通运输主管部门要组织第三方专业机构开展城市轨道交通试运营基本条件评审，对投入的车辆、供电、信号、防灾等系统设备进行监测，对线路工程、牵引供电、通信信号、运营调度、消防防灾等系统进行功能测试、试验，评审合格并可保证设备系统安全可靠方可进行载客运营。

此外，要定期组织第三方专业机构对运营后的轨道交通运营安全进行评价，对安全评价中提出的不符合运营条件的问题，必须及时整改，如果影响到安全须立即停止运营，整改合格后再运营。

在从业人员资格上，城市轨道交通关键岗位没有取得从业资格不得上岗工作。

（资料来源：《新京报》）

单元一　工　程　介　入

车站工程介入就是在轨道交通建设期，由运营筹备人员跟进车站建设工程进度，仔细审核设计、施工、装修等图纸，合理安排人员到现场实地熟悉车站内、车站外环境，实地了解施工进展，一方面通过实地了解发现影响运营安全、效率和质量方面的问题，从完善运营功能角度提出意见和建议，跟进、整改相关工程问题，力争将其解决在工程的建设过程中；另一方面，也通过工程介入锻炼和培训运营筹备人员，使运营筹备人员提前了解、熟悉工程现场与设备状态，根据现场实际制订或修订完善相关运营规章文本及演练方案等，为后续进驻和接管车站做好准备。

工程介入主要分为两种：图文审查和现场介入。

一、图文审查

新线筹备初期，运营筹备人员主要通过审查设计、施工、装修等图文资料进行施工跟进，提出符合车站运作的设置标准或方案建议。

（一）主要内容

1. 工程概况

详细了解车站地理位置、设置形式、车站结构等情况。

例如：车站的属性定位（中间站、换乘站、终点站、综合交通枢纽站等），地理位置（位于道路交叉口或接驳商业设施等）；车站设计形式（地下站、地面站、高架站等），站台设计（岛式、侧式、混合式等）；车站具体设计参数（有效站台中心里程，车站左、右线起点里程，左、右线终点里程，车站左、右线长度等）。

2. 车站总平面布置及规模

（1）详细了解站址现状建设条件（站址环境、道路交通现状等）、规划情况，车站与地面公交、铁路、规划轨道交通的换乘情况。

（2）详细了解设计客流的分析及计算、车站站台形式及宽度确定（站台长度计算、楼扶梯宽度计算、站台宽度计算）等。

3. 车站建筑设计及装修

（1）详细了解各层建筑布置及功能分区，集散厅建筑布置及客流组织（站厅、站台层的客流组织），管理和设备用房面积、布置，设备数量及布置等。

（2）车站建筑装修

详细了解装修设计标准及原则，以及广告、导向标志等布置情况。

（二）注意事项

1. 管理用房设置

管理用房设置位置、数量、面积，应满足车站日常管理需要。车站的主要管理用房宜同层（站厅层）一端集中设置，包括车站综合控制室（以下简称车控室）、站长室、AFC票务室、会议室、员工更衣室、站厅备品间、员工洗手间等。总结已运营地铁经验，车站管理用房的设置数量、面积及位置等可参照以下标准（见表3-1）进行审核。

表3-1 车站管理用房参考标准

序号	房间名称	面积/平方米	位置	备注
1	车站综合控制室	45～50	站厅设备区近公共区侧	分隔成办公区和等候区
2	AFC票务室	20～25	与车控室同层一端设置	分隔成办公区和备品区
3	会议室	30～40	与车控室同层一端设置	
4	站长室	10～15	与车控室同层一端设置	
5	男员工更衣室	15	与车控室同层一端设置	
6	女员工更衣室	15	与车控室同层一端设置	
7	客服中心	15×2	站厅中部	客流大站、换乘站根据客流情况设置
8	警务室	25	与车控室同层同一端设置	
9	盥洗间	10	员工洗手间外	设置开水器

（续）

序 号	房 间 名 称	面积/平方米	位 置	备 注
10	站厅备品房	10~15	与车控室同层一端设置	
11	员工洗手间	15×2	与车控室同层一端设置	分男、女洗手间
12	站厅清扫工具间	10	站厅设备区，远离车控室	
13	站厅垃圾间	5~10	站厅设备区，远离车控室	
14	站台监控亭	5~10	设在站台中部	
15	站台备品房	10~15	宜在站台设备区	
16	站台清扫工具间	5~10	站台公共区	
17	司机换乘室	20	屏蔽门外方（轨行区侧）	
18	司机卫生间	5	屏蔽门外方（轨行区侧），与司机换乘室同侧	

管理用房设置的基本要求是：管理用房相邻房门开启方向不得相互阻碍，房门位置应利于人员工作。房间及设备区通道应设墙裙，保洁人员用房墙裙高度不低于1.8米，其他管理用房统一为1.2米；清扫工具间、垃圾间需铺设地砖，以利于卫生环境的保持；房内送风口宜远离办公位置。房内控制箱、电源箱宜采用嵌入式设置。

（1）车站综合控制室。设置观察窗，便于室内人员瞭望；观察窗外5米范围内不得有立柱及其他遮挡物影响视野。

（2）AFC票务室。分为相对独立的办公区和备品存放区，室内应能观察室外情况；不设门槛，室内地面标高与室外一致，便于手推车进出。

（3）盥洗间。在员工洗手间处设置，设有洗手台池和清洗池；设置开水器安装台面（支架）、专用电源插座、进水管和地漏。

（4）员工洗手间。男、女洗手间蹲位数量应根据车站规模合理设置。

（5）备品间。站厅、站台各不少于1间。站台备品间宜设于公共区，以方便车站人员使用；室内设送风口、排风口。

2．公共区设置

（1）出入口小广场（如图3-1所示）。在条件允许的情况下，小广场应高于周边地面，以利于排水；若为下沉式时，应确保排水通畅；小广场盲道应与市政盲道连接。

（2）出入口小平台（如图3-2所示）。台阶应设行李坡道，坡度宜平缓，便于乘客通行；地砖（含盲道）宜采用麻面防滑材料。

图3-1 出入口小广场

图3-2 出入口小平台

（3）出入口顶棚（如图3-3所示）。应有隔热设计（如图3-4所示）；顶棚应具备较好的防水性能，避免雨水渗漏；上盖顶棚与侧墙的结合部空隙不宜过大，防止闲杂人员翻越；灯具安装形式不宜为吊挂式，应安装稳固。

图3-3　出入口顶棚

图3-4　出入口顶棚隔热设计

（4）楼梯。楼梯台阶的防滑设计，宜采用在石材上开槽的方式；设有中间扶手的楼梯，宜在梯级踏面和平台处设置客流引导箭头，箭头方向应与车站客流组织方向相一致。

（5）通道。人防门槛装修标高应与地面铺装高度一致；消火栓伪装门应安装拉手（如图3-5所示）；乘客可接触的电源插座应加装保护盖（如图3-6所示），不宜裸露。

图3-5　消火栓伪装门

图3-6　电源插座保护盖

（6）站厅。乘客可接触的电源插座应加装保护盖或电源箱，不宜裸露；站厅设计利于客流组织和后期增设售检票设备。

（7）站台。支柱不宜靠站台边缘布置；站台至站厅间楼梯下三角区域应封闭使用（如图3-7所示）；各端门外方均应设有落轨梯，为进出轨行区的人员提供方便；绝缘层内不得设地漏；乘客可接触的电源插座应加装保护盖或电源箱，不宜裸露。

3. 客运设施设置

（1）客服中心。客服中心设置数量根据车站客流及车站结构、规模而定。设置1个客服中心时应设在站厅中部，靠近特殊通道；设置2个客服中心时应设在站厅两端，靠近闸机位置。

客服中心分别设置面向非付费区和付费区的窗口，并对应票务处理机（如图3-8所示）。

图3-7　楼梯下封闭的三角区域

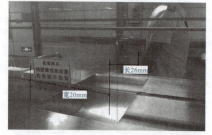
图3-8　客服中心窗口台面及落币凹槽

工作台设计：桌面应与柜台侧壁密贴；桌、椅高度与窗口高度适配，应便于售票员拿取钱票和设备操作。

（2）售票设备嵌入式机房。房内应设有照明、监控摄像头、通风，以满足设备运作及管理需要；房内的设备维护门与墙壁净宽应至少1.2米，便于人员操作设备及检修；应设门禁系统。

（3）公共卫生间（含盥洗间）。宜设于出入口通道内；地面宜采用深色防滑地砖，在盥洗间设清洗池；应确保通风效果良好。

（4）栏杆、护栏。安全护栏：站台层设备区走道及落轨梯边缘应设置安全护栏（如图3-9所示）；司机立岗处的安全护栏（如图3-10所示），栏杆端头与屏蔽门端门间距应为1.6米，以避免人员跌落轨行区。

图3-9　站台层设备区安全护栏

图3-10　司机立岗处安全护栏

分隔栏杆：根据客流预测，在进出站客流较大且集中的出入口通道内，具备安装条件的应设置分隔栏杆（如图3-11所示）；栏杆每隔一段设置开口。在车站自动扶梯入口处设置分隔栏杆；当出站闸机与上行自动扶梯的侧向距离小于8米时，应在该自动扶梯出口处（客流小站除外）设置分隔栏杆，以避免客流交叉。

排队栏杆：在自动售票机前设置排队栏杆（如图3-12所示）。栏杆端头与自动售票机的间距，便于前门开盖的检修及维护。

图3-11　通道分隔栏杆

图3-12　自动售票处排队栏杆

（三）意见反馈及跟进

1. 意见反馈

审核人员应在接收到图文资料后完成审核和意见反馈，及时提交给征求意见部门。在审核过程中，如遇重大技术问题，需运营与建设部门或设计单位进行协商时，应在审核意见中明确提出，根据实际需要适时召开专项技术会议。

2. 意见跟进

图文资料审核意见应建立相应台账，并进行分类归档，便于跟进与追溯。新线前期工作各种会议是落实运营意见的重要途径（见表3-2），运营人员应充分利用会议平台及时反馈意见建议。

表3-2 新线前期工作会议情况一览表

会议类别	会议名称	会议时间	参会单位
固定例会	装修、安装协调例会	每周一次	各装修、设备安装承包商、监理
	系统设备协调例会	每周一次	各系统设备承包商、监理
	设计联络协调例会	每周一次	设计院、相关承包商、监理
	运营筹备会议	每周一次	运营各部门新线筹备人员
临时会议	临时通知	临时指定	相关单位及部门

二、现场介入

施工现场还不具备基本办公条件时，运营单位宜有序、合理组织筹备人员周期性地前往施工现场进行工程跟进，通过现场介入继续前期运营筹备工作。

（一）主要工作内容

（1）筹备人员按现场介入计划分批介入车站建筑装修、设备安装和各系统工程，每天到车站施工现场了解和记录施工情况、建设和设备安装进度。

（2）熟悉车站现场，了解车站装修情况及管线布置，熟悉车站各项设备，掌握车站装修及设备系统安装进度，并参与设备的单机调试和系统的站级调试。

（3）密切跟进车站设备设施安装布置，确保布局合理，数量适当，使用方便，服务信息正确、合理。

（4）根据车站现场实际情况，修订、完善相关管理文本，并组织筹备人员认真学习，熟悉车站平面图、周边环境。

（5）利用现场介入逐步建立与系统承包商、地盘管理商及周边单位（连通物业、辖区城管、街道办事处等）的联系，记录有关联系人及联系方式。

（6）按时参加现场工地例会，及时发现和反馈存在的问题。

（7）车站筹备人员在工程介入阶段，依据现场实际情况，提前提报各阶段进驻人员的物资需求，同时安排专人跟进物资采购进度，确保物资按时按需配送到位，并提前做好进驻人员用房的借用工作，提报车站保洁开荒需求，并监督其落实情况。

（二）注意事项

1. 指定现场介入安全负责人

安全负责人必须熟悉新线车站、轨行区情况，具备相应专业知识和工作经验。每次施工现场介入前，安全负责人主动与需进入的施工现场区域业主代表、承包商、监理人员等取得联系，确认现场情况适合车站人员进入。

2. 做好安全教育

安全负责人负责同行人员的安全教育，出发前对每一位现场介入人员进行施工现场安全注意事项的专题教育，做到人人知晓现场存在的危险因素及采取的防范措施。

现场介入人员不得穿普通生活类鞋、背心、裙子、短裤等进入施工现场。严禁安排未取得岗位合格证的新员工参与现场介入工作。

3. 服从现场指挥，遵守相关制度

安全负责人凭个人工作证、工地出入证等与属地承包商办理进入施工区域的登记手续，并了

解施工现场的现状和安全注意事项，确认现场情况适合人员进入时，方可进入。必要时可请承包商、监理人员带领。

进入施工现场必须戴安全帽，进入轨行区必须穿着荧光衣，进入光线不明亮的场地，必须随身携带照明工具。安全负责人在进入施工现场前，负责清点人数，检查随行人员的劳保用品（安全帽、荧光衣、劳保鞋等）穿戴是否正确，照明工具等相关备品是否齐全，将施工现场情况传达至每一位随行人员。

出清施工现场后，安全负责人应第一时间清点人数，确认随行人员全部出清，及时与属地承包商办理销点手续。

4. 及时更新安全教育材料

不定期安排专职安全员下新线施工现场，及时掌握现场情况，编写施工现场安全注意事项和安全教育材料。严禁在未确认现场情况前就派遣人员进入新线施工现场。

三、工程介入安全管理

（一）施工现场安全注意事项

（1）在施工现场作业过程中，应注意成品保护。严禁在施工现场吸烟。

（2）不得单独行动，擅自离开随行队伍。不得触摸、擅自挪动施工人员使用的电闸、阀门、开关等施工设备，不得使用施工现场的设备设施。

（3）行进中应注意避开坑、沟、孔洞、脚手架等。

（4）不得攀爬、跳跃、抛物，以免发生滑跌、踩空、碰撞等危险。密切注意施工现场的临时电源线，防止触电。

（5）施工现场有起重机作业时，须远离起重、吊装作业，不得在吊臂下或吊件、起重臂作业范围内站立、行走或观看作业。

（二）轨行区安全注意事项

（1）一切行动听从承包商指挥，注意防护人员所显示的信号。

（2）未经授权不得登乘工程机车、轨道车。随作业车运行时，须注意放置的材料和工具是否已采取应有的防止脱落的安全措施，在车辆未完全停稳时，严禁上、下车。

（3）不得在轨行区限界以内坐、卧、休息。

（4）不得在钢轨和道岔尖轨上行走。

（5）未经允许不得撤除车辆的防溜措施。

（6）严禁使用道床或钢轨做垫板，在上面进行剧烈击打。

（7）禁止坐在车顶上、作业平台或装载的货物上。

（8）接触网带电后，作业人员所携带的所有物件必须与其保持规定的安全距离。严禁在未停电的情况下使用超长物件。

（三）安全检查

1. 班前安全检查

班前的安全检查要做到"三交"和"三查"，"三交"是指交任务、交安全、交措施；"三查"是指查工作着装、查精神状态、查个人安全用具。

安全检查负责人要进行人员状态确认，确保参与新线介入的人员精神面貌以及身体状态良好；了解上一班问题点的实施情况、设备工艺状况、劳保用品的准备和穿戴情况；确认工具物件的状态是否良好。

2. 班中安全检查

班中安全检查的内容包括：设备运行状况（机器防护），生产现场隐患，劳保用品的穿戴情况，人员行为，规范操作情况，劳动纪律，消防设施（安全出口、应急灯等），作业环境情况（通风照明）等。

3. 班后情况检查

班后情况检查内容包括：生产计划完成情况，劳动纪律，人员状况，当班问题点是否交接清楚。

> **小资料**
>
> **施工现场的"四口"与"五临边"**
>
> 建筑施工行业中"四口"是指楼梯口、电梯口、预留洞口和出入口（也称通道口）。
>
> 建筑施工现场中，存在着大量临时性的危险边沿，是发生作业人员坠落的主要危险点之一。"五临边"是指尚未安装栏杆的阳台周边，无外架防护的屋面周边，框架工程楼层周边，上下跑道、斜道、两侧边以及卸料平台的外侧边。"五临边"必须设置高的双层围栏或每层搭设安全立网，既可防止人员坠落，也可防止各种物料坠落伤人，"四口""五临边"如图3-13所示。

图3-13 "四口""五临边"部分示意图

单元二 进 驻 车 站

进驻车站是指在施工中的车站现场具备基本办公条件后，组织筹备人员定点、定员连续地在施工现场进行工程跟进。

一、进驻具备条件

1. 车站环境

（1）至少具有一个完好独立的出入口。

（2）车站具备通风、通电、通水条件。

（3）管理用房的三级负荷已通电，照明正常。

（4）车站的部分管理用房（站长室、会议室、男女更衣室等）已装修且已安装好门锁，可交付运营使用。

（5）车控室、会议室、站长室电话可使用。

（6）员工洗手间、盥洗室可使用。

2．物资、备品

（1）车站办公、生活、安全防护用品满足日常基本需求，详见表3-3。

表3-3 车站办公、生活、安全防护用品表

类别	序号	品名	类别	序号	品名
办公用品	1	办公桌	安全防护用品	21	红闪灯
	2	办公椅		22	信号灯
	3	电话机		23	荧光衣
	4	数码相机		24	安全帽
	5	文件柜		25	纱手套
	6	白板		26	应急灯
	7	板报笔		27	手电筒
	8	白板擦		28	手电筒充电器
	9	计算器		29	口罩
	10	计算机		30	对讲机及充电器
生活用品	11	饮水机	其他防护用品	31	空气清新喷雾剂
	12	桶装水		32	灭蚊器
	13	电风扇		33	灭蚊片
	14	应急药箱		34	蚊香
	15	垃圾筒		35	花露水
	16	一次性纸杯		36	手提式灭火器
	17	垃圾袋		37	套鞋
	18	更衣柜		38	防寒服
	19	折叠床			
	20	被子			

（2）基础台账、报表满足车站基本需求，详见表3-4。

表3-4 车站基础台账、报表列表

序号	名称	序号	名称
1	值班人员登记本	7	培训演练登记本
2	车站巡视记录本	8	员工业务情况抽问本
3	检查整改记录表	9	车站备品借用登记本
4	车站材料备品账本	10	车站会议记录本
5	车站材料备品领取登记本	11	信息传递本
6	门禁卡、钥匙借用登记本	12	来文登记本

3．进驻人员

进驻新线车站的筹备人员组成：站长1人、值班站长4人、值班员4人、保安6人、保洁6人，实施站长负责制。

二、进驻后日常基础工作

（一）排班

由站长负责管理，实行全天24小时值班，原则上白班保安、保洁人员均不少于4人。夜晚车站安全由施工方派人负责，车站晚班值班人数不少于2人，如遇热滑、调试列车、设备联调时，车站晚班值班人数不少于3人。

（二）考勤

进驻期间，由车站站长负责车站人员考勤管理，按照正式运营的管理模式进行管理，严格考勤和劳动纪律；车站人员在值班人员登记本（见表3-5）上签到，由站长指定人员负责做好考勤记录。非特殊情况，当值员工应按时到达车站，不得迟到、早退。员工如有事请假，需经站长批准。

车站保安、保洁人员在上岗前，必须经过车站安全培训和职业道德教育，经考核合格之后才能正式上岗。

表3-5 值班人员登记本

年 月 日 星期

员工签到表									
姓名	岗位	签到时间	签走时间	备注	姓名	岗位	签到时间	签走时间	备注

交接班签名							
岗位	早班		中班		晚班		交接情况说明
	交班人	接班人	交班人	接班人	交班人	接班人	
值班站长							
值班员							

（三）各岗位基础工作

（1）总要求：①站长负责与业主代表、工程监理、施工方的协调，加强与周边单位、连通物业的联系，掌握周边物业的基本情况，与连通物业及相关的周边单位共同商讨紧急情况的处理程序。②值班站长参加每周的车站工程例会，负责存在问题的跟进，与施工方协调；编制基础文本规章；完成车站基础管理工作，建立车站基础档案，如人事、安全、消防、内外部协调、工程跟进、办公设备、生活用品、行车备品、劳保用品、文件、培训、学习、演练、会议记录等档案。③值班员负责巡查，跟进车站装修，设备安装、调试及验收，积极发现工程存在问题；协助编制基础文本规章，根据实际情况提报物资需求，登记和整理到位物资；负责接听车控室电话，记录上级指示、命令；负责钥匙保管、台账填写。

（2）站长每日对车站进行安全检查（包括人身、消防、电气、劳动保护、设备、办公区域等内容），随时公布新的安全隐患情况，及时提示、通知车站进驻人员避开危险源。

（3）站长负责车站的周、月工作计划和工作总结，每周主持召开一次车站例会，传达上级指示，对上周工作进行总结，布置车站本周的工作。

（4）车站组织员工参加各种培训，开展业务学习，包括规章的学习、文件的学习、安全消防的学习、设备操作学习等，并做好学习记录。按计划进行车站应急处理实地模拟演练。

（5）车站管理用房的钥匙或门禁卡统一在车控室保管，使用时由当日车控室值班负责人在"门禁卡、钥匙借用登记本"上登记，见表3-6。

表3-6 门禁卡、钥匙借用登记本

序号	借用时间	借用门禁卡/钥匙编号	数量	用途	借用人	发放人	归还时间	归还受理人
1								
2								
3								
4								
5								

三、跟进车站装修、常规设备安装

车站员工进驻新线车站后，需跟进车站装修、常规设备安装。

（1）车站建筑装修工程情况（包括天花板、地面、墙柱面、广告灯箱、栏杆等）。

（2）车站综合管线安装情况（包括在车站内的所有管线预埋件及支架、风管等）。

（3）环控系统设备安装（包括空调、冷水机组、消声器、水泵、防排烟、通风等）、设施装修情况。

（4）车站导向标志系统安装情况。

（5）低压动力及照明系统、给排水系统、消防系统（包括水消防、气体消防）等的安装情况。

四、跟进各系统设备安装、调试，参与验收工作

（1）车站各系统工程内部验收及相关政府部门验收。

（2）自动扶梯及垂直电梯安装、调试、验收。

（3）车站牵引变电所、降压变电所、接触网等的完工、内部验收。

（4）电力监控系统（SCADA）安装、调试，实现站级、中央级功能。

（5）通信系统各子系统（公务电话、专用电话、电视监控、广播、时钟、光电缆、无线通信、传输等）系统调试、联调。传输网、程控电话、调度电话、无线对讲的开通。

（6）防灾系统安装调试，站级集中监控层级、中央级功能调试、消防验收。

（7）信号系统站级功能调试。

（8）环控系统安装，站级、中央级功能调试。

（9）自动售检票系统安装，站级、中央级功能调试，终端设备（自动售票机、票务处理机、闸机、自动增值机等）的投入使用。

（10）屏蔽门系统安装，站级、中央级功能调试。

（11）给排水及消防系统安装、调试，政府消防主管部门验收。

（12）车站设备综合调试等。

单元三　车站三权移交

车站三权是指车站的设备设施使用权、车站属地管理权、行车调度指挥权，简称"三权"。三权移交就是在新线竣工验收前，工程建设单位将车站三权移交给运营单位的过程。对运营单位来说，三权接管就意味着前期筹备已结束，开始开通试运营前的准备和冲刺已开始。

一、三权移交方案编制

新线三权接管后，运营单位就要使用相关设备设施开展系列培训和演练工作，因此，新线车

站三权移交以所需接管的站点、区间和设备完成单位工程验收或特设的阶段验收为前提，以运营相关阶段性筹备工作目标的完成为基础条件。

车站"三权"接管涉及运营和建设多单位、多专业、多部门、多人员、多站点，是一项复杂的系统工程，其组织与管理要求高，必须针对所接管站点的具体特点，编制可控、有序、可操作的接管方案，并严格按方案组织接管。

（一）方案编制依据

1. 新线相关设计文件

对照相关设计文件核实接管设备所达到的功能和单系统调试情况，核实接管工程质量，确认是否具备接管条件。

2. 新线工程建设工期策划

对系统设备或接管工程工期进行核查，确认是否完成相关验收程序。

3. 运营筹备工作计划

核实运营单位相关部门是否按照设定的筹备计划完成阶段工作，满足新线工程和系统设备接管后开展综合联调演练工作的要求。

（二）方案要点

1. 接管范围

方案应包括接管时间安排，系统设备移交和工程属地移交的地点，移交的工程范围和系统设备范围。

2. 接管组织机构与人员安排

明确接管过程中建设与运营双方对应的组织机构、人员安排，设置领导小组进行全面组织和协调，设置对应系统的专业接管组和综合业务接管组（以使用或管理部门为主），满足不同专业和业务接管的要求。

3. 接管的主要内容

对所需接管的设备设施数量进行清点，对其位置与现场状态进行核实，对相关备品备件移交到位，建设与运营双方各接管组按规范要求进行签字确认。

二、三权移交条件

（一）新线三权移交的基本条件

（1）所有工程和设备完成单位验收，重点是消防系统、装修工程与机电各专业设备、车站导向系统和配套服务设施。

（2）车站机电系统设备完成单系统调试并具备设计功能。

（3）区间给排水系统具备正常功能，与地面市政排水系统连接顺畅。

（4）已建成的出入口安装好闸门，正在建的出入口应暂时封堵，各设备用房、管理用房完成装修，房门锁完好，钥匙齐全。

（5）车站屏蔽门安装好且处于关闭状态，端门门锁可使用。

（6）车站生活用水可使用，洗手间、盥洗间可使用。

（7）环控系统完成安装调试，实现站级、中央级功能。车站具备通风条件且管理用房可全天保持通风。

（8）车站具备办公照明及用电条件且管理用房全天保持电通。

（9）车站具备通信条件，包括办公电话、800兆电台、手机和办公自动化系统可使用。

（10）保洁、保安提前进驻，并于接管前完成车站清洁开荒。车站接管所需物资全部到位，如办公工器具、办公用品及劳保物资。

（11）自动售检票系统完成安装调试，实现站级、中央级功能，终端设备（自动售票机、票务处理机、闸机、自动增值机等）投入使用。

（12）公共区装修完工（包括天花、地面、墙柱面、广告位、公共电话等）。

（13）通信系统各子系统（公务电话、专用电话、电视监控、广播、时钟、电源、光电缆、无线通信、传输等）完成系统调试、联调；开通传输网、程控电话、调度电话、无线对讲（提供列车电台、车站台便携台、天线）。

对上述接管条件，各站站长在接管前向相关部门和建设单位确认具备情况，填写车站接管条件核查表（见表3-7），并向责任单位反馈，协调落实存在问题，确保在接管时具备应有条件。

表3-7 车站接管条件核查表

序 号	接管条件	条件内容	是否具备	存在问题及建议	备 注
1	出入口	装修完毕			
2		出入口卷帘门安装好并可使用			
3	管理用房（含洗手间）	装修完毕			
4		门锁可使用			
5		员工洗手间洁具安装好并可使用			
6	常规设备（包括风、水、电）	可通风			
7		可通电			
8		生活及消防用水可使用			
9		管理用房通风、照明可全天保持			
10		管理用房插座可保持全天电通			
11	通信系统	公务电话可使用			
12		专用电话可使用			
13		400兆便携台可使用			
14		800兆便携台\固定台可使用			
15		办公网络可使用			
16	屏蔽门	安装完毕			
17		可处于关闭状态			
18		端门门锁可使用			
19	保安、保洁	已完成车站开荒清洁			
20		保洁、保洁提前一周进驻			
21	接管物资	于接管前3天到位			
22		满足人员基本生产、生活所需			

说明："是否具备"栏中，打"√"或"×"，并在"存在问题及建议"中填写相关情况。

（二）三权移交前车站准备工作

（1）检查确认车站设备安装、装修工程是否完工（部分收尾装修工程除外），工程垃圾是否清理完毕。

（2）检查确认车站卫生条件是否具备接管条件。

（3）检查确认车站是否具备办公条件（通电、通水、通风），办公用品是否配备到位。

（4）按照接管现状，及时发现存在问题和提出整改措施，做好相关记录并核对相关工程进展情况。

（5）对进入施工现场的各承包商做好综合协调管理，包括工程进度、水电协调管理及成品保护等。

（6）做好车站各管理用房、设备用房的房间钥匙及设备钥匙的分类、编号整理工作。

（7）车站各岗位人员到位，车站保安到位，能满足车站倒班及培训、演练需要。做好接管车站人员培训，熟悉车站主体结构、设备设施、周边环境等情况。

（8）物资需求：

1）行车、客运、票务各类备品到位，见表3-8。

表3-8 各类备品一览表

类别	品名	类别	品名	类别	品名
行车备品	信号旗	客运备品	手提广播	票务备品	点钞机
	信号灯		隔离带		运输小车
	红闪灯		钢卷尺		设备故障牌
	钩锁器		电子节能灯		
	盖孔板钥匙		维修专用工具箱		
	手摇把				
	行车备品柜				
	下轨梯				

2）办公、生活、安全防护用品到位，见表3-9。

表3-9 各类用品一览表

类别	品名	类别	品名	类别	品名
办公用品	办公桌	安全防护用品	荧光背心	生活用品	电热开水器
	办公椅		安全帽		消毒碗柜
	沙发		安全带		微波炉
	电话机		纱手套		冰箱
	计算机		绝缘手套		更衣柜
	打印机		护目镜	其他防护用品	空气清新机
	传真机		应急灯		空气清新喷雾剂
	文件柜		手电筒		灭蚊器
	计算器		手电筒电池		灭蚊片
	温度计		防水光电筒		
	湿度计		口罩		

3）各类台账报表到位，见表3-10。

表3-10 各类台账报表一览表

类别	名称	类别	名称
行车	值班人员登记本	行车	站台保安交接班本
	车站施工登记本		车站巡视记录本
	行车日志		车站备品借用登记本
	调度命令		员工通道门进出登记本
	调度命令登记簿		路票
	车站设备设施故障登记本		

（续）

类别	名称	类别	名称
客运	失物处理登记单	其他	车站会议记录本
	乘客事务处理本		车站信息传递本
	乘客意见本		员工业务情况抽问本
安全	车站事件登记本		车站材料备品领取登记本
	车站事故处理登记本		车站材料备品账本
	培训演练登记本		来文登记本
	检查整改登记表		门禁卡、钥匙借用登记本
			失物标签

三、接管措施

1. 车站接管负责人

车站站长为属地接管工作的管理负责人，负责提前将接管通知发至相关单位、部门，并在接管车站显著地点张贴。

2. 属地管理权的交接安排

车站的接管要重视属地管理权的交接时间，注重对接管地和接管设备设施安全、消防、保卫的接管，同步落实安全消防措施、责任人和进驻时间。

实施接管前，运营单位应与当地公安派出所取得联系，取得对城轨属地外围治安的联防共管。新线接管后，立即全面、严格按照运营相关规章制度进行管理，防止交接阶段治安、消防事件及设备事故的发生。

3. 做好应急接管措施

由于轨道交通的快速发展，造成建设工期紧张，工程进度往往是动态变化的，如果按照正常移交条件来对新线整体实施"三权"接管，往往会遇到工期方面的压力和阻力，而开通运营的"关门"时间却不容改动。

因此，在线路部分区段、站点能开展区域性联调演练的前提下，运营单位可以考虑分段、分站点、分区域进行验收接管。运营单位与建设单位立足于统一的试运营开通目标，明文界定清晰可控的管理接口，协商建设工期安排，合理分段、分站点、分区域地验收和接管新线，以化解矛盾和缓解整体验收接管的紧张状况。运营单位对试运营开通准备工作切实充分，调度人员、车站人员、司乘人员、维修人员在先期接管的范围内，能尽早熟悉设备、环境，开展实际运作，及时发现和解决问题。

四、管理要求

（一）出入口管理

1. 进出凭证

1）本站人员或运营单位其他部门驻站人员凭员工卡进入。

2）外单位施工作业人员凭运营单位核发的施工作业证或车站核发的临时施工作业证进入。如遇特殊情况，经车站站长同意后，方可允许进入。

2. 临时施工作业证管理规定

1）临时施工作业证由运营单位主管部门制作并配发至车站，存放于出入口保安处，作为车站接管后施工人员进出凭证,车站人员应做好检查和监督工作。

2)外单位施工人员凭有效证件,经出入口保安核实、抵押、登记后,发放临时施工作业证,临时施工作业证须连号发放,不得擅自转借等。

3)外单位施工人员离开车站时,出入口保安须回收临时施工作业证,退还抵押证件。

3．出入口进出要求

车站在开放的出入口处设1名保安人员值守,实行24小时值班,负责对所有人员进出及携带物品进行核实与登记,并提醒进入车站人员穿戴好安全帽等个人防护用具。所有人员离开车站时,出入口保安对其所携带物品确认与进站登记无误后,方可放行。如不一致,凭负责单位开具的放行条,予以放行。

（二）轨行区管理

1．进出凭证

1)所有人员凭行车调度员批准并打印的"轨行区施工作业令"进入轨行区。

2)如遇临时抢修或其他特殊情况,凭行车调度员指令进入轨行区。

2．轨行区进出要求

所有人员进出轨行区时,站台保安须检查进入人数是否与"轨行区施工作业令"相符,并提醒进入人员穿戴好荧光衣等个人防护用具。

（三）施工管理

1．施工请、销点

（1）车站施工请、销点作业点设在车控室,视房间使用条件,也可设在会议室。

（2）施工负责人凭员工卡或运营单位签发的施工作业证,作为各站办理公共区、设备区、轨行区施工请、销点凭证。

（3）车站办理请点时,行车值班员须核实施工负责人员工卡或施工作业证与请点人无误后,办理请点手续。

（4）行车值班员与施工负责人共同确认"轨行区施工作业令"各项施工内容无误,并送交行车调度员批准后,方可开始施工。其中,对需进入轨行区的施工作业,须打印经行车调度员清点批准的"轨行区施工作业令"交施工负责人,作为轨行区进出凭证。

（5）所有施工须在规定的时间内完成,行车值班员在确认施工负责人员工卡或施工作业证与销点人相符后,办理销点手续。

（6）如遇临时抢修或其他特殊情况,各站凭行车调度员指令,可不办理施工请、销点手续。

2．施工作业要求

（1）确保设备材料按照划定的区域堆放整齐,不得超过规定的限界。

（2）保持站台、站厅、出入口及通道清洁,没有积水和浮土。

（3）不得向轨行区及施工区域外丢污物、包装纸箱、木板、废弃的设备配件、安装材料、工具、垃圾等。施工结束后将施工区域内的垃圾带走。

（4）施工中注意成品保护。不能碰撞、损坏屏蔽门、墙壁、天花等成品,并注意避免运转中的工具损伤成品。

（5）施工中施工负责人需确认电缆线路的敷设位置以防止触电事故。

（6）施工结束后通知车站共同检查施工领域后销点离开。

（7）管理用房、设备房的施工，施工负责人在车站登记后，由车站与施工负责人共同确认房间状态。施工结束后通知车站共同对房间进行检查后关门，销点离开。

（8）在设备房施工时，严禁擅动设备开关、移动设备；在运转中及带电的设备附近施工时，施工负责人要负责确认防护已做好并在现场监督施工作业的安全。当不能确定是否安全时不得开始施工并通知车站。

3．车站用房钥匙管理

（1）车站用房钥匙由车站人员实行统一管理，负责办理钥匙借用和归还手续。

（2）所有人员凭施工请、销点办理凭证或员工卡，经过车站人员核实并在门禁卡、钥匙借用登记本中记录后，方可借用车站用房钥匙。

（3）借用的钥匙不得带离车站，用完即还。车站人员须确认归还钥匙数目、状态与借用登记一致，如有差异，由借用人员负责赔偿。

（4）对于重点房间（车站票务室、通信机械室、信号机械室等）钥匙，施工人员借用钥匙时，应有运营单位相关专业人员陪同；归还钥匙时，当班车控室值班人员需派人到房间检查确认施工情况，其中车站票务室有施工时，车站须派人跟踪整个施工过程。

单元四　车站开通运营准备

一、综合联调和演练

综合联调和演练是运营管理部门对新建轨道交通线路各设备系统进行全面检验的过程，是运营管理部门对各设备设施系统验收过程的重要组成部分。

（一）综合联调

综合联调与单系统调试的区别在于它主要关注系统间的接口及综合功能的实现。

综合联调的内容由设备系统的配置及功能设置情况决定，需覆盖轨道交通内存在接口关系的所有设备系统。城市轨道交通综合联调依其目的、性质主要分为接口功能测试类和系统能力测试类。

1．接口功能测试类

接口功能测试类主要对城市轨道交通系统设备间接口内容进行测试，验证系统间接口功能的实现情况。

2．系统能力测试类

系统能力测试类主要对城市轨道交通重要设备系统的极限能力进行测试，验证设备系统实现设计要求的极限能力状况。

（二）演练

运营演练是通过模拟运营过程的运作以及各种可能出现的应急情况处置，检验开通试运营组织方案及应急预案的可行性、合理性及科学性，强化各运营及维修岗位人员对新线各设备设施系统正常及应急情况下的运用能力。

1．演练目的

（1）提高运营人员在正常运营和事故情况下的应急、协调能力。

（2）深化运营维修人员对轨道线路、设备系统及应急抢修机具的应用，加强运营维修人员的故障应急处理能力。

（3）检验开通运营组织方案及应急预案的有效性和完备性，确定新线开通时相对最优且可行的运营组织方案、运作模式，提高保障运营安全和处置突发事件的能力。

（4）最大限度地预防和减少突发事件可能造成的损害，保障乘客生命财产及国家财产安全。

（5）为开通前的安全评估及开通试运营工作做好充足的准备。

2．演练种类

城市轨道交通运营筹备期的演练应结合新线设备设施系统设置情况，兼顾运营筹备期设备系统安装、调试完成情况以及运营人员对设备设施系统、运营管理工作的熟悉程度来进行安排。

演练按其目的、性质主要分为以下三类：运营组织方案演练、应急预案演练、重要设备设施故障抢修演练。

（1）运营组织方案演练。包括运营时刻表演练、票务联合演练、信号故障降级运营演练等。

（2）应急预案演练。包括大客流演练、公交接驳演练、车站火灾演练、区间列车爆炸（火灾）演练、大面积停电演练、屏蔽门故障演练、防淹门故障演练、列车在区间故障救援演练、水淹道床应急演练、接触网（轨）有异物应急处理演练等。

（3）重要设备设施故障抢修演练。包括接触网事故演练、供电系统故障演练、牵引供电故障演练、钢轨伤损及折断处理演练、线路挤岔事故演练、地面无缝线路高温涨轨处理演练、道床起拱事故演练、车辆故障处理演练等。

如运营单位抢修机具配备和人员培训等未达到满足部分大型设备故障抢修演练的要求，可考虑借助供应商及施工单位的力量对设备设施系统进行维护管理，对运营相关人员进行带教培训。

（三）综合联调及演练方案的编制要点

总体方案是从建设、运营、施工联合体的角度，对整个综合联调和演练工作进行宏观、总体、全方位的策划，方案要点一般包括工程概况、综合联调和演练目的、综合联调和演练前提条件、综合联调和演练的组织架构及人员职责、综合联调和演练内容、综合联调和演练总体实施计划、总结及评估等。

1．工程概况

阐述综合联调和演练方案对应的新线工程范围（如线路总长、车站及控制中心、车辆段、主变电站等线路重要设备设施设置情况等）、工程系统设备总体配置情况，工程"三权"接管时间，以及与此计划安排有重要联系的工期关键点等内容，规范和指引相关工作。

2．综合联调和演练目的

阐述综合联调和演练的目的，使参与综合联调和演练的各单位人员统一思想，步调一致、形成合力，做好综合联调和演练工作。

3．综合联调和演练前提条件

主要确认"三权"移交、车辆移交和各设备系统安装调试是否按计划进行。

4．综合联调和演练的组织架构及人员职责

阐述综合联调和演练的组织架构及人员职责，指定各单位主要负责人员及职责，明确各级组织后勤保障。

5．综合联调和演练内容

列明整个综合联调和演练的项目清单。

6. 综合联调和演练总体实施计划

介绍综合联调和演练的总体实施计划，主要列明综合联调和演练工作关键控制点的时间和安排，并据此编制综合联调和演练的实施细则。

7. 总结及评估

阐述在方案实施中发现的问题和不足，提出整改计划安排，并对总结评估工作提出要求。

（四）综合联调和演练实施要点

在综合联调和演练计划具体执行中，为了保证执行的切实高效，应注意在执行前、中、后期的严格管理和控制，确保项目管理者自身重视执行、项目成员正确理解执行。

1. 执行前

由各综合联调和演练负责人牵头组织参与人员对方案进行学习、动员，做好技术交底工作，使参与人员牢固掌握方案要求、操作步骤和安全事项，保证综合联调和演练工作高标准起步、高质量推进。

2. 执行过程中

项目总指挥在现场进行全过程、全方位的督导指挥，协调解决问题，保证各项工作高效、有序地开展。

3. 执行后

综合联调和演练结束后，由总指挥召集项目工作组成员对方案执行情况进行总结评估，分析问题原因，提出整改措施及计划，跟踪整改结果，根据问题整改的计划及结果及时组织安排进一步的补充测试。

综合联调和演练既是城市轨道交通工程建设的一次系统规整，同时也是对运营的人员、设备系统、工具、管理规章、应急准备等整体筹备工作的一次全面检阅，是运营单位发现问题、积累经验、提高运营管理绩效的有效方法。因此，各综合联调和演练项目结束后的总结、分析、评估及问题整改跟踪，要本着发现问题、解决问题的原则，实事求是，提早发现问题、分析问题、协调解决问题，确保新线的顺利开通以及开通后的安全、优质、高效试运营。

小资料

北京地铁4号线进行开通前首次应急演练

"各位乘客，因地铁照明设备出现故障，本站将开始疏散客流。"晚上11时30分，伴随着紧张的广播，北京地铁4号线西直门站迎来了一次断电情况下的客流联合疏散演练。

灯火通明的4号线西直门站台突然暗淡下来。就在"乘客"们纷纷向站务人员询问之际，站台响起了疏散客流的提示广播。车站人员立刻打开了应急照明设备，分三路引导乘客进行疏散。不到两分钟时间，整个疏散过程顺利结束。

据了解，地铁4号线每个站点都设有应急设备，占整个照明设备的1/3，应急照明设备可以维持半小时照明。车站人员引导乘客有秩序地进行疏散。

（资料来源：《京华时报》）

二、车站开通运营组织方案

开通试运营组织方案主要以乘客需求和运营管理需求为中心，依据工程设计、建设文件以及筹备前期针对开通试运营所开展的一些专题研究成果，在总体原则的指导下，从行车组织、客运组织、票务组织、维修组织、车辆组织、安全管理等方面对开通日和开通后的试运营进行全面、系统、科学的筹划安排，指导、规范运营人员的组织、管理及操作行为，确保运营服务质量。

（一）编制原则

编制开通试运营组织方案时，一是受新线设备功能的制约，二是受政府、乘客对新开通线路运营服务水平期望的影响，三是受其他已运营线路服务水平的影响。因此，编制方案必须综合考虑上述因素，并遵循以下原则：

1. 依法依规原则

以遵守国家、地方人民政府的法律、法规为前提。

2. 基于设计和建设的原则

以设计文件、建设现状、开通策划文件为依据。

3. 科学管理原则

以安全、有序、可控运送乘客为宗旨，在政府的开通目标指导下，寻求相对合理的运营组织方案。

4. 充分性原则

方案既要考虑正常情况下的组织，又要考虑设备出现故障或功能不完善时的后备措施。

5. 动态管理原则

及时根据设备功能的变化，对方案进行调整。

（二）方案主要内容

开通试运营组织方案主要包括概述、编制依据、开通试运营条件、组织原则，行车、客运、票务、施工及维修组织方案，运营安全管理方案等。

编写开通试运营组织方案时，首先需明确所开通线路的基础设备、设施的基本情况和开通时各系统设备所达到的基本功能，并结合运营服务水平的需要，进一步提出开通时系统设备争取达到的条件。

（三）车站具备基本条件

开通试运营的车站必须达到以下基本条件：

（1）轨道交通企业验交委员会组织完成各车站系统开通策划条件的阶段验收。

（2）线路、各车站已通过政府有关部门的卫生、防疫以及消防验收。

（3）线路、变电站、接触网（轨）、信号、通信、低压配电、给排水、消防和防灾、设备监控、气体灭火、环控、自动扶梯、垂直电梯、屏蔽门等行车技术设备功能正常，能投入使用。

（4）车站开通至少2个及以上出入口，站外、站内导向标志安装完成。

（5）车站各岗位人员全部到位，并取得相应上岗证，相关规章文本完成编制、下发学习。

（6）乘客服务设施（垃圾桶等）安装完成，投入使用。

三、开通试运营前车站日常管理

1. 跟进遗留和收尾工程

车站三权移交后至开通试运营前，各车站按24小时正常运作，做好遗留和收尾工程跟进工作，及时发现和记录车站设备安装、装修工程存在的问题，提出整改意见并反馈给相关单位，监督责任单位落实整改工作。

2. 配合综合联调工作

车站根据系统总联调的进度计划，完成相关的行车组织、设备运行、施工管理等方面的配合工作，确保系统总联调安全有序地完成。

3. 建立完善的车站运营管理预案

站长须根据车站的实际情况和人员配备情况，组织员工在试运营之前完善相关管理制度及规章，制订适合本站的安全、行车、票务、客运等方面的工作流程和应急预案，建立车站人员管理、设备操作、班组管理、消防、培训、文件台账、综合治理等各方面的班组基础管理规定。

4. 完成车站人员业务培训

站长须按照三权移交后至试运营的各项工期进度，制订车站安全、行车、票务、客运等方面的业务培训、演练计划，每日由当班值班站长按照计划组织员工完成各项培训、演练，确保试运营前车站各岗位人员（包括保安）业务人人过关、工作流程人人清楚。

5. 做好施工管理

在车站三权移交后至试运营前，车站施工管理及监督工作，应按正式运营的施工管理办法要求处理；严格施工请销点手续和车站钥匙的管理，车站巡站人员应不定期的到施工现场进行巡视，检查安全防护或线路出清情况，发现问题及时制止并上报。

车站必须贯彻落实各项安全生产方针和安全工作理念，严格遵守各项安全管理规章制度，严格车站出入口管理与钥匙管理，加强车站巡视管理工作，确保车站接管期间的生产安全、人身安全和设备财产安全。

6. 做好车站信息传递工作

（1）车站信息的范围：①上级部门向车站传达的书面、口头（电话）通知或各站间电话的通知；②在车站现场发生的，需要向上级有关部门反映处理的重要或紧急事件（包括车站的行车安全、工程整改、施工管理、设备安全、员工动态等情况）。

（2）车站信息的接发：①所有传递到车站的信息（书面、口头），车站接收人员都必须按要求在车站信息传递本上详细登记。②车站信息需向上级部门或有关车站传达的，由车站站长或当值值班站长通过电话、书面形式直接向上传递。

（3）车站信息的处理：①对于上级部门传达到站的信息，车站站长、值班站长每日上班前需审阅相关信息传递登记本，按要求及时处理，车站需交接班处理时，应在交接班内容中重点说明，做好交接，需紧急处理时，应立即通知有关人员。②车站现场发生的重要事件信息，当值值班站长负责了解、掌握清楚事件情况并汇报本站站长，再由站长或站长指定人员书面或电话及时向上级领导汇报。③车站现场发生的紧急事件信息，若站长在场，由站长负责了解、掌握清楚事件情况并即时汇报上级部门领导，若站长不在场，由当值值班站长负责了解、掌握清楚事件情况并及时汇报上级部门领导。

四、车站开通工作

1. 客运组织

（1）车站所需客运设施配送到站，告示牌、各类服务温馨告示等完成张贴，确保满足大客流客运组织需要。

（2）检查和确认所有客运设施设置妥当且状态良好；对于公共区尚未开通的区域，于开通前完成设置铁马、隔离栏杆（或拉警戒线）及张贴告示。

（3）车站定时到各个出入口查看等候客流情况，如有需要提早做好限流和分流措施，如在客流较大的出入口通道设置分流栏杆、出入口扶梯设置为上行等。

（4）开站前1小时，如出入口等候客流过大且该出入口设备能力无法满足时，及时在站外疏导，指引乘客往客流较少的出入口等候。

（5）开站前30分钟，车站检查及确认所有客运设备均处于开启状态。

（6）开站前15分钟，车站各岗位人员根据车站客运组织方案要求就位，并开始播放运营广播。出入口开闸人员到达所在出入口，并按站长命令开启出入口。

2．票务组织

（1）根据客流预测情况核定车站备用金和车票配备金额及数量充足，满足开通日车站票务运作需要。

（2）开站前3小时，车站完成加票、加币和售票员配票工作，并测试确认自动售检票设备处于正常状态。

（3）开站前2小时，车站按2个临时售票点完成售卖预制票的准备工作。

（4）开站前1小时，车站适时关注出入口外等候客流情况，及时增设售卖预制票点，完成临时售票亭设置和预制票配发。

（5）开站前30分钟，车站售票员、客运值班员到岗，等待开站运营。

3．行车组织

（1）组织车站人员学习运营时刻表，确保人人知晓。

（2）检查和测试车站行车主要设备功能，如屏蔽门、信号系统等，确保状态良好。

（3）检查和确认各类行车用品状态，确保所有行车用品电源充足、放置齐全和数量足够。

（4）做好行车组织降级模式的准备，联锁站安排人工准备进路人员，随时待命。

4．安全管理及应急处理

（1）检查与运营相关的主要设备设施状态，发现异常情况，及时汇报。

（2）根据出入口等候客流拥堵情况，及时做好疏解，防止开站后乘客进入车站时，造成踩踏等安全事件。

（3）制作完成突发事件告示，并放置在车控室、客服中心、站台监控亭等地点，以备突发事件时使用。

五、开通初期保障工作

车站员工应做好从新线筹备到运营工作角色的思想转变，首先确保运营安全，其次保证客运服务，最后确保其他临时工作。

（一）人员组织

1．站台人员

车站必须安排至少1名以上站务员在站台值守，指导、监督站台保安做好站台和轨行区安全管理，负责对新上岗保安进行业务技能培训。

2．各部门车站值守人员

维修部门配合车站做好保障工作，安排驻站维修人员到车站24小时值守，负责及时处理车站自动售检票、屏蔽门、信号系统等设备故障。

3. 支援人员

根据客流变化情况，管理人员和机关人员下站支援，车站合理安排支援人员的工作。

4. 保障管理人员

成立保障工作领导小组，负责开通试运营期间相关保障工作的指挥、调度与协调。安排不少于1名管理人员现场值班。

（二）票务组织

开通后，各站视客流变化情况，提前做好售卖预制票安排。随时关注自动售检票设备运行状态，做好故障处理和补票、补币事宜。

（三）客运组织

开通后，适时关注车站客流变化趋势，及时按有关客流组织预案做好大客流组织工作，必要时，可关闭部分出入口。支援人员在接到增援通知后，应第一时间赶赴支援车站，根据站长或值班站长安排，投入到车站客运组织工作。妥善处理乘客纠纷和乘客投诉事件。

（四）行车组织

开通后，联锁站人员密切监控信号系统工作站运行状态，发现异常情况及时汇报，并按有关预案迅速、妥当处理。密切留意列车停站时间和站台客流，做好乘客上下车疏导，妥善处理屏蔽门、车门故障，避免人为原因造成晚点。

（五）安全管理及应急处理

车站人员加强对车控室设备状态的监视，加大车站巡视力度，重点做好出入口楼扶梯和公共区设备设施的巡查，及时发现设备不良状态和客伤等异常情况，车站可能出现的应急事件包括屏蔽门故障、车门故障、夹人夹物、售检票设备故障、信号系统故障等，车站人员应及时汇报并按有关程序和预案妥善处理。

联锁站人员密切关注列车运行情况，随时做好人工准备进路的准备工作。

（六）工程问题整改跟进

各站人员重点跟进与运营相关设备设施的工程问题整改情况，认真查找、反馈存在问题，积极与责任单位、人员协调整改，并监督、落实整改工作。

> **案例　南京一地铁突然"坏"在轨道上15分钟解决故障**
>
> 南京地铁一号线开通前的综合演练期间，上千名市民及地铁工作人员进行了"观光运营综合演练""验证列车时刻表""列车故障救援演练"三项模拟演练。
>
> 一辆地铁列车运行到三山街区间突然出现故障，停在轨道上。地铁控制中心迅速发出指令，备用车与故障车连挂，将故障车牵引至站台下客。待故障车下客完毕后，工程车赶到现场将故障车牵引回小行，备用车投入运营……短短15分钟，故障就被排除，地铁一号线恢复正常运营。
>
> **一、流程与正式运营相同**
>
> 考虑到演练数据直接作为制订、调整观光运营及日后正式运营计划的依据。所以，这次的演练一切皆以实战为标准，不仅调度、技术、站务、安保人员全部到岗，地铁运营部门还组织了数十名地铁专家、工作人员对运营中产生的数据、问题进行记录。现场的专家告诉记

者，仅仅是"观光运营综合演练"，工作人员就将对"400名乘客检票进闸时间""400名乘客进闸至上车完毕时间""列车到达至开门时间"等10个问题进行数据记录。通过对这些实测数据的统计，调整完善列车正式运营时的计划。

二、参演市民细指小缺憾

在这次的演练中，参演市民对南京地铁所散发出的时尚气息发出由衷赞叹，但同时也指出一些小缺憾，比如下到站台层，手机信号非常弱甚至没有；想上厕所却没有看到指示牌；空调温度打得过低，与室外温度反差太大……南京地铁公司有关负责人告诉记者，从演练情况来看，一切都在计划之中，各职能部门事后将会对演练中出现的大量数据资料进行分析，调整制订出科学的运营计划和处置预案。对于演练中发现的一些细节性小缺憾，有关部门将在演练完毕后全面完善。

（资料来源：《金陵晚报》）

模 块 小 结

轨道交通新线顺利投入运营必须具备两个基本条件：第一，要有性能良好、设计合理、施工完善的轨道交通设备设施；第二，要有集人、财、物、技术等资源于一体的提供组织技术保障的管理集体。新线车站接管分三个阶段：工程介入、进驻车站及车站正式接管。

车站工程介入就是在轨道交通建设期，由运营筹备人员跟进车站建设工程进度，仔细审核设计、施工、装修等图纸，合理安排人员到现场实地熟悉车站内、车站外环境，实地了解施工进展。工程介入主要分为两种：图文审查和现场介入。

进驻车站是指在施工中的车站现场具备基本办公条件后，组织筹备人员定点、定员连续地在施工现场进行工程跟进。进驻车站需具备环境、物资备品和人员三方面的要求。

车站三权是指车站的设备设施使用权、车站属地管理权、行车调度指挥权（简称"三权"）。三权移交就是在新线竣工验收前，工程建设单位将车站三权移交到运营单位的过程。

三权移交的基本原则：以所需接管的站点、区间和设备完成单位工程验收或特设的阶段验收为接管的前提；以运营相关阶段性筹备工作目标的完成为基础条件。

车站开通运营准备包括综合联调和演练、车站开通运营组织方案编写及实施等。运营筹备期的综合联调是在各设备系统完成内部调试的基础上，从满足运营开通使用的角度，完整、细致地测试各系统在正常和故障情况下的接口功能及系统性能，以检验轨道交通内部各系统按设计要求协同运作的能力。

运营筹备期的演练是通过模拟运营过程中各种正常及可能出现的应急情况下的运作，检验为开通试运营编制的各种运营组织方案及应急预案的科学性、合理性及可行性并加以改进，同时加强并改进各运作岗位及维修岗位人员对新线各设备设施系统正常及紧急情况下的运用能力。

开通试运营组织方案主要以乘客需求和运营管理需求为中心，主要包括概述、编制依据、开通试运营条件、组织原则，行车、客运、票务、施工及维修组织方案，运营安全管理方案等。

复习与实训

一、单选题

1. 在工程介入的初期主要以（　　）形式跟进工程。
   A．图文审查　　　B．实地勘测　　　C．进驻车站　　　D．现场介入
2. 在进驻车站期间，车站管理用房的钥匙统一在车控室保管，使用时由（　　）负责。
   A．值班站长　　　　　　　　　　B．站长（临时负责人）
   C．车控室值班负责人　　　　　　D．行车值班员
3. 在工程介入期间，工程介入人员进入轨行区后行动要听从（　　）指挥，注意防护人员所发信号。
   A．站长　　　　　　　　　　　　B．值班站长
   C．承包商　　　　　　　　　　　D．轨道运营公司施工负责人
4. 进驻初期的人员由车站站长负责管理，并安排人员实行（　　）小时值班。
   A．8　　　　　　B．12　　　　　　C．16　　　　　　D．24

二、多选题

1. 城市轨道交通综合联调依其目的、性质主要分为（　　）。
   A．演练方案测试类　　　　　　　B．接口功能测试类
   C．信息传递测试类　　　　　　　D．系统能力测试类
   E．时刻表测试类
2. 编制开通试运营组织方案的总体原则包括（　　）。
   A．依法依规原则　　　　　　　　B．基于设计和建设的原则
   C．充分性原则　　　　　　　　　D．动态管理原则
   E．科学管理原则
3. 车站"三权"是指（　　）。
   A．车站属地管理权　　　　　　　B．设备设施使用权
   C．行车调度指挥权　　　　　　　D．施工作业审批权
   E．临时关闭出入口权
4. 新线介入期间班前的安全检查要做到"三交"和"三查"，其中"三交"为（　　）。
   A．交任务　　　　B．交安全　　　　C．交设备　　　　D．交措施
   E．交工具

三、简答题

1. 简述工程介入的必要性。
2. 简述轨道交通车站进行三权移交时的原则与前提条件。

四、实训项目

了解工程介入的目的，审查某车站的设计图，对应图文审查的注意事项，逐条查看设备用房和管理用房的符合情况。熟悉车站的现场环境，列举新线进驻期间的基础工作，包括物资备品到位及人员进驻计划，理解新线筹备站务人员的工作职责，按各岗位基础工作了解本岗位的工作要求。

模块四 Module 4

轨道交通车站设备设施管理

【学习目标】

能力目标：
- 能解释车站设备设施管理的内容。
- 能识别车站各行车设备，并知晓其作用。
- 能操作车站设备设施。
- 能处理车站巡视过程中碰到的问题。

知识目标：
- 了解车站设备设施的种类。
- 了解车站设备的保养维护。
- 掌握车站设备设施的巡视要求。

模块四 学习导引

车站是轨道交通设备设施的集中设置地，有行车设备设施、客运服务设备设施等，在车站运作中发挥着重要作用，有些直接为乘客提供服务，有些间接提供服务，车站员工需要分别深入了解和熟悉掌握。

新闻回放　地铁车站自动扶梯事故

2011年7月5日9时36分，北京地铁4号线动物园站A口上行自动扶梯发生设备溜梯事故，造成一名13岁少年身亡、3人重伤、27人轻伤。目击者称，事故发生时，本来上行的自动扶梯突然倒转，变成下行，乘客成群跌倒受伤。

7月7日，北京市政府新闻办公室召开"地铁四号线自动扶梯事故处理情况"通报会，向媒体通报有关情况。目前初步认定，事故原因是自动扶梯设计制造中存在缺陷，固定装置折断。

（资料来源：新华网北京频道 http://www.bj.xinhuanet.com）

单元一　轨道交通车站设备介绍

一、行车设备

列车通过在封闭的线路上运行，穿梭在不同的车站，完成运输乘客的任务。列车的运行安全需要行车设备系统的保障，这里主要介绍车站员工日常接触和使用较多的设备。

（一）道岔

道岔是使列车从一股道转入或越过另一股道的线路设备，是轨道的重要组成部分，也是轨道的薄弱环节之一。一般设置在有两条以上线路的车站，如折返站、有存车线或安全线的中间站等。

1．道岔组成

道岔由转辙部分、连接部分和辙叉部分组成，如图4-1所示。

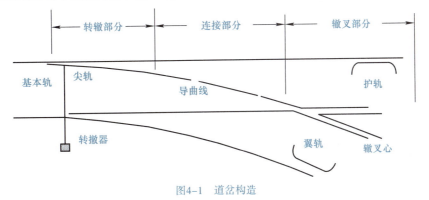

图4-1　道岔构造

（1）转辙部分：由尖轨、基本轨、连接零件（包括连接杆、滑床板、垫板、轨撑、顶铁、尖轨跟端结构等）及转辙机械组成。

（2）连接部分：由导轨、基本轨组成，它将转辙部分和辙叉部分连接在一起。

（3）辙叉部分：由辙叉心、翼轨、护轨等组成，其中辙叉部分存在有害空间（从辙叉咽喉至辙叉实际尖端的范围）。

2．道岔号数

道岔辙叉角的余切值叫道岔号数或辙叉号码（如图4-2所示）。轨道交通线路常用的标准道岔有7号、9号、12号。正线及折返线上统一采用9号道岔。为了行车安全平稳，列车过岔速度应有一定的限制。9号道岔侧向通过最高速度为30千米/小时。车场内基本为7号道岔，7号道岔其侧向通过最高速度为25千米/小时。

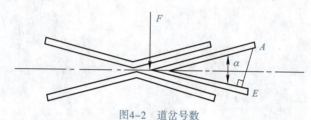

图4-2 道岔号数

注：道岔号数计算公式为$N=\operatorname{ctg}\alpha=FE/AE$。

3．道岔操作

不同列车进路的排列通过道岔的转动来实现。道岔的转动则需要转辙器来控制，正常情况下，通过信号系统自动控制操作，但在信号系统故障情况下，需要人工操作扳动道岔，来排列不同的进路。

（1）转辙器。转辙器是引导机车车辆行驶的线路设备，由两根基本轨、两根尖轨及连接零件和转换设备组成，通过转换设备可使尖轨开向直股或侧股，从而实现列车或车辆转线，尖轨断面变化大，又经常要扳动，是道岔的薄弱部分。

（2）道岔的定反位。规定道岔经常保持向某一线路开通的位置称为定位，向另一线路开通的位置称为反位。道岔在使用、清扫、修理完毕后，应及时恢复定位。

（二）联锁控制、表示设备

联锁设备是为保证行车安全而设置的设备，控制命令必须由联锁设备进行逻辑运算，确认符合安全要求时，才允许执行。联锁设备要根据控制命令和现场设备的状态来进行逻辑运算，车站工作人员通过车站设备控制台来控制现场设备，并通过表示盘监视车站现场设备情况。控制台和表示盘设置在控制中心和有联锁设备的车站，通过遥控、遥测手段实现监控。

1．进路锁闭与解锁

一旦进路排列完成，进路即进入预锁闭。所谓预锁闭，第一是指进路已被锁闭（即进路上的有关道岔不能被转换）；第二是指只要关闭信号，进路即可解锁。

当进路排列完成、信号开放，且列车已抵达接近区段时，进路被完全锁闭。进路在完全锁闭条件下就不能轻易地进行人工解锁，必须在列车按进路方向依次通过后，进路才能被逐段解锁。

2．信号机的开放与关闭

信号机只有在检查了道岔位置是否准确、进路是否空闲，敌对信号机是否在关闭状态以及进路是否已完全锁闭之后,在未进行人工解锁时才能开放,且在开放后会不间断地对上述条件进行检查。

3. 道岔转换

在正常情况下,道岔是按照排列进路的要求自动转换的,必要时可单独转换。单独转换优先于自动转换。

(三) 屏蔽门设备

屏蔽门的设置给车站站台上候车的乘客提供了良好的安全保障和空气环境。列车进站停稳后,屏蔽门与车门同步打开。而在乘客上车完毕,确认安全后,屏蔽门与车门同步关闭。这些功能的实现是由于屏蔽门系统与信号系统的联动,这种联动关系出现问题时,就会影响屏蔽门的正常运作,从而出现开关门异常的故障。同样,屏蔽门异常时也会导致信号系统收到站台不安全的信息,在进站过程中紧急刹车,或者无法启动离开车站。

为了更好地观测屏蔽门的运行状态,站台每扇屏蔽门的活动门上方都有一个同步的门头指示灯(如图4-3所示),出现故障的时候会自动亮灯警示。而在车站控制室的设备后备就地控制盘上也会收到警报(如图4-4所示),提醒车站人员进行处理。

图4-3　屏蔽门门头指示灯

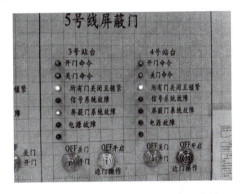

图4-4　车站控制室设备后备就地控制盘

车站屏蔽门的控制方式分为系统级、站台级和就地控制级。系统级控制和站台级控制都属于自动控制模式,就地级控制需要人工操作开、关屏蔽门。

(四) 紧急停车按钮

在信号系统设计中,考虑到在列车进出车站时,如果发生突发事件,列车继续运行就可能危及列车运行或乘客人身安全,而列车驾驶员不能及时发现将会造成严重事故。因此在车站站台设置了紧急停车按钮,与信号系统连接,按压此按钮后给列车传递不安全信息,列车就会采取紧急停车措施。

紧急停车按钮设置在站台柱子或墙壁上,一侧站台设置两个,平时加铅封,如图4-5所示。在紧急情况下,站台工作人员按压紧急停车按钮,就可使列车紧急制动,停止运行。

但紧急停车按钮的使用受有效范围限制,也就是说,列车如果已驶过有效范围,使用紧急停车按钮将不起作用。

图4-5　紧急停车按钮

二、客运设备

(一) 垂直电梯

在多层结构的轨道交通车站里,由于乘客需要垂直距离的移动,一些特殊乘客就需要使用垂直电梯,如伤残人士、老年人和携带大件行李的乘客。

车站垂直电梯按乘客进出动线设置在出入口、站厅层和站台层,原则上每个车站至少有一个出入口必须设置一台垂直电梯,便于特殊乘客进出。图4-6为设在站厅和站外的垂直电梯。

图4-6　站厅、站外垂直电梯

车站的垂直电梯轿厢内设置有连通车站综合控制室的通话装置或报警按钮,便于在紧急情况下与外部保持联络。

(二) 自动扶梯

车站出入口若不受提升高度的限制,均应设置上、下行自动扶梯。站厅层与站台层之间,一般宜设上、下行自动扶梯,如图4-7所示。

自动扶梯一般采取30°倾角,两台相对布置的自动扶梯工作点间距不得小于16米;自动扶梯工作点至前面影响通行的障碍物间距不得小于8米;自动扶梯与楼梯相对布置时,自动扶梯工作点至楼梯第一级踏步的间距不得小于12米。

当车站发生火灾时,自动扶梯须停止运行,作为固定楼梯来疏散乘客。

车站人员应引导乘客正确使用自动扶梯,对乘客不正确使用自动扶梯的行为应及时制止,以免发生危险。当自动扶梯运行时突然加减速、有异常声音或震动时,应阻止乘客继续搭乘,待无人后即停止运行,并通知专业人员检修。

自动扶梯一般在右下侧设有"紧急停止按钮"(高差较大的自动扶梯在中部也设有"紧急停止按钮")(如图4-8所示),一旦在自动扶梯运行中发生乘客失足摔倒或其他紧急情况,应立即按下"紧急停止按钮",使自动扶梯停止运行,并采取相应的救护措施。

图4-7　车站自动扶梯　　　　图4-8　自动扶梯紧急停止按钮

(三)广播

车站广播的主要作用：一是及时向乘客通报正常运营信息，在出现故障等非正常情况下通报行车和客运安排，组织、疏导、安抚乘客有序乘降列车，及时疏散车站人员，加快事故处理进程；二是播放音乐改善候车环境；三是紧急召唤检修、抢修人员或车站其他工作人员。

一般每个车站设置一套有线广播系统，播音控制盒是车站广播系统的播音控制设备，设置在车站综合控制室，具有话筒广播、线路播音、语音合成选择广播功能、状态显示、监听、降级广播、编组的功能，如图4-9所示。

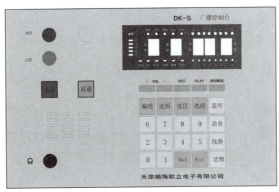

图4-9 车站广播控制盒

车站行车值班员可通过播音控制盒控制车站的广播操作，车站分为若干个播音区，例如：站厅，上、下行站台，设备用房，管理用房等，可以同时广播，也可分区广播。正常情况下广播采用自动广播，必要时切换为人工广播。

(四)乘客资讯系统设备

乘客资讯系统通过设在车站的各类显示终端设备，为乘客提供列车运行信息；在紧急情况下发布紧急信息，以帮助疏导乘客；通过查询机的触摸屏，乘客可以自行查询换乘信息、车站周边情况、广告、新闻、政府公告等资讯。同时也可利用分布在车站的各类显示终端设备，发布广告，如图4-10所示。

图4-10 乘客资讯系统设备

(五)车站照明

车站照明按其不同用途分工作照明、节电照明、事故照明、标示照明、广告照明及应急照明等。其中应急照明是为了车站工作照明发生故障时，为疏散乘客提供必要的照明，通常由蓄电池提供。

(六)闭路电视

设在站台的闭路电视摄像头一般采用固定式（如图4-11所示），一侧站台两个摄像头相向设置，监控范围可覆盖整侧站台。设在站厅及重要通道的摄像头宜采用摇头式（如图4-12所示），便于工作人员根据需要变换角度去观察相关重点位置。

监视终端显示器设置在控制中心大厅调度台、车站控制室工作台、站台端头司机立岗处等，供相关人员及时监控。

图4-11　站台摄像头

图4-12　站厅摄像头

（七）自动售检票设备

轨道交通自动售检票系统主要的售检票终端设备包括自动售票机、自动增值机、自动验票机、票务处理机、闸机（或称自动检票闸机）等。

1．自动售票机

自动售票机安装在车站的非付费区内，用于乘客自助购买单程票，可以接收限定面额的纸币和硬币，并能自动出票和找零。自动售票机接收和执行车站计算机的控制命令，存储交易数据、工作状态记录和运营参数，通过网络，实时上传工作状态和交易数据到车站计算机以及中心计算机。其基本组成结构如下：

（1）纸币处理单元：用于识别乘客购票的小额纸币，将不符合识别参数指标的纸币退返给乘客，识别币种可通过参数设置，一般带有缓存功能。

（2）硬币处理单元：接收乘客用于购票的硬币或用硬币给乘客找零。

（3）单程票出票机构：根据乘客选择的目的站点和购买张数自动发售相应票价和数量的单程票。

（4）乘客操作屏幕：该屏幕上有站点、票价等信息，供乘客购票时选择目的站和购票张数。

（5）整机状态显示单元：显示设备工作状态的部件，如暂停服务状态等。

（6）主控单元：控制设备内部各单元协调工作。

（7）维护单元：供车站人员进行登录、加币、加票、回收钱票清点等日常工作时使用。

2．自动增值机

自动增值机安装在车站的非付费区，可接收纸币或银行卡为乘客提供储值票现金或转账增值服务。该设备能存储交易数据、工作状态记录和运营参数，通过网络和车站计算机实时上传工作状态和交易数据，接收车站计算机的控制命令并相应执行。其主要结构和功能如下：

（1）纸币单元：接收乘客用于现金充值的纸币（50元或100元面额人民币），可接收的币种和面额可以通过软件参数进行设置。一般来说，自动增值机的纸币单元不带缓存，同时不具备找零功能。

（2）储值票处理单元：接收乘客的储值卡，按要求充值成功后将卡退回给乘客。

（3）银行卡处理单元：接收乘客银行卡，按要求扣取相应转账的金额后将卡退回给乘客。

（4）乘客显示接口：供乘客选择充值方式和充值金额。

（5）维护单元：供车站人员进行登录、回收清点等日常工作时使用。

（6）主控单元：控制设备内部各单元协调工作。

3. 票务处理机

票务处理机是自动售检票系统中业务功能较为齐全的终端设备，一般放置在车站的客服中心内，可以对付费区和非付费区的乘客提供服务。它能实现多种业务，包括售票、充值、退票、挂失、车票异常处理、信用设置、卡内信息资料更改以及密码设置等功能，还能完成一些行政事务等业务处理。

4. 自动验票机

自动验票机是车站自动售检票系统中的自助查询设备，安装在地铁车站的非付费区内，为乘客提供车票自动查验服务。可查询车票的有效性（包括密钥的合法性、车票锁闭标志、票种合法性、有效期等）；对有效的车票还可查询车票类型、剩余金额或剩余次数（仅对计次票）、车票使用有效期及历史交易信息。

5. 闸机

闸机是自动售检票系统中的检票设备，安装在车站付费和非付费区的分界处，用于乘客自助检票通行，能自动计算乘车费用并扣费。在国内，闸机的设计符合乘客右手持票的习惯。闸机按阻拦方式分为三杆式和门式；按安装位置和功能不同可分为入站闸机、出站闸机、双向闸机和特殊通道闸机。不论何种类型的闸机，一般从安全方面考虑，在紧急情况或断电时，闸机的通行阻挡都能自动解除，以便乘客快速通行。

闸机主要用于监控乘客的通行行为和正确扣取乘客的车费。入站闸机在乘客的车票上记录入站地点；出站闸机在乘客的车票上正确扣取车费同时对单程票进行回收；双向闸机同时具备入站闸机和出站闸机的功能，也可以通过软件设置将其设为某一种单向闸机使用；特殊通道闸机则是一种供特殊人群使用的双向闸机，比一般的闸机通道要宽，主要是供残疾人士及携带大件行李物品的乘客使用。

三杆式闸机是最早也是应用较广泛的自动检票闸机，如图4-13所示。三杆式闸机的三杆转动是靠乘客的身体接触来推动的，因此人机友好性低。三杆之间通行的空隙较小，带行李的乘客通行不便。

门式闸机只有一对隐藏门，如图4-14所示。门式闸机采用多对光电传感器来识别乘客的通行行为和行李情况，自动开关隐藏门，行人和行李可以同时方便通行。缺点是阻挡效果差，容易滋长乘客的逃票行为。

图4-13　三杆式闸机

图4-14　门式闸机

单元二　轨道交通车站设施介绍

一、客运服务标志

客运服务标志主要用于给乘客必要的导向、提示和警示，以方便乘客，确保安全，利于车站的客运组织。

客运服务标志包括安全标志、导向标志、位置标志、综合信息标志，形成完整的客运服务标志系统。标志由图形、文字和箭头组合而成，做到规范、协调、清晰、明确、易懂、易辨、易记。完整的客运服务标志系统能引导乘客自助完成乘坐轨道交通的全部过程，乘客出行方便快捷，同时也减少了服务人员的工作量。

1．安全标志

安全标志通过颜色与几何形状的组合表达通用的安全信息，并且通过附加图形符号表达特定安全信息，颜色一般为黄色。如图4-15所示。

图4-15　安全标志

2．导向标志

导向标志由图形标志和文字标志与箭头符号组合形成，用于指示通往预期目的地路线的公共信息，如图4-16所示。

3．位置标志

位置标志由图形标志和文字标志形成，用于标明服务设施或服务功能所在位置的公共信息，如图4-17所示。

图4-16　客服中心导向标志

图4-17　自动售票位置标志

4．综合信息标志

综合信息标志由图表和文字构成，用于表达与服务有关的公共信息，如图4-18所示。

图4-18　车站首末车信息标志

5．无障碍标志

无障碍标志由专为轮椅使用者（老年人、肢体残疾人、伤病人等）、视觉障碍者使用的图形符号、文字（包括盲文）和有关设备设施等构成，用于提供导向、位置、综合信息服务。

二、消防设施

车站除了消防系统中的自动气体灭火系统外，在车站站厅、站台、设备区、隧道区间按规定布设了一定数量的消火栓和灭火器,还有应急情况下使用的其他消防设施。

(一)消火栓

消火栓包括消防卷盘、水枪阀门、消防软管(或水带)、控制阀门等,如图4-19所示。消防卷盘主要为车站发生微小火灾时使用。消防卷盘操作由两人配合完成,一人进行灭火操作,一人进行控制水源操作。

图4-19 消火栓

1. 消防软管的操作方法

(1)打开消防箱箱门。

(2)将软管卷盘转到90°的位置,拉出软管至着火地点。

(3)甲打开消防软管上的水枪阀门,准备就绪后通知守候在消防箱边的乙。

(4)乙打开卷盘上的控制阀门进行供水,同时询问甲水量、水压是否足够。

(5)如果水压不够,乙应该按下消防栓按钮启动电动蝶阀确保供水。

(6)灭火完毕,将供水控制阀门关闭,将软管内的余水排净。

(7)按照打开的逆序将软管绕到卷盘上。

(8)通知维修人员进行检修。

2. 消防水带的操作方法

(1)打开消火栓箱门,取出水带。

(2)抛水带:右手呈虎口形握住水带的两个接头,拇指第一关节扣压水带内圈,其他四指扣压水带外圈。同时,左手拇指和四指分别插入水带两头接口内,并握紧两个水带头。两手协力托住水带,用力向正前方抛出,左手握住水带头向上抽拉,使水带向正前方摊开。

(3)接水带:右手将水带接头与消火栓接头对接,并顺时针转动至卡紧为止。

(4)接水枪:拿起水带另一端接头,将水枪头接上水带接口。

(5)灭火人员接好水枪后并握紧,站稳后用胳膊肘夹紧水带,另一人缓慢打开消火栓水阀,观察水枪出水压力情况。如果压力不够,应马上按下消防栓按钮启动电动蝶阀增加水压。完成后立即跑至灭火人员处协助把持水枪。

(6)灭火完毕后应晾干水带,然后卷好放回原处。

(二)灭火器

火灾根据引发的燃烧物分为A、B、C三类。其中A类火灾指普通固体可燃物燃烧引起的火灾;B类火灾指油脂及一切可燃液体燃烧引起的火灾;C类火灾指可燃气体燃烧引起的火灾。

车站使用的灭火器主要是干粉灭火器和二氧化碳灭火器。车站干粉灭火器以4千克装的为主,可灭A、B、C类火灾,灭火有效距离为3~4米。而二氧化碳灭火器以3千克装为主,适用于扑救600伏以下的带电电器、贵重设备、图书资料、仪器仪表等的初起火灾。

1. 干粉灭火器的使用

（1）将灭火器上下摇动几下。

（2）拔出保险销。

（3）一手握紧喷嘴，对准火源根部。

（4）一手按下压把，另一手持喷嘴向火源根部左右扫射，如图4-20所示。

图4-20　干粉灭火器的使用

2. 二氧化碳灭火器的使用

在使用时，应首先将灭火器提到起火地点，放下灭火器，拔出保险销，一只手握住喇叭筒根部的手柄，另一只手紧握启闭阀的压把，如图4-21所示。对没有喷射软管的二氧化碳灭火器，应把喇叭筒往上扳70°～90°。使用时，不能直接用手抓住喇叭筒外壁或金属连接管，防止手被冻伤。使用时，灭火器不能倒置。

图4-21　二氧化碳灭火器

（三）消防装备

1. 自助呼吸器

（1）打开盒盖，取出自助呼吸器（如图4-22所示）；

（2）拔掉呼吸罐的罐塞（内外均有）；

（3）将呼吸器戴在头上，调整眼窗扣正鼻罩，用手拉紧头带，扣上尼龙搭扣。

2. 消防头盔

消防头盔（如图4-22所示）用于保护消防员自身的头部、颈部免受坠落物的冲击和穿透以及热辐射、火焰、电击和侧向挤压等伤害。目前装备的消防头盔都有面罩和披肩装置。

3. 消防战斗服

消防战斗服（如图4-22所示）具备一定的防水和防火功能，但只能适用于一般的火场，不能在强辐射区或火焰区使用，不可当作为隔热服使用。

图4-22　自助呼吸器、消防头盔、消防战斗服

4. 消防靴

消防靴（如图4-23所示）具有一定的绝缘性能，同时具有一定的防穿刺和防滑性能，供消防员平时训练和灭火战斗时穿着，用以保护消防员的足部和小腿部，使之免受伤害。

5. 消防手套

消防手套（如图4-23所示）按照消防作业特点设计制造，具有穿戴柔软舒适、耐磨性强、防水性能良好等优点，适合消防员在训练和灭火战斗中使用，用于保护消防员手部，使其免受高温、摩擦、碰撞等伤害。

6. 救生绳

救生绳（如图4-23所示）是消防员个人携带的一种救人或自救工具，也可用于运送消防施救器材，在火情侦察时用作标绳。因火灾造成大面积烟雾时，救生绳可指引被困人员顺绳逃生。车站使用的救生绳长度约为50米。

7. 消防平斧

消防平斧（如图4-23所示）具有一定的抗冲击性能、抗拉离性能、平刃砍断性能。主要用于火场破拆障碍物之用。

8. 消防水桶

消防水桶（如图4-23所示）主要用于火场灭火时接水和运水。

图4-23 消防靴、消防手套、救生绳、消防平斧、消防水桶

三、其他设施

1. 盲道

车站范围内（出入口和通道、站厅、站台）按国际标准设有盲道，用来引导视障人士使用站内设施及搭乘轨道交通，如图4-24所示。

2. 临时票亭

临时票亭主要用于出售预制单程票，如图4-25所示。在大客流时段，自动售票机前排队过长，为了提高售票速度、让乘客尽快进站上车，需要设临时票亭。

图4-24 站台盲道

图4-25 临时票亭

3. 公共卫生间

供乘客使用的公共卫生间及残障人士的专用卫生间，一般设置在公共区非付费区（如图4-26所示）。

4. 公共电话

公共电话装设在站厅非付费区（如图4-27所示），方便有需要的人士使用。

图4-26 公共卫生间

图4-27 公共电话

5. 银行柜员机

银行柜员机设置在车站站厅非付费区，可以为乘客提供取款、存款、转账等业务，如图4-28所示。

6. 乘客对讲机

乘客对讲机安装于车站控制室的玻璃窗前，当乘客有需要帮忙时，可以及时地与车站工作人员取得联系，如图4-29所示。

图4-28 银行柜员机

图4-29 乘客对讲机

7. 乘客座椅

乘客座椅设置在站台候车区域，靠柱子或墙壁处设置，避免影响乘客在站台的通行和疏散，如图4-30所示。

图4-30 乘客座椅

单元三　轨道交通车站设备设施巡视

为确保轨道交通车站的安全运作和服务质量，保障车站范围内的人员安全及车站设备设施的完整良好，必须加强车站属地管理，实施车站设备设施的巡视制度。

一、巡视制度

车站的值班站长、客运值班员、厅巡及保安、保洁等岗位人员，都负有车站巡视职责，在运营或非运营时间都必须按规定完成巡视工作。在车站关站后，还要加强对站外设备设施的巡视，做好防盗、防损工作。

（一）各岗位巡视范围

根据车站各岗位人员的不同工作职责，规定其巡视的范围和频次。具体来说，主要以值班站长和保安人员的巡视为主，客运值班员在完成票务室的工作后视情况执行巡视任务，而保洁在固定承包区域内清扫、清洁时，兼顾该区域设备、设施的巡视工作。各岗位的巡视范围见表4-1。

表4-1 车站各岗位巡视范围

岗 位	巡 视 范 围
值班站长	全站、出入口外10米范围、车站风亭、冷却塔
客运值班员	售票问讯处、站厅、各通道、出入口外10米范围
厅巡	出入口、站厅、车站内楼梯、自动扶梯、垂直电梯
保安	全站、出入口外10米范围、车站风亭、冷却塔
保洁	固定卫生承包区域内设备、设施

（二）各岗位巡视要求

1．巡视内容

（1）乘客动态及乘车秩序。

（2）设备设施状态及运作。

（3）车站范围内的施工作业情况。

（4）可疑人员和可疑物品等异常情况。

（5）轨道交通设施保护情况。

（6）车站卫生情况。

2．巡视方式

（1）全面巡视。对车站进行全面的全方位巡视，值班站长以全面巡视为主。

（2）重点巡视。针对重点部位或特定内容进行重点巡视。如客运值班员以票务和乘客事务为主，保安以安全为主，包括车站运作安全、乘客安全及设备设施安全。

（3）定时巡视。按一定的时间间隔，对相关区域进行定时巡视，如对出入口实行定时巡视。

（4）不定时巡视。针对特定环境和特殊情况，有针对性地对重点区域进行不定时巡视。

3．巡视频次

车站须精心组织巡视工作，合理安排车站工作人员。车站各岗位人员巡视时须按要求认真巡视，及时发现存在的问题并做出相应的处理。

值班站长每班巡视次数不得少于2次，客运值班员每班巡视次数不得少于1次，厅巡、保安、保洁在包保责任区范围内多次巡视，确保站厅、站台、出入口、通道等重点监控区域巡查到位。出入口每半小时巡视一次，巡视人员须在出入口巡查签到表上签字备查。

二、巡视要点

（一）运营时间内的巡视要点

1．值班站长和客运值班员

（1）检查车站内公共区各种设备设施（包括自动扶梯、垂直电梯、售票设备、闸机、导向标志等）是否完好，运作是否正常。

（2）检查各个出入口的各种建筑设施和周边地面情况，防止他人对轨道交通设备设施进行破坏。

（3）对可疑人和可疑物等异常情况进行巡查，对"三品"等违禁物品和大件可疑物品进行巡查，防止携带违禁品进站乘车，发现"膏状""块状""粉状"等可疑物品要及时报告公安人员。

（4）检查通向设备区的门禁是否失效，对空闲位置及房间进行巡查，防止无关人员进入设备区域。

（5）对出入口、进出人员较少的长大通道以及公共洗手间进行巡视和检查，对车站死角地带重点巡查。

（6）对站台端门进行巡查。施工人员进出端门时需得到车控室值班人员的同意，并确保端门使用完毕后处于关闭状态，严禁擅自开启端门。若端门因故障不能关闭时，车站应及时通知维修人员，并做好安全防护和警示标志。

（7）对车站卫生情况巡查，查看垃圾箱是否溢满。

2. 厅巡

（1）车站内公共区各种设备设施（包括自动扶梯、垂直电梯、售票设备、闸机、导向标志等）是否完好，运作是否正常。

（2）密切注意站厅乘客的动态，及时主动引导乘客，重点关注轮椅客、老人、小孩等特殊人群以及携带大件行李的乘客。

（3）加强"三品"等违禁物品和大件可疑物品的查堵力度，防止乘客携带违禁品进站乘车，发现"膏状""块状""粉状"等可疑物品要及时报告公安人员。

3. 保安

（1）检查车站内公共区各种设备设施（包括自动扶梯、垂直电梯、售票设备、闸机、导向标志等）是否完好，运作是否正常。

（2）密切注意乘客的动态，特别是加强对轮椅客、老人、小孩等特殊人群以及携带大件行李乘客的关注。

（3）对"三品"等违禁物品和大件可疑物品进行巡查，防止乘客携带违禁品进站乘车，发现可疑物品要及时报告公安人员。

（4）加大出入口、进出人员较少的长大通道及公共洗手间的巡视检查力度（包括非运营时间），增加对车站死角地带的巡视次数和细致程度。

（5）检查确保站台端门使用完毕后处于关闭状态，严禁施工人员擅自开启端门。若端门因故障不能关闭时，应及时报车控室，并按指示设置警示标志，做好安全防护。

4. 保洁

（1）按包保区域进行巡视清扫，确保目视整洁，无垃圾、杂物。

（2）对包保区内的公共区洗手间、垃圾桶定时巡视，发现可疑物品及时报告。

（二）非运营时间的巡视要点

1. 值班站长和客运值班员

（1）运营结束后必须巡站一次，确认车站相应设备设施已退出服务，确保没有滞留乘客，发现可疑人、可疑物及时报告。

（2）检查各个消防栓是否齐全、完整，灭火器是否齐全、完好，设备房门是否锁好。

（3）夜间施工巡查：巡查施工是否做好相应的防护措施，施工完毕后防护措施是否已撤除，人员是否出清。

（4）检查自动扶梯、垂直电梯是否已处于关闭状态。确因施工需要临时开启的，使用完毕后及时关闭。

（5）开站前安全检查的相关内容：对所有站线及其两端所目及范围，包括存车线及设备区走廊对应轨行区。

2．保安

（1）每隔30分钟巡视一次站厅、出入口、设备区域，主要巡视车站内设备设施及各个出入口的情况，如发生异常情况（被盗、丢失、损坏）及时向车控室汇报。

（2）末班车开出后，必须对车站区域彻查一次，确保没有滞留乘客；发现可疑人员和可疑物，及时汇报并处理。

（3）对站台的施工及轨行区的作业，必须与车控室核对施工人数、施工区间，确保施工人员进入正确的轨行区。

三、巡视记录

巡视人员必须如实填写巡视台账，发现问题必须在台账上详细注明，要有跟进措施，完成后签名确认。车站巡视记录台账包括：巡查签到表、车站巡视记录本。

1．巡查签到表

在指定巡查位置（如出入口、设备房等）设置巡查签到表，见表4-2，各岗位人员巡视后签到。巡视人员在巡视出入口时要仔细检查自动扶梯、垂直电梯设备，出入口周围是否有障碍物，以及出入口其他设备的运行状态，巡查表的签到要真实，不能早签、代签。

表4-2　巡查签到表

年　月　日

___时	0分	15分	30分	45分	___时	0分	15分	30分	45分
值站					值站				
客值					客值				
厅巡					厅巡				
保洁					保洁				
保安					保安				
___时	0分	15分	30分	45分	___时	0分	15分	30分	45分
值站					值站				
客值					客值				
厅巡					厅巡				
保洁					保洁				
保安					保安				

2．车站巡视记录本

各岗位人员巡视时，如发现问题或异常情况，能够立即处理的立即做出处理，不能立即处理的报车控室，车控室按相应流程汇报。巡视人员在车站巡视记录本（见表4-3），作好相应记录。车控室人员在值班人员登记本上说明情况，接班人员应根据记录做好跟进工作。

表4-3 车站巡视记录本

年 月 日

检查内容	要求	检查情况				发现问题及跟进措施
自动售票机	1）机壳无损伤，外观清洁					
	2）显示灯正常					
	3）出票口无杂物堵塞					
	4）投币口无杂物堵塞					
	5）钥匙孔无堵塞					
	6）功能正常					
	7）故障，已挂停用牌					
自动增值机	1）机壳无损伤，外观清洁					
	2）入票口无杂物堵塞					
	3）功能正常					
	4）故障，已挂停用牌					
自动验票机	1）机壳无损伤，外观清洁					
	2）乘客显示屏功能正常					
	3）功能正常					
	4）故障，已挂停用牌					
进出站闸机	1）机壳无损伤，外观清洁					
	2）显示灯正常					
	3）乘客显示屏正常显示，功能正常					
	4）出、入票口无杂物堵塞					
	5）钥匙孔无堵塞					
	6）门扇开关正常					
	7）入闸处求助铃正常					
乘客资讯系统设备	1）条屏功能正常					
	2）液晶显示屏功能正常					
	3）等离子显示屏功能正常					
广告、导向标志、隔离栏杆	1）广告牌、广告灯箱正常					
	2）导向牌指示正确、清晰、完整					
	3）隔离栏杆摆放正确，无损坏					
自动扶梯、垂直电梯、楼梯	1）扶梯正常工作，无异响异味					
	2）裙带无脱落					
	3）楼、扶梯梯级、台阶干净					
	4）故障或正在维修的电梯已放暂停服务牌					
	5）垂直电梯正常工作					
站内环境卫生	1）垃圾箱未满，表面干净、无异味					
	2）地面干净、无积水、杂物					
	3）洗手间卫生状况良好、无异味					
	4）照明正常					
站台端门	处于关闭状态					
站内线路	无障碍物，无物品、设备侵入限界					
员工通道门	处于关闭状态					
出入口	1）地面清洁					
	2）无闲杂人员逗留					
	3）10米范围内无障碍物					
施工场所	1）施工前采取了安全防护措施					
	2）施工完毕后施工场所清理干净					
消防设施	1）消防箱封条完好，灭火器位置摆放正确、无过期，消防水管无泄漏					
	2）防毒面具按规定摆放，完整、无过期					
	3）疏散通道、出口畅通					
	4）消防安全标志完整					
	5）防火卷帘下方无堆放物品，防火门关闭					
	6）无违章用电、用火情况					
签名	第 次巡视时间： 巡视签名：	第 次巡视时间： 巡视签名：		第 次巡视时间： 巡视签名：		第 次巡视时间： 巡视签名：

注：检查后在检查情况空格栏内打"√"或"×"。

案例分析　车站设施缺陷造成客伤事件

一、事件概况

某日10:15，车站工作人员在巡站时发现A出入口下行扶梯前的地漏处有一名乘客摔倒在地（该乘客由其女儿陪同）。值班站长接到报告后立即赶赴现场并将该乘客扶到会议室，同时马上通知车控室向安全部门汇报。

值班站长对乘客摔伤过程进行了询问，该乘客62岁，在到车站A口下扶梯后，由于行动不便，在经过地漏时被高低不平的地漏绊倒（车站在此处设置了"小心地滑"告示牌），乘客腿脚有瘀肿，提出要去医院做全面检查，并要求赔偿，值班站长观察乘客伤情不严重，于是一边稳定乘客情绪，一边安排前往医院事宜。

当天10:40，车站人员陪同该乘客前往医院门诊部，经CT检查该乘客并未因此次摔伤造成任何伤害，乘客要求保留其CT片，车站保留其病例。共花费医药费384元，由车站支付。

二、原因分析

（1）地漏盖板松动、高低不平是此次事件的主要原因。车站出入口地漏盖板因设计不合理，在A端出入口扶梯人流集中进出之处经常发生地漏盖板爆裂、塌陷。车站多次报障，维修部门也多次维修，但每次维修后不久又被乘客脚踩爆裂、塌陷，未能从根本上解决问题，影响了乘客进出站安全。为此车站在地漏盖板上长期设置"小心地滑"告示牌。

（2）乘客年龄较大、腿脚不便也是客观原因，而其陪同人员也未能起到监护作用。

三、采取措施

车站加强监控和巡视，发现盖板塌陷后，立即汇报维修部门予以更换，在未更换之前由车站进行简单处理并设置醒目的警示牌。

四、影响及点评

这是地铁责任客伤，尽管车站多次向有关部门和人员汇报，维修部门也多次进行了整改，但因为整改不彻底，还是发生了责任客伤。乘客受伤后，提出赔偿要求，因为车站工作人员及时、有效地处理，避免了事态进一步扩大。

本次事件提示，车站设备设施的日常巡视很重要，但报障后的及时维护更重要。也进一步提醒车站员工应特别留意单人携带多件行李、老年人、伤残人士等行动不便的乘客，及时主动地提醒或提供帮助，以有效降低客伤事件的发生率。

单元四　轨道交通车站设备设施维护

一、概述

轨道交通车站设备设施必须加强维护保养，确保各类设备设施始终处于良好状态，对于失效或报废的设备设施及时予以更换。针对不同的设备设施制订不同的维护保养计划，车站设备设施的维护保养必须利用非运营时间进行，尽量减少对正常运营的影响。

一般来说，车站设备设施发生故障时，若影响车站正常运营或危及乘客安全、行车安全，车站立即启动相应紧急预案，减少故障造成的影响及损失，同时向设备维修部门、设备承办商报障，并在车站设备设施登记台账上详细登记设备故障内容、报障时间、接报人等内容，设备修复后还应及时销障。

二、设备设施的维护

设备设施的维护由各系统专业维修部门负责,每年末制订下一年度的维修维护计划,根据年度计划制订季度和月度计划,并严格按计划执行维护保养工作。车站根据维修部门提出并获批的计划予以配合。

(一)道岔设备

道岔是重要的行车设备,每日运营前检查时,要确认道岔的位置是否开通正确、状态是否正常;周期性的安排维修人员对道岔状态和功能进行巡检。

道岔故障一般分为电气故障和机械故障,电气故障一般属于信号系统层面故障,而机械故障则属于轨道层面的故障。当出现挤岔时,就按照事故处理,组织抢险救援。

(二)屏蔽门

屏蔽门每天都要安排保洁人员对其进行清洁和清扫。维修人员也要定期对屏蔽门的状态和内部结构进行维护,每日运营前车站对屏蔽门状态进行测试。

(三)垂直电梯、自动扶梯

垂直电梯和自动扶梯故障时,车站及时设置"暂停服务"牌,并在垂直电梯和自动扶梯运行记录台账(见表4-4)上进行故障登记,报厂家维修。

每日运营结束后维修人员对垂直电梯、自动扶梯状态进行维护,保洁人员进行清扫,对有异响或颤动的自动扶梯重点检查,找到原因并修复。

表4-4 垂直电梯和自动扶梯运行记录表

年 月 日　　　　　　　　　　　　　　　　　　　　　填表人:

项目梯号	开梯时间	停梯时间	运行状况	故障起始时间	恢复运行时间	故障停机时间	故障简单描述	备注
自动扶梯								
1								
2								
3								
4								
5								
垂直电梯								
1								
2								
3								
4								
5								

(四)消防设备

每周1次定时巡视检查公共区、设备区灭火器。每月1次定时对消防栓进行检查。

1. 灭火器检查注意事项

(1)铅封是否完好。

(2)压力是否正常(压力表指针指向绿色区域,说明灭火器处于正常状态;压力表指针指向红色区域,表示压力不够,说明需要补充驱动气体;压力表指针指向黄色区域,说明罐体内压力偏高,应进行维护,但不影响使用)。

(3)喷嘴是否掉落。

（4）软管是否开裂。

（5）是否在有效期内。

（6）其他零部件损坏的情况。

（7）二氧化碳灭火器要检查灭火器钢瓶内二氧化碳的存量，如果重量减少量达到5%时，应及时补充灌装。

2．消防栓检查注意事项

（1）消防水袋是否破损。

（2）水枪头是否丢失。

（3）消防小锤是否丢失。

（4）定期对消火栓进行清洁。

（五）售检票设备

售检票设备出现故障时，车站及时设置"暂停服务牌"，在车站自行排除不了故障的情况下，应及时上报维修部门，并尽快联系专业维修人员到场维修。若大面积的售检票设备发生故障，则车站应及时启用自动售检票系统故障紧急预案。若发现票务终端设备、自动售票机、闸机、票务处理机发生一些非常规的程序错误，应及时将设备停用，上报维修部门，并跟进该设备的维修及使用情况。

（六）其他

其他如天花板、地板、门锁等出现故障时，车站及时做好故障报修及登记工作，填写车站设备、设施故障登记本（见表4-5），等待维修人员到达后，跟进维修并确认。

表4-5　车站设备、设施故障登记本

编号：

日期	时间	报告人	故障内容	接收报告人	维修号	开始维修时间	修复时间	故障处理结果	维修人	车站确认人	备注

案例　自动扶梯违章运货事故

一、事件概况

某日，车站商户违规使用A出入口自动扶梯运送货物，运货人用平板车装载货物后踏上上行扶梯，因货物装载不稳在中途散落，导致扶梯上的其他乘客躲闪不及纷纷摔倒。保洁人员巡视到A出入口，发现情况危急立即按压扶梯紧停按钮，扶梯停止运行。随即呼叫车控室，此时在站厅引导乘客的站务人员听到通道乘客呼叫，也立刻前往现场并同时向车控室报告。同时站长及值班站长等工作人员通过车控室的观察窗发现A出入口通道连接处有乘客求救，立即赶赴现场查看情况。

车站立即请求控制中心关闭A出入口，在A出入口通道与站厅连接处设置隔离带。工作人员一方面搀扶受伤乘客离开扶梯，另一方面对现场采取保护性隔离，疏导现场围观乘客离开，保持现场畅通，同时组织员工维持站内乘客秩序。车控室行车值班员报110、120及控制中心。经现场保洁人员及乘客指认，确认并劝留肇事者，安排专人询问事件经过。车站员工把轻伤人员搀扶到会议室进行简单的消毒止痛处理，并登记受伤人员相关信息，对重伤人员留在现场专人看护，等待120急救车前来进一步处理。经警察到现场确认后，将现场控制权移交给警察。

二、责任分析

（一）主要原因

自动扶梯是车站专用的客运设备，严禁商户利用自动扶梯运送货物。而肇事人员违规使用自动扶梯运载货物，又由于装载不牢，货物散落造成扶梯上乘客受伤，是造成该起事故的主要原因。

（二）次要原因

车站站厅工作人员和车站控制室行车值班员对自动扶梯的监控力度不够，没有及时发现有人使用自动扶梯运送货物，并予以劝阻。

（三）整改措施

（1）车站要加大对自动扶梯的巡视力度和安全广播播放频率。对安全关键位置的自动扶梯及长大扶梯尽量安排专人监控。引导携带大件行李乘客或老人、小孩等特殊人群使用垂直电梯，并尽量给予协助。

（2）加强正确使用自动扶梯的宣传，培养乘客正确使用自动扶梯的意识。

（3）及时、主动劝止利用自动扶梯运送货物行为，若乘客不听劝阻，移交给执法部门进行处理。

模块小结

车站是轨道交通设备设施的集中设置地，有行车设备、客运服务设备等，有些设备直接为乘客提供服务，有些间接提供服务。

车站员工日常接触和使用较多的行车设备包括道岔、联锁控制表示设备、屏蔽门、紧急停车按钮等。

客运设备主要包括垂直电梯、自动扶梯、广播、乘客资讯系统、车站照明、闭路电视、自动售检票设备（自动售票机、自动增值机、票务处理机、自动验票机、闸机）等。

车站客运设施主要包括：服务标志、消防设施、其他设施（包括盲道、临时票亭、公共卫生间、公共电话、银行柜员机、乘客对讲机、乘客座椅等）。

为确保轨道交通车站的安全运作和服务质量，保障车站范围内的人员安全及车站设备设施的完整良好，必须加强车站属地管理，实施车站设备设施的巡视制度。

车站各岗位巡视车站方式分为全面巡视、重点巡视、定时巡视、不定时巡视等。巡视人员必须如实填写巡视台账，车站巡视记录台账包括巡查签到表、车站巡视记录本。

轨道交通车站设备设施必须加强维护保养，确保各类设备设施始终处于良好状态，对于失效或报废的设备设施及时予以更换。针对不同的设备设施制订不同的维护保养计划，车站设备设施的维护保养必须利用非运营时间进行，尽量减少对正常运营的影响。

复习与实训

一、单选题

1. 一般情况下，自动扶梯采取（　　）倾角。
   A．25° B．30° C．45° D．40°
2. （　　）的设置给车站站台上候车的乘客提供良好的安全保障和空气环境。
   A．车门 B．监控亭 C．屏蔽门 D．售检票设备
3. （　　）闸机的通行空隙较小，会给带行李的乘客造成不便。
   A．三杆式 B．双向 C．门式 D．特殊通道
4. 在轨道交通车站客运服务标志中，安全标志的颜色一般为（　　）。
   A．红色 B．绿色 C．黄色 D．白色

二、多选题

1. 道岔由（　　）组成。
   A．转辙部分 B．连接部分 C．辙叉部分 D．基本部分
   E．咽喉部分
2. 屏蔽门的控制方式中属于自动控制模式的为（　　）。
   A．系统级 B．站台级 C．中央级 D．就地级
   E．人工级
3. 联锁控制、表示设备主要监控的内容是（　　）。
   A．进路锁闭与解锁 B．信号机的开放与关闭
   C．进路排列 D．道岔位置
   E．道岔转换
4. 车站主要的客运服务标志有（　　）。
   A．安全标志 B．导向标志
   C．位置标志 D．综合信息标志
   E．无障碍标志

三、简答题

1. 简述消火栓和灭火器的使用方法。
2. 简述车站各岗位的巡视范围。

四、实训项目

跟岗实习：跟师傅学习车站的设备设施，了解车站设备设施的种类，能处理车站的售检票设备简单故障。

完成轨道交通车站设备设施的巡视：从地面开始，根据轨道交通客运服务标志找到轨道交通出入口进入车站，按车站实际规定的巡视制度负责本岗位的巡视范围，如：深圳地铁的站务员车站巡视范围是出入口、站厅、车站内的楼梯、自动扶梯、垂直电梯等。掌握本岗位的巡视要点：主要巡视车站的各种设备设施是否完好，运作是否正常，加强"三品"违禁物品和大件可疑物品的查堵力度，防止乘客携带违禁物品进站乘车。

模块五 Module 5
轨道交通车站行车业务

【学习目标】

能力目标：
- 能识别不同行车信号及其含义。
- 能应用车站控制室的运作要求进行日常事务处理。
- 能处理非正常情况下的行车组织。

知识目标：
- 了解行车指挥系统的组成。
- 理解行车组织原则。
- 掌握车站行车作业程序。

模块五　学习导引

城市轨道交通是一个复杂的技术密集型公共交通系统,它的行车指挥调度工作由运营控制中心实施,贯彻高度集中、统一指挥、逐级负责的原则,各单位、各部门必须紧密配合,协调动作,按运营时刻表的要求,保证列车安全、正点运行,实现安全运送乘客、满足设备维修养护的目的。

新闻回放　北京西郊线脱轨深度解析

2018年1月1日中午,在北京西郊线香山站003号车3个转向架出现故障(转向架是轨道车辆的核心零部件,事关车辆运营安全),汇报调度后并同意退出服务,决定回库维修,调度要求003号空车跟随载客运营的009号车运行,但并未将道岔改为人工操纵,仍为自动切换,在009号车通过道岔区后,道岔自动变换,后方20米处跟随的003号车恰好压入正在变换的道岔,造成003号车脱轨。

在事故发生后,立刻启动应急预案,进行车辆救援(使用的是吊车),不过列车吊出后,故障列车又再次出现了自行溜逸的情况。一段视频显示,在列车被吊回到正线后,列车加速从上行轨道向山下冲去,现场工作人员随即紧跟着列车向山下方向奔跑。

权威人士说:"这是一起明显的调度责任事故。"首先,调度在下达跟随命令时不准确,在系统仍为自动运行状态下,就让003号车跟随009号车,且未做任何防护措施;其次,003号车司机不看信号行车,在009号车率先通过道岔区,信号机变为红灯后,直接闯红灯冒进,导致列车脱轨。轨道交通业内人士分析称,从事故过程看,运营方北京公共交通控股(集团)有限公司缺乏经验。首先,非图定列车运行时,调度系统切换为人工操作是标准规范;其次,列车司机行车应严格遵循信号行驶,在任何人工命令与信号相悖时,都应遵循后者。最关键的是,在轨道交通中没有列车跟随这个概念,这种运行方式非常危险,如需跟随,一般采取重联的方式,也就是把两列车变成一列车运行。事故中003号、009号两车不仅没有重联,且两车间距仅有20米。该人士说:"这是典型的公交车运营思维。"轨道交通专业性极强,安全运营风险高于汽车,由一家公交公司来运营轨道交通线路是否妥当值得再商榷。前面车出站了赶紧跟出去,出了事故叫个救援车来吊一下,这是很典型的公交汽车运营思路,完全没有区间、联锁、防溜逸等意识。

(资料来源:公众号"城市地铁")

单元一　行车业务基础知识

一、行车指挥系统

通俗来讲,行车就是指列车运行,而行车指挥就是列车运行指挥。城市轨道交通系统的行车调度工作由运营控制中心集中统一实施,车站和车辆段作为二级指挥中心,服从运营控制中心的指挥,负责授权范围内的行车指挥工作。

1. 运营控制中心

运营控制中心（Operation Control Center，简称OCC）是城市轨道交通系统运行的神经中枢（如图5-1所示），具有集中化、自动化和模式化等特点，是轨道交通线路运输指挥三级控制管理模式中的第一级控制，它是运营日常管理、设备管理、行车组织的指挥中心，主要职责为列车运行的监控、沿线设备的运行监控和维修系统运行的指挥等。

控制中心是城市轨道交通运营信息收发中心，所有与行车有关的信息必须通过控制中心集散；当轨道交通系统发生突发应急事件时，控制中心代表运营单位与外界协调联络支援或救援工作。

图5-1 运营控制中心

控制中心通常设有主任调度员、行车调度员、电力调度员、环控调度员等，有些运营单位在控制中心还设有维修调度员、客运调度员等。

控制中心通过各岗位调度员，对全线列车运营和设备运营情况进行监视、控制、协调、指挥和调度。行车工作包括行车设备的维护和故障处理，由行车调度员统一指挥，在封锁范围内，也可授权或指定相关专业现场负责人指挥。供电设备运作由电力调度员统一指挥；环控和防灾报警设备运作由环控调度员统一指挥。主任调度员负责当值期间本班组的管理和各类事件的协调处理，行车调度员、电力调度员和环控调度员服从主任调度员指挥。

2. 车场信号控制室和车站控制室

车场信号控制室与车站控制室为二级调度机构，服从运营控制中心的统一指挥；车场信号控制室与出入段线连接的车站通过列车进路排列，共同组织与监控列车进出车辆段与正线。

车场信号控制室设有微机联锁设备，集中控制车辆段范围内的进路、道岔和信号机，负责列车在场内的转线、调试等行车调度工作，以及运营列车进出车辆段的调度工作。调度岗位为车场调度员。

车站行车组织工作由车站当班值班站长统一负责，行车值班员协助，值班站长必须服从行车调度员的统一指挥，执行行车调度员命令；正线发生行车设备故障时，车站值班站长应及时报告行车调度员，由行车调度员通知各相关专业调度和维修值班人员组织抢修。

二、行车组织原则

运营时刻表（列车运行图）是行车组织工作的基础，凡与列车运行有关的各部门都必须根据运营时刻表的规定组织本部门的工作。

城市轨道交通每条运营线路均采用双线单方向的运行方式，运营客车在两端终点站之间循环运行；特殊情况下采用全部或分段单线双方向运行，客车运行中司机均在前端驾驶。进入正线运行的所有列车必须赋予车次。

行车时间以北京时间为准,从零时计算,实行24小时制。行车日期划分以零时为界,零时以前办妥的行车手续,零时以后仍视为有效。

行车有关人员必须服从行车调度员的指挥,执行行车调度员命令,行车调度员应严格按运营时刻表指挥行车;指挥列车运行的命令和口头指示,只能由行车调度员发布。

三、行车基本概念

(一)限界的定义及分类

区间隧道是城市轨道交通中列车高速运行的地段(如图5-2所示),列车在线路上运行时,车辆与沿线建筑物之间必须有一定的空间间隔,以保证行车安全。城市轨道交通限界是车辆与沿线固定建筑物及其设备安装空间关系总体协调后得到的净尺寸图形,是指限定车辆运行及轨道周围构筑物超越的轮廓线,限界的确定既要保证安全又要使投资最低。

图5-2 区间隧道

由于城市轨道交通的车辆运行、设备安装、土建工程等各层次功能不同,限界又有不同的分类。城市轨道交通限界分为车辆限界、设备限界和建筑限界三种,是工程建设、管线和设备安装等必须遵守的依据。

1. 车辆限界

车辆限界是车辆在正常运行状态下形成的最大动态包络线。直线地段车辆限界分为隧道内车辆限界和高架或地面线车辆限界,高架或地面线车辆限界应在隧道内车辆限界的基础上,另加当地最大风荷载引起的横向和竖向偏移量。

2. 设备限界

设备限界是用以限制设备安装的控制线。直线地段设备限界是在直线地段车辆限界外扩大一定安全间隙后形成的;曲线地段设备限界应在直线地段设备限界的基础上,按平面曲线不同半径、过超高或欠超高引起的横向和竖向偏移量,以及车辆、轨道参数等因素计算确定。

3. 建筑限界

建筑限界是在设备限界的基础上,考虑了设备和管线安装尺寸后的最小有效断面。

建筑限界分为矩形隧道建筑限界、马蹄形隧道建筑限界、圆形隧道建筑限界、高架线及地面线建筑限界、车辆段车场线建筑限界。

各类限界的划定避免了一些设备设施侵入列车运行范围从而造成列车受损,有效地保障了列车在线路上运行的安全。一切建筑物、设备,在任何情况下不得侵入地铁建筑限界及设备限界,机车、车辆无论空、重状态,均不得超出机车、车辆限界;与机车、车辆有直接互相作用的设备,在使用中不得超过规定的侵入范围。

(二)进路的定义和安全条件

在正线或车辆段运营线路范围内,列车或调车车列由某一指定地点运行至另一指定地点所经过的路段称为进路。此时,保证行车安全的重点就是保证列车或调车车列在其进路上运行的安全:

(1)列车或车列在驶入进路之前必须确认进路是在空闲状态。

(2)进路上的所有道岔的位置正确而且被锁在正确的位置,防止由于震动或扳动道岔而使运行中的列车或调车车列脱轨。

（3）必须确认其他列车或车列不会从正面、侧面和尾部闯入进路而造成撞车事故。

只有上述三个条件都满足时才允许向列车或车列发出允许信号，让列车或车列驶入进路。

（三）城市轨道交通线路的分类

根据行车组织的需要，不同地点的城市轨道交通运营线路发挥着不同的作用，以确保行车组织的有序和安全。城市轨道交通线路按其在运营中的作用，分为正线、辅助线和车场线。由于运营线路为全封闭形式，数个列车在其中循环往返运行，所以为了便于工作人员识别方向，以上行和下行来命名线路的运行方向。一般以线路的一个终点站为参照点，列车驶向该站的线路为上行线，反之为下行线。

1. 正线

正线是指贯穿所有车站、区间，供列车载客运营的线路。正线中，车站两端墙间内侧的线路为站内线路，简称站线；两相邻车站相邻端墙间的线路范围为区间。城市轨道交通系统的正线采用上下行分行，实行右侧行车惯例。

2. 辅助线

辅助线是为保证正线正常运营，合理调度列车而配置的线路，其最高运行速度一般限制在35千米/小时以下，分为折返线、渡线、存（停）车线、联络线、出入段线和安全线。

（1）折返线。折返线是供运营列车往返运行时调头转线及夜间存车而设置的线路。运营线路两端必须设置折返线，中间站通常根据客流需要和列车交路安排设置适当数量的折返线。

（2）渡线。渡线是用道岔将上行线、下行线及折返线连接起来的线路，它又分为单渡线和交叉渡线。渡线可以满足改变列车运行方向的需要，但在中间站利用渡线进行区间列车折返时，需占用正线作业时间，对于列车的运行间隔影响大，导致线路通过能力下降。因此，只有在一些非正常情况下，才会采用渡线进行一些小交路的运行，作为列车运行调整的手段。

（3）存（停）车线。为了故障列车能尽快退出正线运营，每隔若干个车站应设置存（停）车线，供故障列车临时存放或检修之用。

（4）联络线。联络线是为沟通两条单独运营线路而设置的连接线，为两线列车过线服务。

（5）出入段线。出入段线是连接正线与车辆段的线路，供列车出入车辆段使用。

（6）安全线。安全线是在两种线路转换处设置的起行车进路隔开作用的线路，一般在车辆段出入段线、折返线、存（停）车线及与正线接轨的支线上根据需要设置安全线，防止列车发生意外事故，其长度一般不小于40米。

3. 车场线

如果说正线是供列车载客运营的场所，那么车辆段就是列车检查、维修和非运营时间停放的场所。车场线就是车辆段内场区作业、停放列车的线路，有停车线、检修线、试车线、洗车线、牵出线等。

（1）停车线。停车线用于车辆的停放，按一线一列或一线两列位设计，其数量应满足该运营线路配属列车的存放。

（2）检修线。检修线是指用于车辆各种不同修程的专用线路。一般设有检修坑道和维修平台。

（3）试车线。试车线是指对车辆进行动态性能实验的线路，其线路标准通常应与正线一致。

（4）洗车线。洗车线是指安装有洗车机的线路，用于车辆自动清洗，列车以低于5千米/小时的速度通过洗车设备，完成车体清洗作业。

（5）牵出线。牵出线是指用于场内列车转线作业的线路。

单元二　车站综合控制室

一、车站综合控制室的功能

车站综合控制室是车站行车、客运、票务、施工、消防等日常业务的管理和指挥中心，是车站信息的集散中心。它接收来自运营控制中心的指令并准确执行，同时也收集车站运作信息上报运营控制中心，与相邻车站互通信息。车站综合控制室也是车站行车组织控制的重要场所，室内主要有联锁终端操作设备、综合监控系统、防灾报警系统、给水排水/消防操作系统、通信系统等，实现车站设备的监督和操作控制。职守车站综合控制室的岗位人员是行车值班员，负责监控列车运行和行车安全的工作。

二、车站综合控制室的布置

车站综合控制室是轨道交通各设备系统的集中设置地，面积以不小于45平方米为宜，设置于车站站厅设备区靠近公共区一侧，室内设置防静电地板。为了能够直接观察和了解车站公共区运作状况，车站综合控制室设置面向公共区的观察窗，行车值班员可以直接观察到站厅情况，如图5-3所示。

图5-3　车站综合控制室

车站综合控制室分为两个区域：等候区和办公区。车站施工作业手续主要在车站综合控制室行车值班员处办理，外来人员需在等候区办理相关手续或等候，确保办公区行车设备运作安全，防止人为恶意或误操作。

车站综合控制室内的设备有：综合后备盘（简称MCP盘），以及综合监控、信号等系统的终端操作设备等。相关人员可以通过设置在车站综合控制室的各系统终端设备操作或监控该系统运作。

车站综合后备盘是车站综合控制室中最重要的一个集成设备，主要用于各相关设备系统由于故障或事故自动操作失效情况下的应急操作。综合后备盘的集成设备系统包括：环境控制系统、垂直电梯、自动扶梯、安防系统、给排水系统、照明系统、屏蔽门、自动售检票系统、信号系统等，如图5-4所示。

综合监控系统监控范围包括环境控制系统、防灾报警系统、乘客资讯系统、垂直电梯、自动扶梯、自动售检票系统、后备电源等。行车值班员可以通过综合监控系统终端（如图5-5所示）操作或监控相关系统的工作状态，在发生设备故障报警时，终端设备及时弹出相关信息。

联锁终端操作设备是信号系统的车站级监控操作终端（简称LOW工作站），仅设置在联锁站。可对联锁范围内车站的道岔、信号机、联锁设备等实现监控，实现列车运行进路的排列和取消，如图5-6所示。

 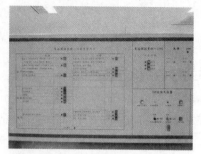

图5-4 车站综合控制室综合后备盘

 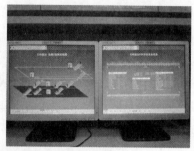

图5-5 综合监控系统终端

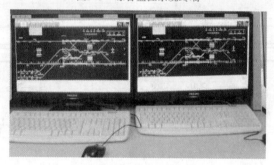

图5-6 联锁终端操作设备

车站综合控制室还设置有文件柜和备品柜，以及充电区。备品柜存放车站的各类行车备品，如行车台账、信号灯、信号旗、手电筒、工具包、红闪灯、安全帽、荧光衣和一些日常使用的工器具等。充电区主要用于给车站的手提广播、手持电台等设备充电。

三、车站综合控制室的运作

车站行车组织工作由当班值班站长统一负责。值班站长必须服从行车调度员的统一指挥，执行行车调度员命令。行车值班员负责车站综合控制室的运作，在业务上接收车站值班站长的指导和指挥。

车站综合控制室的运作包括以下几方面：

1. 设备监控

行车值班员负责监视车站行车、客运、票务等各类设备的运行情况，监视车站消防设备设施运作情况，发现设备故障时及时报修。

每日车站投入运营前，值班站长按行车调度员的指令进行运营前的准备工作，组织当班员工进行运营前检查，确保所有设备运作正常。

2．行车及客运组织

行车值班员通过联锁终端设备（仅联锁站设置）监视本联锁区列车运行情况；行车值班员根据列车运行情况，对照当日运营时刻表列车的到发时刻，通过电视监控系统监控列车进出车站，监视站台乘客候车秩序，并按规定进行广播，确保站台安全。

行车值班员负责每日按程序及值班站长指示开关站，做好日常车站客流组织监控。完成行车岗位所需填写的台账。

3．安全工作及应急处理

车站人员正确执行各项安全规章制度，确保车站乘客和工作人员的人身安全，做好车站突发事件的处理；车站发生突发事件时，上报应急情况，组织车站抢险、救援工作，按应急处理程序操作相关设备，做好人员疏散、设备保护等相关工作，确保乘客人身安全，尽量将损失减少到最低程度；遇危及行车安全的情况时，在综合后备控制盘上按压紧急停车按钮，并执行应急处理程序。

4．施工管理

按施工管理规定做好施工请、销点工作，并做好安全防护工作；负责运营期间和非运营期间车站区域的施工请、销点作业，监控施工作业安全。

5．基础管理

行车值班员兼顾当天车站文件收发工作和钥匙、备品借用工作，执行公司有关规章制度，接到文件、通知时及时登记、汇报。

单元三　行车凭证及行车报表

一、行车凭证

（一）定义

为了确保行车安全，防止列车在区间发生正面冲突或追尾等事故，在同一时间同一区间内只能有一列车运行，这种为保证行车安全，通过设备或人工控制，使连续出发列车保持一定空间间隔距离的行车方法，称为闭塞。其特征是：把站间区间划分为若干个闭塞分区，列车凭行车凭证进入区间。行车凭证是列车占有区间或闭塞分区的凭据，是保证接发列车作业安全的前提和基础，更是接发列车作业中最关键的环节之一。

在采用列车运行自动控制系统（简称ATC系统）的城市轨道交通中，通过控制列车运行速度来保证列车按照一定空间间隔运行。按车地通信方式的不同，装备有ATC系统的闭塞方式分为固定闭塞式、准移动闭塞式和移动闭塞式。列车占用区间的凭证是自动闭塞的列车速度码及通过信号机的显示。

当基本闭塞设备发生故障不能使用时，采用电话闭塞法组织行车，这时的行车凭证就是路票。电话闭塞是当基本设备发生故障不能使用时，由区间两端站的车站值班员利用站间行车电话以发出电话记录号码的方式办理闭塞的一种方法。当停用基本闭塞法改用电话闭塞法时，需经行车调度员下达调度命令后方准采用。遇一些特殊情况时，需要车站行车人员借助信号旗、信号灯或徒手给出行车信号，确保行车安全。

除了上述情况，日常工作中行车凭证就是行车调度员的指令。

（二）调度命令

行车调度员应严格按运营时刻表指挥行车，行车有关人员必须服从行车调度员指挥，执行行车调度员命令。指挥列车运行的命令和口头指示，只能由行车调度员发布，称为调度命令。

行车调度员发布命令前应详细了解现场情况，听取有关人员意见。调度命令内容应简明扼要，术语规范。调度命令又分为口头命令和书面命令。

1. 口头命令

根据行车指挥需要，行车调度员通过电话或电台发布口头命令给相关行车岗位人员。发布口头命令时行车调度员必须先报出姓名或代号，根据不同情况选择给出或不给出命令号码。

原则上，须给出命令号码的口头命令主要有：

（1）由正常行车改为电话闭塞法行车时。
（2）由电话闭塞法行车恢复为正常行车时。
（3）工程列车（或调试列车）在正线的运行计划临时改变需加开时。
（4）正线组织工程列车（或调试列车）回厂时。
（5）运营期间因救援需要封锁线路时。
（6）救援列车进入封锁线路时。
（7）开通线路时。
（8）线路临时限速（当日当次有效）或取消临时限速时。

可不给出命令号码的口头命令主要有：

（1）开行救援列车时（含正线及车厂）。
（2）客车推进运行、退行、反方向运行。
（3）工程列车退行时。
（4）允许越过禁止信号时。
（5）临时加开或停开客车时。
（6）停开工程列车（及调试列车）时。
（7）停站客车临时改通过时。
（8）客车清客时。
（9）临时改变驾驶模式时。

2. 书面命令

根据行车指挥工作需要，有些调度命令必须以书面形式发布，通过传真或网络发出，发给运行中的列车司机时，可通过车站人员转交。发布书面命令时，行车调度员必须给出命令号码、姓名或代号。需要给出书面命令的情况有：

（1）车厂开出工程列车（或调试列车）时。
（2）线路长期限速时/取消长期限速时（长期限速指限速时间24小时及以上）。
（3）非运营期间封锁线路时。
（4）向封锁线路或区域开行工程列车（或调试列车）进行施工时。
（5）行车调度员认为有必要记录的命令。

3. 调度命令的传达

行车调度员向列车司机发布命令时，口头命令由行车调度员直接传达给司机；列车在正线时，书面命令由车站值班站长负责传达，车站负责传达给司机或其他有关人员时，书面命令应盖有车站行车专用章。

同时向几个受令人发布调度命令时，行车调度员应指定其中一人复诵，其他人核对，确保无误，口头命令及书面命令均须在调度命令登记簿内填写。发布传真书面调度命令后，应及时将传真书面命令按照命令号顺序装订成册，做到不遗漏、不颠倒顺序。

（三）信号显示

1. 进路防护信号灯

进路防护信号由红色、黄色、绿色三种颜色组成，不同颜色或单独或组合表达不同的行车指令信息。其中：

（1）红灯，表示停车，禁止越过。

（2）黄灯+红灯，表示引导信号，允许越过。

（3）黄灯，表示开通弯股，允许越过。

（4）绿灯，表示开通直股，允许越过。

2. 手信号

手信号主要用于紧急或特殊情况下，需要人工给出行车信号时。一般使用信号旗或信号灯，白天使用信号旗，晚上使用信号灯，隧道内使用信号灯。没有携带信号灯或信号旗时，可用徒手信号显示。

（1）停车信号。表示：要求列车停车。电话闭塞法行车时，车站接车人员在站台头端墙屏蔽门端门外方显示。显示时机，在看见列车头部灯时开始，列车停车后收回。

（2）紧急停车信号。表示：要求司机紧急停车。工程列车进站或通过车站，出现危及行车安全情况；或者客车进站，发现危及行车安全情况，但来不及按压站台紧急停车按钮或紧急停车按钮不起作用时，车站人员立即显示紧急停车信号，列车停车后收回。

（3）减速信号。表示：要求列车降低速度运行。发现工程列车或客车超速时显示，显示地点在头端墙侧扶梯口，靠近紧急停车按钮附近，列车头部越过信号显示地点后收回。

（4）引导手信号。表示：准许列车进入车站。列车出发整列离开站台区，因故需退回车站时，车站人员在站台头端墙处显示引导手信号，看见列车头部灯开始，列车头部越过信号显示地点后收回。

（5）好了信号（发车信号）。表示：司机可以动车。车站相关作业完成时，车站人员向司机显示好了信号，显示位置为列车运行方向前端第二个客室门的位置；指示列车可进入折返线的好了信号在站台头端墙屏蔽门端门外方显示。司机鸣笛回示后收回。

（6）道岔开通信号。表示：进路道岔准备妥当。折返站须现场人工排列折返进路（如站间电话行车法行车）时，在进路排好后车站人员在道岔附近车辆限界外显示道岔开通信号，列车头部越过信号显示地点后收回。

开行装载有长大、集重货物的工程列车时，车站须派员工在站台头端墙侧扶梯口，靠近紧急停车按钮附近监督运行。

（7）通过手信号。表示：准许列车由车站通过。手信号的显示方式见表5-1。

表5-1 列车手信号的显示方式

序号	类别	显示方式		
		徒手信号	信号旗	信号灯
1	停车信号	两手臂高举头上，向两侧急剧摇动	展开的红色信号旗，无红色信号旗时，两臂高举头上，向两侧急剧摇动	红色灯光，无红色灯光时，用白色灯光上、下急剧摇动
2	紧急停车信号		展开红旗下压数次，无信号旗时，两臂高举头上，向两侧急剧摇动	红色灯光下压数次，无红色灯光时，用白色灯光上下急剧摇动
3	减速信号	—	展开的黄色信号旗，无黄色信号旗时，用绿色信号旗下压数次	黄色信号灯光，无黄色灯光时，用白色或绿色灯光下压数次
4	发车信号好了信号	单臂向列车运行方向上弧线做圆形转动	展开的绿色信号旗上弧线向列车方面作圆形转动	绿色灯光上弧线向列车方面作圆形转动
5	通过手信号	—	展开的绿色信号旗	绿色灯光
6	引导信号	—	展开黄色信号旗高举头上左右摇动	黄色灯光高举头上左右摇动
7	降弓信号	左臂垂直高举，右臂前伸并左右水平重复摇动	—	白色灯光上下左右重复摇动
8	升弓信号	左臂垂直高举，右臂前伸上下重复摇动	—	白色灯光作圆形转动
9	道岔开通信号			绿色灯光高举头上左右摇动

（四）路票

采用电话闭塞法时，路票就是列车占用区间的行车凭证。发车站接到接车站闭塞承认的电话记录号后，填写路票交给司机，司机确认路票正确后凭车站发车指示信号开车，列车凭路票占用闭塞区间。路票的样式如图5-7所示。

图5-7 路票

路票主要有六个要素，分别是：电话记录号码、车次、列车运行方向、车站行车专用章、车站值班员签名、日期。

路票必须按顺序逐张使用，路票由行车值班员亲自签发，并对路票的电话记录号码、车次、方向、车站行车专用章、日期、当班行车值班员姓名进行确认。

路票作为行车凭证有一定的严肃性，不得随意涂写、撕毁，作废路票需写明作废原因做好记录，并连同废票一起交接备案保管。

车站必须设专人负责路票的核对、保管和领取，对使用过的路票由行车值班员注销后，仍需按上、下行线分开存放，保管至有效期到期。

在路票上必须填写的内容为：电话记录号码、车次、当班行车值班员的签名及时间。电话记录以每站一组100个号码，自每日0时起至24时止，按日循环编号；相邻车站不能使用相同号码；每个号码在一次循环中只准使用一次，号码一经发出无论生效与否，均不得重复使用。

二、行车报表

（一）调度命令登记簿

行车调度员发布有命令号码的书面或口头调度命令时，须在调度命令登记簿上填记，见表5-2。

表5-2　调度命令登记簿

___年___月　　　　　　　　　　　　　　　　　　　　　　　　　　　　　　　编号：

日期	命令				复诵人姓名	接收命令人姓名	行调姓名	阅读时刻（签名）
	发令时间	命令号码	受令及抄知处所	内容				

发布有固定格式或书面传真（打印）调度命令（见表5-3）时，应在调度命令登记簿上记载命令内容，发令时间、命令号码、发令人、受令处所、受令人和复诵人，须准确、详细登记。

表5-3　调度命令

　　年　月　日　时　分　　　　　　　　　　　　　　　　　　　　　编号：

受令处所		命令号码	行调姓名
命令内容			

行车专用章　　　　　　　　　　　　　　　　　　　　车站值班员：

（二）行车日志

在正常情况下，车站无须记录列车在车站的到发时间。但在以下情况下需要填写行车日志，见表5-4，记录列车在本站的到发时间，以及前方站的发出时间和后方站的到达时间。

（1）列车在非折返站停站时分超过90秒时，行车值班员须向行车调度员报点并说明原因，并填写行车日志；当发生意外事件时向行调请示，经同意后暂不报点，但仍要填写行车日志并记录清楚。

（2）列车自动监控系统（ATS）故障初期（30分钟以内），车站须记录各次列车的到发时刻并及时填记行车日志；故障发生30分钟后，各联锁站须向行车调度员报点，行车调度员应视情况以联锁站为单元铺画列车运行图以掌握和控制列车运行间隔。

（3）当列车自动监控系统（ATS）不能监控到工程列车的运行位置时，各车站要向行车调度员报点，并填写行车日志。

（4）计算机联锁系统故障采用电话闭塞法行车时，故障联锁区各站要向行车调度员报点，并填写行车日志。

表5-4 行车日志

年 月 日　　　　　　　　　　　　　　　　　　　　　　　　　　　　编号

车次	上　行							车次	下　行						
	到　达			出　发			备注		到　达			出　发			备注
	闭塞号码	同意邻站发车时分	邻站发出时分	本站到达时分	闭塞号码	邻站同意发车时分	本站发出时分	邻站到达时分		闭塞号码	同意邻站发车时分	邻站发出时分	本站到达时分	闭塞号码	邻站同意发车时分	本站发出时分	邻站到达时分

（三）车站施工登记本

车站施工登记本（见表5-5）由车站行车值班员填写，按所列项目严格填写，施工负责人签字后方可进行施工。

表5-5 车站施工登记本

年 月 日　　　　　　　　　　　　　　　　　　　　　　　　　　编号：

	作业项目		作业区域		
请点登记栏	作业代码		作业单位		共　　人进场
	施工负责人		证件号码		计划作业时间	时　分起 时　分讫
	安全措施				
	辅　站		主　站		
	接____站值班员通知，本项作业已获行调批准，于___时__分至__时__分在所申报作业区域内进行，施工承认号码____。 车站值班员签名： 施工责任人签名：		本项作业已由本站报控制中心行调备案，并获行调____批准，于___时__分至__时__分在所申报作业区域内进行，施工承认号码___，并已知会辅站_____。 车站值班员签名： 施工负责人签名：		

(续)

	辅　　站	主　　站
销点登记栏	本作业点的作业已结束，并于___时___分出清作业区域（本作业点所有有关人员已撤离、有关设备已恢复正常、工器具、物料已撤走）。 施工责任人签名： 车站值班员签名：	本项作业已结束，并于___时___分出清作业区域（所有本项作业各作业点有关人员已撤离、有关设备已恢复正常、工器具、物料已撤走）。 施工负责人签名： 接施工负责人___站值班员通知本项作业已结束并出清作业区域，由本人于_时_分报告行调_销点。 车站值班员签名：
备注		

注：1. 不适用字句请划去。
　　2. 一项作业只由一个车站进场施工时，该站视为主站。
　　3. 向原请点站电话销点时在辅站栏注明。

（四）车站设备、设施故障登记簿

车站设备、设施故障登记簿（见表5-6）由车站行车值班员负责填写，对于填写的故障必须严格追踪跟进，如在当班时间未完成，则在交接班时重点交接，持续跟进，直到处理完毕。

表5-6　车站设备、设施故障登记簿

编号：

日期	时间	报告人	故障内容	接收报告人	维修号	开始维修时间	修复时间	故障处理结果	维修人	车站确认人	备注

三、管理要求

轨道交通运营单位各部门、车间（室）、班组的全部经济活动、生产（工作）活动（包括人、财、物、运营）及其各种变化，都要建立原始记录。一切未经相关业务管理部门审核、备案、编号的统计原始记录、台账不得执行。

行车凭证和行车报表由当班岗位人员填写，要及时记录，不得事后补记。填报要准确、按时、连续、项目齐全，填写字迹要清晰、不缺不漏、传递及时、账、物、卡记录一致。

行车凭证和行车报表必须每月整理一次，分时间、分类别装订成册，编号。

行车凭证和行车报表的保存期为二年。保存期满，由使用部门上报主管部门同意后方可销毁。销毁措施应按保密制度执行，不得擅自处理。

单元四　车站行车组织

一、正常情况下的行车组织

正常情况下，正线行车组织实行中央级控制，各联锁站行车值班员可通过联锁终端操作设备对本联锁区列车运行状态进行监控，车站原则上不进行接发列车作业。

行车值班员根据列车到发情况，播放到站、关门及安全提示广播，做好乘客服务，并通过电视监控系统（CCTV）监视列车、屏蔽门开关门状态，以及乘客上、下车情况，确保乘客安全。

在列车进站时，车站行车值班员及站台工作人员监视列车的运行状态，注意站台乘客动态，发现危及行车安全时立即按压紧急停车按钮或显示停车手信号。

当信号系统操作权下放给车站控制，车站行车值班员在联锁终端操作设备上排列列车进路。

开行装载有长大、集重货物的工程列车时，车站须派员工在站台监督运行，发现危及行车安全时，应立即显示紧急停车信号，并及时上报。

二、非正常情况下的行车组织

（一）信号系统故障

1．列车自动监控系统设备故障时

（1）当列车自动监控系统（ATS）设备发生故障时，行车调度员使用中央联锁工作站监视全线列车运行状态。

（2）行车调度员须授权给联锁站控制。

（3）联锁站值班员在联锁终端操作设备上排列进路，并加强监控。

（4）各联锁站向行车调度员报告各次列车的到、开点，行车调度员以联锁站为单位铺画列车实际运行图，至行车调度员收回控制权时止。

（5）当信号系统不能自动设置运营停车点或运营停车点无故取消时，行车调度员应及时命令司机以人工驾驶模式进站。

2．列车自动防护系统设备故障时

（1）当列车自动防护系统（ATP）轨旁设备故障范围较大，由主任调度员决定列车在该区段是否采取站间电话闭塞法组织行车。

（2）当列车自动防护系统车载设备故障，不能修复时，由行车调度员命令司机和车站，安排列车引导员（一般由取得相应资格证的值班站长担任）上驾驶室添乘，沿途协助司机瞭望，监控速度表，列车按规定速度运行，不准超速，运行到前方终点站退出服务。如遇到超速时，提醒司机控制速度，必要时，立即按压紧急停车按钮。

（3）应严密监控列车自动防护系统车载设备故障列车的运行情况，确保与前方列车至少有一个区间线路空闲，前方列车因故停车时，应采取措施保证安全间隔。

3．联锁故障

一个或多个联锁区计算机联锁系统故障时，由主任调度员决定采用电话闭塞法组织行车。

（二）电话闭塞法

当信号系统故障，需要采取电话闭塞法时，由主任调度员决定。车站按行车调度员指令实施人工排列进路作业。

正线道岔故障按其影响分为四个故障等级：一级故障需要进路准备人员多次摇岔、确认位置正确并加锁组织行车；二级故障可能需要一次摇岔后确认位置正确并加锁组织行车；三级故障为不需要摇岔，只确认位置正确或道岔密贴并加锁组织行车；四级故障为不需要进行加锁处理即可组织行车。

如需操作多付道岔，则应遵循从车站方向由近及远地手摇道岔，然后再由远及近地确认整条进路的基本原则。

1. 接、发车相关规定

（1）采用电话闭塞法行车的各车站不得办理通过列车。

（2）接车站行车值班员确认站内接车线路及区间空闲，办理好接车进路后向发车站给出电话记录号码，同意接车。

（3）发车站行车值班员接到前方接车站同意接车的电话记录号码，确认发车进路准备妥当后，指示站台接发车人员填写路票交给司机。

（4）司机确认路票正确后，依次关闭好屏蔽门、车门后发车。

（5）列车停稳后，接发车人员向司机收回路票并及时打"×"作废，路票须保存1个月备查。

（6）在执行电话闭塞法行车时，当信号系统恢复正常或客车进入正常联锁区，客车恢复正常运行后报行车调度员，司机在前方站交回路票。

2. 人工办理进路相关规定

（1）人员进入轨行区必须请示行车调度员并得到行车调度员许可。

（2）车控室值班人员应向准备进路人员清晰地布置任务。

（3）人工准备进路须不少于2人，其中一人岗位职务必须是车站值班员或以上，另一人岗位职务必须是站务员或以上，准备进路人员须携带信号灯、手摇把、钥匙、钩锁器、锤子、对讲设备（无线便携台）、手电筒、工具包，穿荧光衣、绝缘鞋，戴手套（如图5-8所示）。

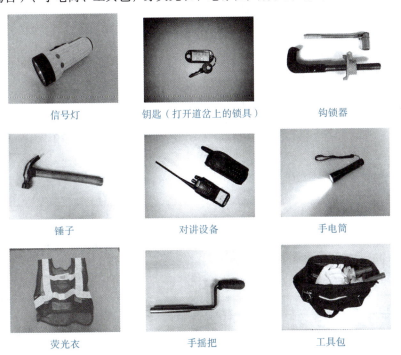

图5-8 准备进路人员工具备品

（4）现场确认道岔，需要转向时应一人操作，两人共同确认；确认道岔位置正确后，用钩锁器锁定。

（5）确认进路上各道岔的开通位置正确后，准备进路人员向车控室汇报，用对讲设备或轨旁电话联络。

（6）车控室接到进路准备好、线路出清（根据作业要求进入安全位置或回到站台）的报告后，指示接发列车人员接发列车。

3．接发列车程序

（1）电话闭塞法发车作业程序（见表5-7）。

表5-7 电话闭塞法发车作业程序

作业程序	作业标准		
	车控室	接发列车人员	准备进路人员
一、请求发车	根据行车日志确认区间空闲（首列车须根据调度命令与行车调度员共同确认区间空闲）	携带路票、笔、红色信号灯（旗）到站台头端墙屏蔽门端门外方待命	携带相关备品在指定位置待命
	向前方站请求发车："×线×次请求发车"，并听取复诵		
	接收前方站发出的电话记录号："同意×线×次发车，电话记录××号"，并复诵，填写《行车日志》		
二、准备进路	指示准备进路人员："准备×线×次发车进路"		复诵："准备×线×次发车进路"
	复诵："×线×次发车进路准备好了（线路出清）"		将进路上的道岔及防护道岔开通正确位置并加锁。确认正确后出清线路，向车控室报告："×线×次发车进路准备好了（线路出清）"
三、办理凭证及发车	指示接发列车人员："×线×次准备发车"，并听取复诵	复诵："×线×次准备发车"，填写路票，确认无误后交与司机，并汇报车控室	
	通过电视监控系统监视列车出发	车门、屏蔽门关好后，站台保安向司机显示"好了"信号，监视车出发	
四、报点及收点	向行调和前方站报点："×次×站×点×分开"，填写行车日志		
	听取前方站报点："×次×站×点×分到"，并复诵。填写行车日志		

（2）电话闭塞法接车作业程序（见表5-8）。

表5-8 电话闭塞法接车作业程序

作业程序	作业标准		
	车控室	接发列车人员	准备进路人员
一、准备进路	听取后方站发车请求："×线×次请求发车"，并复诵	携带路票、笔、红色信号灯（旗）到站台头端墙屏蔽门端门外方待命	携带相关备品在指定位置待命
	根据行车日志确认区间及站内接车线路空闲（首列车须根据调度命令与行调共同确认区间空闲）		

（续）

作业程序	作业标准		
	车控室	接发列车人员	准备进路人员
一、准备进路	指示准备进路人员："准备×线×次接车进路"，并听取复诵		复诵："准备×线×次接车进路"
	复诵："×线×次接车进路准备好了（线路出清）"		准备进路，确认正确后出清线路，报告车控室："×线×次接车进路准备好了（线路出清）"
	向后方站发出电话记录号码："同意×线×次发车，电话记录××号"，并听取复诵，填写行车日志		
二、准备接车	听取后方站报点："×次×站×点×分开"，并复诵，填写行车日志		
	指示接发列车人员："准备×线×次接车"，并听取复诵	复诵："准备×线×次接车"	
三、接车	通过电视监控系统监视列车到达	在站台头端墙指定处显示停车信号，向司机收回路票，并打"×"，同时报告车控室"路票收回"	
	列车停稳后向行调和后方站报点："×次×站×点×分到"，并听取复诵，填写行车日志		

4. 手摇道岔程序

（1）看。人工准备进路人员查看道岔尖轨与基本轨之间，滑床板和辙叉心之间是否有异物；如有异物，则打开转辙机的盖孔板进行断电，然后将异物取出。

查看有无障碍物侵限，如有侵限物品，则将障碍物清出轨道。

查看道岔开通位置是否正确，尖轨与基本轨是否密贴，必须两人共同确认，若道岔开通位置正确，尖轨密贴，则进行断电，加锁。

左右位判断办法：站在两基本轨之间面对尖轨，若尖轨与基本轨分离在左侧，即该道岔开通左位；反之，则开通右位，如图5-9所示。

图5-9 道岔左右位判断

（2）开。打开盖孔板（如转辙机处于通电状态，必须先切断转辙机电源）及钩锁器的锁，拆下钩锁器。

（3）摇。将手摇把插入手摇把孔，将道岔摇至所需的位置，在听到"咔嚓"的落槽声后停止。如果听不到落槽声，则必须认真确认尖轨与基本轨之间的距离。当距离不超过2毫米时（大概一根火柴杆的宽度），视为尖轨密贴，道岔已摇至所需的位置。

（4）确认。两人共同确认道岔开通位置和尖轨与基本轨密贴情况，严格执行"眼看、手指、口呼"确认制度。

（5）加锁。确认正确后，用钩锁器锁定道岔尖轨，并将钩锁器加锁。钩锁器的位置必须在尖轨与基本轨的密贴处。

（6）汇报。人工准备进路时人员出清线路或到达安全避让点后，应向车站控制室汇报道岔开通位置情况。汇报时，要说明该道岔号码、道岔开通的位置、是否加锁等。

案例 韩国大邱地铁火灾

一、事件概况

2003年2月18日上午9时53分,韩国大邱市一号线1079号列车行驶至中央车站时,3号车厢的一名男性乘客在车门打开的瞬间点燃了装满易燃液体的塑料瓶,随着一声爆炸,大火瞬间蔓延起来,整节车厢瞬间被大火和浓烟吞没。3分钟后,1080号列车也到了车站,此前,驾驶员只接到指挥室"注意运行"的通报,列车进站后站内的电源自动切断,整个站台漆黑一片。1080号列车司机没有开门,在随后的5分钟里,紧闭着车门的列车也燃烧起来。最后1080号列车司机也没有采取任何措施疏散乘客。在这次事故中,死亡198人,失踪300人,受伤147人,大邱地铁系统停运8个多月,其恢复运营后一段时间,车厢内几乎空无一人。

二、责任分析

此事故直接原因是人为纵火,但也有其他因素导致了事故的扩大,主要因素有:列车采用了易燃及燃烧时放出毒烟的材料;车厢内座椅套是易燃化纤材料,遇火燃烧且释放毒烟;控制指挥中心决策缓慢,未能阻止后面的列车进站;现场突然停电,后面列车进站后不能移动,且应急照明没有点亮,漆黑一片。

模 块 小 结

城市轨道交通的行车指挥调度工作由调度控制中心实施,贯彻高度集中、统一指挥、逐级负责的原则,各单位、各部门必须紧密配合,协调动作,按运营时刻表的要求,保证列车安全、正点运行,实现安全运送乘客、满足设备维修养护的目的。

运营控制中心是城市轨道交通系统运行的神经中枢,具有集中化、自动化和模式化等特点,是轨道交通线路运输指挥三级控制管理模式中的第一级控制,它是运营日常管理、设备管理、行车组织的指挥中心。车厂信号控制室与车站综合控制室为二级调度机构,服从运营控制中心的统一指挥。

行车基本概念包括限界、进路、线路等。

车站综合控制室是车站行车、客运、票务、施工、消防等日常业务的管理和指挥中心,是车站信息的集散中心。车站综合控制室内的设备有:综合后备盘,以及综合监控、信号等系统的终端操作设备。

车站行车组织工作由当班值班站长统一负责,值班站长必须服从行调的统一指挥,执行行调命令。行车值班员负责车站综合控制室的运作,在业务上接受车站值班站长的指导和指挥。车站综合控制室的运作包括设备监控、行车及客运组织、安全工作及应急处理、施工管理、基础管理等。

为了确保行车安全,防止列车在区间发生正面冲突或追尾等事故,在同一时间同一区间内只能有一列车运行,这种为保证行车安全,通过设备或人工控制,使连续出发列车保持一定空间间隔距离的行车方法,称为闭塞。行车凭证是列车占有区间或闭塞分区的凭据,是保证接发列车作业安全的前提和基础,更是接发列车作业中最关键的环节之一。行车凭证包括自动闭塞的列车速度码及通过信号机的显示、调度命令、路票等。

行车报表主要包括调度命令登记簿、行车日志、车站施工登记本、车站设备设施故障登记本等。

车站行车作业程序包括正常情况下的行车组织和非正常情况下的行车组织。日常运作中常见的信号系统故障有：列车自动监控系统设备故障、列车自动防护系统设备故障、联锁故障等。

当信号系统出现故障，需要采取电话闭塞法时，由主任调度员决定。车站按行车调度员指令实施人工排列进路作业。正线道岔故障按其影响分为四个故障等级：一级故障需要进路准备人员多次摇岔、确认位置正确并加锁组织行车；二级故障可能需要一次摇岔后确认位置正确并加锁组织行车；三级故障为不需要摇岔，只确认位置正确或道岔密贴并加锁组织行车；四级故障为不需要进行加锁处理即可组织行车。

复习与实训

一、单选题

1．（   ）是城市轨道交通系统运行的神经中枢，是轨道交通运输指挥三级控制模式中的第一级控制。

  A．运营控制中心　　B．车站　　　　C．列车　　　　D．车辆段

2．（   ）是行车组织工作的基础，所有与列车运行相关的各部门都必须根据它的规定组织部门的工作。

  A．运营时刻表　　　B．行车时间　　C．调度命令　　D．行车日期

3．轨道交通进路防护信号灯显示黄色代表（   ）。

  A．开通直股，允许越过　　　　　　B．开通弯股，允许越过

  C．引导信号，允许越过　　　　　　D．停车，禁止越过

4．车站相关作业完成时，车站人员向司机显示（   ），显示位置为列车运行方向前端第二个客室门的位置。

  A．引导手信号　　　B．好了信号　　C．道岔开通信号　D．通过手信号

二、多选题

1．（   ）是行车指挥的三大部分。

  A．运营控制中心　　B．车站　　　　C．车辆段　　　D．列车

  E．线路

2．按车地通信方式的不同，装备有列车自动运行控制系统的闭塞方式分为（   ）。

  A．固定闭塞式　　　B．准移动闭塞式　C．移动闭塞式　D．自动闭塞式

  E．半自动闭塞式

3．当开行装载有（   ）货物的工程列车时，车站需派员工在站台头端墙侧扶梯口，靠近紧急停车按钮附近监督运行。

  A．长大　　　　　　B．超限　　　　C．超高　　　　D．超重

  E．集重

4. 城市轨道交通线路按其在运营中的作用，分为（　　　）。

　　A．正线　　　　　B．停车线　　　　C．辅助线　　　　D．折返线

　　E．车场线

三、简答题

1．简述人工准备进路时的作业程序。

2．简述填写行车日志的相关规定。

四、实训项目

跟岗实习：了解行车信号的各种类型，并知道其含义，理解轨道交通的行车组织，掌握车站行车作业程序。

在车站控制室跟随行车值班员当值，了解车控室的行车设备设施，能根据车控室的运作要求进行日常事务的处理。知道停车信号、紧急停车信号、好了手信号、道岔开通信号，清楚显示方式、显示时机、收回时机、显示地点。跟进了解车站施工：了解正常情况下的施工请销点流程及施工登记本的填写；学习外单位施工请销点的办理及在电子流程和台账备注栏需注明的内容；掌握运营期间抢修作业时的请销点都由施工负责人进行及车站要做的相关防护措施。

模块六 Module 6
轨道交通车站客运业务

【学习目标】

能力目标：
- 能识别车站大客流。
- 能处理车站乘客投诉。
- 能应用车站三级客流控制方法。
- 能处理车站失物的认领及上交。

知识目标：
- 了解车站客运组织的原则。
- 理解车站客运计划的内容。
- 掌握车站开、关站的作业流程。

模块六 学习导引

轨道交通车站客运业务是轨道交通运营生产的重要组成部分，车站客运组织工作的核心是安全、迅速、方便地组织集散客流，上、下列车，进、出车站。在客运组织的过程中，车站工作人员向乘客提供售票、咨询、导向指引等服务，其服务质量直接反映着轨道交通的运营管理水平。

新闻回放　乘客强扒车门　地铁趴窝站台

2009年12月28日8时30分起，北京地铁5号线立水桥站、惠新西街北口站先后出现故障，导致5号线列车走走停停，直到9时才最终恢复正常。有乘客表示地铁故障导致他上班迟到了一个多小时。

北京地铁运营公司表示，早8时30分左右，5号线立水桥开往宋家庄方向的列车出现晚点。因当时立水桥站内的客流较大，一位乘客既挤不上去又不愿意放弃，扒住车门。因为地铁全路采用智能控制，车门在关闭3次未果后自动锁定，需要司机人工解锁后列车方能行驶。司机对列车解锁后，站台工作人员又对乘客进行了劝导工作，在站台上停滞了9分钟的列车才缓缓出站。

同样的情况还出现在惠新西街北口站，导致后面的多趟地铁压车晚点。直至上午9时，5号线的运营才恢复正常。地铁方面提示乘客，车门关闭3次后会自动锁定，重新解锁需要时间，不仅本趟列车不能出站，同时还会影响到下趟列车。

（资料来源：千龙网http://www.qianlong.com）

单元一　车站客运组织工作特点

轨道交通客运组织工作主要围绕着客流展开，帮助乘客达成方便、快捷、安全出行的目的。由于轨道交通站线结合、功能联动的特点，车站客运组织必须实行集中领导、统一指挥。运营控制中心（OCC）负责全线的客运组织工作，车站的客运组织由车站站长或当班值班站长负责。

一、车站客运组织工作原则

车站客运组织工作原则如下：

1. 安全准时

保证乘客进站、出站和乘车的安全，确保列车按列车运行图规定的时间运行。

2. 方便迅速

导向标志清晰准确，售检票设备操作方便，确保乘客快捷到达目的地。

3. 热情周到

耐心正确地解答乘客询问，主动热情地为乘客服务。

二、车站客流预测特点

要做好车站客运组织工作，首先要做好客流预测，针对客流特点、客流需求制定相应的组织办法，确保组织有序、安全顺畅。

客流是动态变化着的，但这种动态变化又是有规律的，可以在实践中了解它、掌握它，并根据客流的动态变化，及时配备与之相适应的运输能力，给乘客提供良好的服务。根据规划、建设和运营不同阶段的需求，车站客流预测达到不同的目的。

1. 规划阶段

规划阶段，涉及车站选址，此时的客流预测主要用来论证是否有必要在某处设置车站，主要根据周边的发展规划做出一个近期和远期的客流预测。

2．建设阶段

建设阶段的客流预测，主要解决车站建设规模的问题，根据预测的客流设计车站的通过能力、服务能力等。

3．运营阶段

运营开通前，每个车站都需要做出初步的客流预测，以指导车站的开通筹备工作，做好人员、物资、预案的准备，给乘客提供舒适、周到、方便的服务。

在运营过程中，根据预测客流，掌握客流在时间、空间上的动态变化规律，有针对性地安排车站的客运组织工作。

三、客流调查

客流预测主要通过客流调查来完成。客流调查要素包括内容、地点、时间、对象、方式等。根据不同的情况和需求，客流调查可以采取不同的方式进行。

对于运营阶段的轨道交通客流调查方式主要有全面客流调查、抽样调查、目测调查等。

1．全面客流调查

全面客流调查是对全线客流的综合调查，这类客流调查时间长、工作量大、需要投入较多的工作人员。但全面客流调查能对客流现状及出行规律有一个全面清晰的了解，对一条线路或联网的几条线路客流都有一个较为清晰的估算，获得的数据对全线都具有较高的参考价值。

全面客流调查可以采取随车调查和站点调查两种调查方式。随车调查是在站台列车车门处对全天运营时间内所有运行列车的上、下车乘客进行调查；站点调查是在车站检票口对全天运营时间内所有在车站上、下车的乘客进行调查。

全面客流调查连续一段时间，在全天运营时间内进行，调查资料以固定时间间隔分组记录下来。

2．抽样调查

抽样调查通过乘客问卷方式进行，内容包括乘客构成情况调查和乘客乘车情况调查。

乘客构成情况调查可选择在车站进行，调查样本量适中。调查表内容有年龄（老、中、青）、性别（男、女）、居住地（本地、外地）、出行目的（工作、学习、购物、游览、访友、就医、其他）等。该项调查的时间可选择在客流均匀的运营时间段。

乘客乘车情况调查可在其他地点进行，调查样本量适中，调查内容有年龄，性别，职业，家庭住址，到达车站的方式（步行、骑自行车、公交车）和时间，下车后到达目的地的方式（步行、骑自行车、公交车）和时间，乘坐轨道交通比过去乘坐公交车快或慢，节省或多花费时间长短等。

3．目测调查

目测调查是一种常用的客流抽样调查方式，根据需要，可选择一个或两个客流断面进行调查，一般是对最大客流断面进行调查，调查人员目测估计各列车内的乘客人数。

四、大客流的定义及分类

（一）大客流的定义

大客流是指在某一时段集中到达车站的客流超过车站正常客运设施或客运组织措施所能承担的客流量。

（二）大客流的分类

按照客流的时效性可分为可预见性大客流和突发性大客流。根据客流产生的原因可分为节假日大客流、暑期大客流、大型活动大客流、恶劣天气大客流等。

1. 节假日大客流

在国家法定的元旦、春节、劳动节、国庆节等假期期间，市民出行及游客旅游等造成全线各站客流普遍大幅上升。

节假日大客流主要由购物休闲、旅游观光和返乡探亲等乘客构成，以购买单程票和初次乘坐轨道交通的乘客居多，图6-1为某城市地铁五一大客流现场。

2. 暑期大客流

学校暑假期间，因学生放假而造成全线车站的客流增加。

图6-1　某城市地铁五一大客流现场

暑期大客流主要由购物休闲、旅游观光和放暑假的学生等乘客构成，每年7、8月份轨道交通各车站客流较平时有明显增加。大客流高峰时段一般集中在每日的9:00—15:00。

3. 大型活动大客流

由于轨道交通沿线或附近举办大型活动，在活动结束后大量的乘客在较短时间内涌入车站乘车，造成车站客流迅速上升。

大型活动大客流的特点是在特定时间段（如大型活动前后）客流会显著增加。因大客流所发生的时间和规模大多可预见，且持续时间较短，影响范围有限，通常只对该活动地点附近的车站影响较大。

4. 恶劣天气大客流

由于酷暑、台风、大雨等恶劣天气对地面交通造成影响，较多的市民乘坐轨道交通，或进入车站纳凉、避风、避雨，造成各个车站客流比平时有所上升或者站厅拥挤，对车站客流组织带来一定困难。

单元二　车站开关站作业

轨道交通根据其运营特点，一般运营时间都在18小时左右，而余下的时间则用来维护和保养运营的设备设施。因此，车站的运作规律就表现为运营时间开启，非运营时间关闭。运营时刻表是轨道交通运营组织工作的基础，车站的开关站工作也必须根据运营时刻表来组织安排。

一、开站

不同车站的开站时间随轨道交通首班车的到达时间不同而不同。原则上，在首班车到达前10分钟，完成所有服务准备工作，开启车站所有出入口。

（一）行车准备工作

每日凌晨4时30分以后，根据控制中心行车调度员的指令，车站开展行车作业准备检查工作，由值班站长负责组织。

1. 运营线路巡视

首先，由行车值班员在车控室确认站内及区间影响行车的各类施工已经作业完毕，线路出清,并已销点。

值班站长携带对讲机与保安巡视站台区域,如图6-2所示:

(1)检查接触网状态:目测接触网链接正常。

(2)检查线路状态:无异物侵入限界、隧道顶无渗漏水、轨面无积水现象。

(3)检查站台头、尾端墙情况:无施工遗留工器具,无存放影响行车物品。

确认正常后通知车控室行车值班员。

2．屏蔽门状态检查

行车值班员在车控室检查控制盘状态:故障指示灯未亮红灯。

值班站长和保安在站台区域检查屏蔽门状态,如图6-3所示:

图6-2　运营线路巡视

图6-3　屏蔽门状态检查

(1)检查就地控制盘(PSL):使用钥匙开关屏蔽门,整侧屏蔽门正常开启和关闭,指示灯显示正确。

(2)检查滑动门状态:滑动门开启后门头灯常亮,关闭后,滑动门紧闭,门头灯灭。

(3)检查应急门状态:锁闭,门锁插销正常落位,相邻滑动门的门头灯不亮。

(4)检查端门状态:锁闭,门锁插销正常落位。

(5)检查监控亭控制盘状态:故障指示灯未亮红灯。

确认屏蔽门和端门处于正常锁闭状态,确认一切正常后通知车控室行车值班员。

3．联锁站道岔功能测试(仅限联锁站)

联锁站行车值班员在车控室进行测试:

(1)检查联锁终端操作设备状态:能正常登录,各项指令可正常操作。

(2)检查道岔状态:道岔转换后道岔位置显示正常,转换后无短闪、长闪现象。

(3)检查进路状态:排列进路后整条进路显示连续绿色光带。

4．重要设备状态

由行车值班员在车控室进行,检查各设备系统工作终端运作状态。

(1)检查低压供电状态,标准:车站工作照明及各项设备供电正常。

(2)检查环控系统状态,标准:冷水机组和风机运作正常,环控系统工作站上无红色、黄色报警显示。

5．行车备品

值班站长返回车控室检查:

(1)行车备品数量:行车台账、行车备品齐全。

(2)行车备品状态:行车备品功能可正常使用。

6．收尾工作

按值班站长指示，行车值班员向控制中心行车调度员汇报检查情况。

（二）票务准备工作

客运值班员在车站票务室进行开站票务准备工作，为早班售票员准备上岗用品：客服中心钥匙、相关票务钥匙、备用金、待售储值票等。准备自动售票机票箱、钱箱，与值班站长或厅巡一起完成售票设备的加币、加票工作，确保投入运营的设备都能正常使用。

车站控制室行车值班员开启自动售检票相关设备（进出站闸机、自动售票机、自动验票机等）。

早班售票员在首班车到站前15分钟到车站票务室客运值班员处领票、备用金，客服中心钥匙、相关票务钥匙，到客服中心上岗。

（1）检查对讲设备、票务设备、备品的状态和数量，检查客服中心内有无来历不明的现金、车票，如有立即报告值班站长处理，严禁带私款、私人车票进入客服中心。

（2）取下"暂停服务牌"，插入本人工号牌，开启票务处理机并用自己工号、密码登录。

（三）服务设备设施准备工作

行车值班员在车站控制室开启车站正常照明，开启相应的环控系统，在监控终端查看各联动设备的运行状态，确保开启模式正确，无设备故障。

保安开启车站各出入口，并与厅巡开启自动扶梯和垂直电梯，在开启过程中要做好安全防护，观察运行情况，有异常情况立即报车站控制室。

（四）开站程序及各岗职责

开站程序及车站各岗位人员的职责见表6-1。

表6-1 开站程序及车站各岗位人员的职责

序 号	时 间	内 容	责 任 人
1	每日4:30后	巡视车站，按行调命令试验道岔，检查站台和线路出清情况，并汇报行调	行车值班员值班站长
2	首班车到站前30分钟	配好票，并检查售票员到岗情况	客运值班员
3	首班车到站前15分钟	到岗	保安
4	首班车到站前15分钟	打开照明开关	行车值班员
5	首班车到站前15分钟	领票、款到岗	售票员
6	首班车到站前10分钟	开启车站大门、自动扶梯、垂直电梯，开始服务	厅巡、保安
7	首班车到站前10分钟	开启所有自动售票机和闸机	值班站长
8	开站后	按要求开启环控设备（节能模式），向乘客广播候车的注意事项	行车值班员

二、关站

与开站情况类似，不同车站的关闭时间随末班车的到站时间不同而不同。原则上，在末班车开出前10分钟，车站启动关站工作。至末班车到站后，在确认所有乘客都离开车站后，关闭车站出入口，停止对外服务。

（一）关站前车站准备工作

（1）末班车开出前10分钟，行车值班员开始在全站播放末班车提示广播，提醒需要乘车的乘客抓紧时间购票进站。

（2）末班车开出前5分钟，行车值班员关停自动售票机和进站闸机，并通知售票员停止售票，播放运营结束广播。

（3）末班车开出前，值班站长、站台保安进行站台检查，确认站台乘客均已上车，无异常情况。

（二）关站作业

（1）末班车开出后（终到站为末班车到站后），厅巡和站厅保安进行车站清客，在站内按自站台、站厅、通道的顺序进行清客，确保车站范围内无滞留乘客，已全部出清车站。

（2）关闭车站自动扶梯、垂直电梯。

（3）关闭各出入口。

（三）票务关站工作

1．客服中心

关站后，售票员在窗口放置"暂停服务"牌，退出票务处理机，收好收银箱的钱和票，清点携带的票务钥匙、票务设备、对讲设备，离开客服中心时确认门关闭、锁好。

2．自动售检票设备

（1）客运值班员对自动售票机的纸币钱箱进行更换，剩余的硬币及车票进行回收。

（2）回收出站闸机单程票箱的车票。

（四）车站关站程序

关站前，车站各岗位的有关工作见表6-2。

表6-2　关站程序

序号	时间	内容	责任人
1	末班车开出前10分钟	开始广播	行车值班员
2	末班车开出前5分钟	暂停自动售票机，通知售票员停止售票，暂停进站闸机，并播放广播	行车值班员
3	末班车开出前	进行检查，确认站台乘客均已上车，无异常情况	值班站长
4	末班车开出后	清客，关闭车站自动扶梯、垂直电梯和出入口	厅巡、保安
5	停止服务后	收拾票、款，整理客服中心备品，注销票务处理机，回车站票务室结账	售票员
6	关站后	与售票员结账，做好车站运营结算工作	客运值班员
7	运营结束后	执行车站节电照明模式，按要求关闭部分环控设备	行车值班员

单元三　车站客运计划

车站客运计划围绕线路行车安排和客流需求制订，主要包括行车计划、票务计划、人员安排计划、备品计划以及大客流情况下的应急计划等。

一、行车计划

行车计划指标包括全日行车计划、列车配备计划等。

（一）全日行车计划

全日行车计划是指轨道交通系统全日分阶段开行的列车对数计划。它决定着城市轨道交通系统的输送能力和设备（列车）使用计划，也是列车运行图（运营时刻表）编制的依据。

全日行车计划编制的依据包括营业时间计划、全日分时最大客流断面分布、列车运载能力、满载率等。

1．营业时间计划

营业时间计划是指城市轨道交通系统全日营业时间范围，它与城市居民的出行特点和文化背景、习惯有关。目前，世界上大多数城市轨道交通系统营业时间都在18～20小时，在一些特殊的节假日期间营业时间可以达到24小时。

2．全日分时最大客流断面分布

可依据各站到发客流数量，各站分方向分别发送人数等客流数据推算。

3．列车运载能力

列车运载能力与列车编组、车辆定员等数据有关。

4．满载率

满载率是指列车实际载客量与设计载客容量之比，反映系统的服务水平。一般满载率取75%～90%。

（二）列车配备计划

列车配备计划是指为完成全线全日行车计划所需要的列车保有数计划。列车保有数计划包括运用列车数、检修列车数和备用列车数三部分。

设计列车保有数根据线路远期客流预测数据、测算远期运行行车间隔而得出。备用列车数量按运用列车数量的10%计算得出；检修列车数量需根据运用列车数量综合维修能力、修程、修制取得，一般为运用列车数量的10%～15%。

（三）行车计划的调整

城市轨道交通具有行车密度高、间隔小、对安全要求高等特点，制订的行车计划往往由于设备故障或作业延误等原因，会造成列车晚点或抽线等偏离计划运行图的情况，此时就需要根据列车运行的实际情况，按照恢复正点和行车安全兼顾的原则，对行车计划进行调整。原则上，行车计划的调整越少越好，避免由此带来的管理效率低下。

行车计划调整的主要方法有：

（1）始发站提前或推迟发出列车。

（2）根据车辆的技术状态，线路允许速度，组织列车提高速度，恢复正点运行。

（3）组织车站快速作业，压缩停站时间。

（4）组织列车越站运行。

（5）变更列车运行交路，具备条件时在中间站折返。

（6）停运部分车次的列车。

（四）行车计划指标

1. 运行图兑现率

运行图兑现率是指在运营时间内，实际列车开行列数与运行图定开行列数之比，用以表示按运行图运行的程度。

运行图兑现率计算公式为

$$运行图兑现率 = \frac{运营时间内列车实际开行列数}{图定列车开行列数} \times 100\%$$

注：实际开行列数中不包括当日图定运营时间内临时加开的列车数。

2. 列车正点率

列车正点率是指正点列车次数与图定总开行列车次数之比，用以表示运营列车按图定时间正点运行的程度。正点是相对于晚点而言，晚点是指比照运行图，列车到达终点站时间偏离运行图规定时间超过120秒。

列车正点率计算公式

$$正点率 = \frac{正点列车次数}{图定总开行列车次数} \times 100\%$$

3. 列车服务可靠度

列车服务可靠度是指一年内发生5分钟及其以上（至15分钟）晚点之间平均行驶的车公里数，值数越大，表明可靠性越高。

二、票务计划

（一）日常票务计划

1. 车票计划

（1）单程票计划。由于每个车站的客流量、客流分布不相同以及单程票的使用率不同，不同车站的单程票保有量是不同的。

如果车站的出站客流大于入站客流，每日回收的单程票多于发售的单程票，则需要周期性的向车票主管部门申请调出车票。如果车站入站客流大于出站客流，每日回收的单程票少于发售的单程票，则需要定期向车票主管部门申请调入车票。

上述两类车站也可以实行站间调配，但需车票主管部门同意并备案。

（2）预制单程票计划。客运值班员需要及时检查预制单程票的有效期，尽量在预制票有效期内发售完毕，提高预制票的使用率，加快单程票的周转速度。如果车站不能及时发售完毕预制票，致使大量预制票过期、滞留，车站可以申请适当减少车站预制单程票的保有量。

（3）储值票计划。车站根据每天储值票的出售情况，定期向车票主管部门申请储值票。

2. 备用金计划

在车站开通之前，票务部门要根据车站周边客流分布情况，以及类似车站的备用金保有情况，给车站配备一定数额的备用金。随着每天的乘客事务处理，备用金会减少，车站要定期向上级部门申请备用金的核销，如果车站的备用金保有量不能满足车站的日常运营需求，则要申请增加备用金数额。

(二)预见性大客流票务计划

1. 单程票计划

根据以往大客流经验,测算相应情况下单程票的需求量,如果车站单程票的保有量不能满足大客流的单程票需求,则要提前向车票主管部门提交书面需求。

2. 预制单程票计划

根据以往大客流数据及本站预制票出售情况,提交预制票需求计划给车票主管部门。

3. 备用金计划

为确保有足够找零用的备用金,如果备用金金额需要增加,也要及时进行申请。

三、备品及人员计划

1. 备品计划

客运组织需要的备品包括隔离栏杆、隔离带、铁马、手提广播、临时告示牌、暂停服务牌等。根据车站现有备品数量及损坏数量,及时申请备品的需求量。

2. 人员安排计划

如果出现大客流,值班站长应及时报告行车调度员,行车调度员通过电视监控系统加强对车站客流情况的监控。车站应加强现场督导工作,增加服务人员,做好秩序维护和服务工作。

(1)在适当位置增设临时售票亭,安排售票员出售预制票,避免客服中心和自动售票机前出现排长队的情况。

(2)车站根据现场情况,利用告示牌、临时导向标志、车控室广播设备、手提广播,适时做好对乘客的宣传、引导工作。

(3)车站加派人手加强对出入口、站厅、站台客流的监控及疏导,避免付费区内人员过度拥挤或流通不畅。

(4)车站通过电视监控系统,加强对现场情况的监控。根据车站客流情况,决定是否适量关闭自动售票机、进站闸机,以减慢乘客买票速度,控制进站客流,或在某些出入口实行单向疏导方式,缓解站内客流压力。

(5)列车司机发现有乘客上不了车或影响车门、屏蔽门关闭时,应及时报告行车调度员,并做好广播引导乘客,车站人员迅速赶往现场协助司机处理。

四、大客流的应急计划

1. 可预见的大客流

可预见的大客流(如节假日、大型活动大客流),车站根据预测情况提前采取措施,做好准备工作。

(1)车站检查各出入口、通道是否畅通,确保乘客可以顺利疏散。

(2)车站站长(值班站长)合理安排各岗位工作人员的工作,并通知地铁公安协助车站维持秩序。

(3)车站提前向车票主管部门提交计划,领取足够的适当面额的预制票,在大客流发生时投入使用。

(4)车站做好临时导向标志、告示牌、临时售票亭等客运设施的准备、设置工作。

2. 不可预见的大客流

对于不可预见的大客流（如突发性大客流），车站应立即报告行车调度员，并立即采取相应措施。

（1）立即组织车站员工按本站大客流组织方案的有关规定处理。

（2）做好乘客疏导工作，并通知地铁公安到现场维持秩序。

（3）向上级部门请求增派人员进行支援。

单元四　车站客流组织

一、日常客流组织办法

车站日常客流组织主要由进站组织、出站组织和换乘组织三大块组成。

1. 进站组织

（1）乘客经出入口、楼梯、自动扶梯（或垂直电梯），通过通道进入车站站厅层非付费区。

（2）乘客到达车站站厅非付费区，在自动售票机、客服中心或临时售票亭购票后检票通过进站闸机进入付费区，持储值票的乘客可直接检票通过进站闸机进入付费区。

（3）持有车票的乘客经进站闸机验票进入站厅付费区后，再通过楼梯、自动扶梯（或垂直电梯）进入站台层候车。

（4）乘客到达站台，应站在黄线内候车，通过导向标志和乘客资讯系统选择乘车方向和了解列车到发时刻。

（5）列车到站停稳开门后，乘客须按先下后上的顺序乘车，站台工作人员要注意防止乘客抢上抢下。

2. 出站组织

（1）乘客下车后到达车站站台，经楼梯、自动扶梯（或垂直电梯）进入站厅层付费区。

（2）出站乘客通过出站闸机（单程票出闸时将被收回，储值票被扣除相应票款），进入站厅层非付费区。

（3）车票车资不足（无效车票）或无票乘车的乘客须到客服中心办理相关乘客事务处理后，方可出闸。

（4）乘客通过导向标志找到相应的出入口，经通道、出入口出站。

3. 换乘组织

换乘的方式主要有两种：付费区换乘和非付费区换乘。

（1）付费区换乘。乘客到达换乘站下车后，不需通过出站闸机，直接在付费区内根据换乘导向标志指引经楼梯、自动扶梯（或垂直电梯）到达另一站台层换乘候车。付费区换乘一般包括同站台平面换乘、站台立体换乘及通道换乘等。

（2）非付费区换乘。乘客到达换乘站下车后，根据换乘导向标志指引，需经楼梯、自动扶梯（或垂直电梯）到达站厅层付费区，通过出站闸机进入非付费区或出站，到另一线路重新进入付费区或进站进行换乘。

二、大客流组织办法

当车站发生可预见性大客流或突发性大客流时，车站应合理安排人员，对客流做好疏导和组织工作,并会同公安人员对客流进行控制。

(一)突发性大客流

由于突发性大客流的不可预见性,车站员工最重要的处理原则是竭力控制拥挤程度和人群秩序,谨防出现混乱和由混乱引发的人身伤亡事件。

(1)出现大客流时,车站立即报告行车调度员,密切注意事态发展,对大客流原因进行初步判断。

(2)根据初步判明的原因和客流量增加情况,必要时启动车站人潮控制方案。如站台乘客较多,将站台与站厅间的向下扶梯改为向上,加快乘客出站;安排员工减缓售票速度和关闭部分自动售票机;关闭部分进站闸机,减缓进闸速度。

(3)若客流仍不断增多,指示员工停止售票,并做好解释工作;关闭全部自动售票机、全部进站闸机,客流压力缓解后,请示行车调度员恢复正常运营。

(4)当客流持续增加,派人关闭部分出入口(只出不进),实行分批进闸,广播建议乘客转乘其他交通工具或地铁安排的接驳公交车;若仍无法缓解,则请示行车调度员关闭所有出入口(只出不进)。

(5)必要时请求地铁公安和调配其他站员工到站协助。

(6)必要时,请求内外部支援,若有人身体不适或受伤,除车站进行紧急救护外,及时致电120急救中心。

(7)做好宣传和乘客解释工作。

(二)可预见性大客流

1. 售检票设备的准备

设备维护人员须事先对车站全部的售检票设备进行维护、检修,确保在大客流时售检票设备能正常使用。

2. 车票和零钞的准备

车站应根据客流预测和以往大客流所消耗的车票和零钞数,提前向车票主管部门申领和储备充足的车票和零钞。

3. 临时售票亭的准备

车站根据大客流的进出方向,选择在进站客流较集中的位置,设置临时售票亭。站厅面积较小的车站,可考虑将临时售票亭设置在进站客流较多的通道内。

4. 自动扶梯和垂直电梯的准备

车站事先通知维修人员对车站全部的自动扶梯和垂直电梯进行维护、检修。重点检查自动扶梯的毛刷、梳齿板和扶手带,确保在大客流三级控制时,自动扶梯能正常开启和转换。

5. 临时导向标志和隔离设施的准备

准备临时导向标志、告示牌和伸缩围栏、隔离带等隔离设施。车站根据大客流的进出方向和客流组织的要求,选择适当的位置提前张贴和摆放临时导向标志、告示牌和隔离带、伸缩铁围栏、铁马。

6. 其他客运设备设施的准备

提前准备人工语音广播和语音合成广播词、乘客资讯系统发布信息及急救药品、担架等,并根据车站工作人员的增加情况，相应增加手提广播、对讲机等。

（三）客流三级控制

车站发生大客流时，应遵照客流三级控制的原则，合理组织安排，缓解车站压力，避免发生意外。坚持"由下至上、由内至外"的客流控制原则，在车站出入口、进站闸机、站厅与站台的楼梯、电扶梯处进行重点控制进站客流，组织乘客上车。坚持点控和线控的原则，控制中心负责地铁全线的客流控制，车站负责本站的客流控制。坚持集中领导、统一指挥的原则，车站在实施三级客流控制之前，需向行调报告。

1. 客流三级控制措施

（1）一级控制为控制站台客流，控制点在站厅与站台的楼梯和自动扶梯口。车站应将站厅与站台之间的自动扶梯改为上行方向，避免客流交叉。

（2）二级控制为控制付费区客流，控制点在进站闸机处。车站可根据实际情况适当关停部分自动售票机、进站闸机或将部分双向闸机设为只出不进，紧急情况下可以采用隔离带、隔离栏杆隔离进站闸机，以减缓乘客进入付费区的速度，防止付费区压力过大。

（3）三级控制为控制非付费区客流，控制点在车站出入口处。车站组织人员控制出入口的乘客进站速度，必要时可关闭部分出入口。

2. 车站岗位流程

（1）值班站长应及时报告行车调度员，行车调度员通过电视监控系统加强对车站客流情况的监控。

（2）车站应加强现场疏导工作，增加工作人员，利用隔离带、隔离栏杆做好秩序维护和服务组织工作。

（3）当自动售票机前排队购票人数超过15人，持续时间超过10分钟，车站应在适当位置增设临时售票点，避免自动售票机前出现乘客排长队的情况。

（4）车站根据现场情况，利用告示牌、临时导向标志、车控室广播设备、手提广播，适时做好对乘客的宣传、引导工作。

（5）车站行车值班员应通过电视监控系统，加强对现场情况的监控。

（6）车站加强对出入口、站厅、站台客流的监控及疏导，避免站厅非付费区内人员过度拥挤或流通不畅。

（7）车站根据客流情况，实行楼梯和自动扶梯、闸机、出入口三级控制。

（8）当站台过度拥挤时，车站应采取关闭部分自动售票机、进站闸机的措施，以减慢乘客购票进闸速度，控制进站客流，或在某些出入口实行单向疏导方式，缓解站内客流压力。

（9）站台保安应密切注意站台和列车情况，一旦发生列车上乘客拥挤，乘客上车有困难，车站要马上向控制中心报告，并做好广播引导乘客。

三、突发事件的客流组织办法

当车站和列车范围内发生突发事件时，车站可根据实际情况采用不同的客流组织办法对乘客进行疏导，主要有疏散、清客、隔离等。

（一）疏散

疏散是指紧急情况下，利用一切通道和出口迅速将乘客从危险区域全部转移到安全区域。根据突发事件发生地点不同，疏散分为车站疏散和隧道疏散。

1. 车站疏散组织办法

（1）值班站长工作内容

1）宣布车站执行疏散程序，在上级领导未到达前担任现场临时指挥。

2）指挥抢险或乘客疏散。

3）疏散完毕后，检查是否还有乘客滞留，关闭出入口。

4）如灾害危及车站员工安全，应组织员工到紧急出入口或后备紧急出入口集中。

5）如有乘客被困在站台，应要求行车调度员安排一列空车前往车站疏散乘客，安排人员安抚乘客和维持站台秩序，组织全部乘客上车后，指示站台保安向司机显示"好了"信号后，共同登乘司机室离开。

6）需要外部支援时，安排一名站务员到紧急出入口引导支援人员进入车站。

（2）行车值班员工作内容

1）报告行车调度员（报告内容：疏散原因、是否影响列车运行、是否需要支援）。

2）视情况需要致电110、120，请求支援。

3）通知地铁公安到场维持秩序。

4）需要时，开启相应环控模式。

5）按动自动售检票系统紧急按钮，使闸机为常开状态，并将自动售票机和自动增值机设为暂停服务。

6）通过乘客资讯系统发布疏散信息；通过广播通知乘客、站内商铺人员、设备管理房间内工作人员疏散（注意尽量避免引起乘客恐慌）。

7）向有关人员通报相关情况。

8）当留在车控室有危险时应到安全地点集中。与控制中心留下2个以上联系方式。

（3）其他工作人员的工作内容

1）客运值班员协助伤者离开危险区域或指引乘客疏散。

2）厅巡负责打开员工通道和协助客运值班员工作，视情况关停相关扶梯。

3）站厅保安协助疏散乘客。

4）站台保安将站台乘客往站厅疏散；如安排列车接载站台乘客疏散时，乘客及车站其他在站台疏散人员上车完毕后向司机显示"好了"信号，并进入司机室随车疏散。

5）售票员确认闸机全部开启，到楼、扶梯口维持秩序，需要时到紧急出入口接应外部支援人员。

2. 隧道疏散组织办法

（1）由行车调度员指定车站的值班站长担任临时应急负责人。

（2）值班站长接到行车调度员关于列车需要隧道疏散的通知后，通知各岗位员工执行车站疏散程序，指定客运值班员负责组织指挥车站乘客疏散。

（3）开启隧道灯，需要时开动隧道风机进行排烟（或由环控调度员开启）。

（4）带领站务员或站台保安，穿好装备，到隧道疏散现场负责引导乘客往车站疏散。

（5）疏散完毕后，确认乘客疏散完毕和线路出清后，报告行车调度员，关闭车站。

（6）消防人员到车站后告知有关情况，带领员工参加应急处理救援工作。

（二）清客

清客是指当车站或列车出现异常时，需要将乘客从某一区域全部转移到另一区域。根据突发事件发生的地点不同分为车站清客和列车清客。

1．车站清客组织办法

车站清客原则上由控制中心主任调度员下令实施。清客时，要耐心做好乘客解释工作，避免产生冲突。应及时告知乘客有关退票注意事项，并做好乘客退票的准备工作。

（1）值班站长岗位行动指引

1）组织车站员工对车站乘客进行清客，引导乘客退票。

2）待乘客全部出站后，检查站厅站台是否有滞留乘客，关闭出入口。

3）安排车站人员到紧急出入口值勤。

4）召集车站其他工作人员留守车站等待恢复运营。

5）将情况向站长汇报，并做好详细记录。

（2）行车值班员岗位行动指引

1）通知驻站公安到现场维持秩序。

2）通知各岗位员工车站停止服务，执行清客程序。

3）做好乘客广播。

4）按动自动售检票系统紧急按钮，使闸机为常开，将自动售票机、自动增值机设为暂停服务。

5）通过乘客资讯系统发布车站停止服务信息。

6）关站后，执行节电照明模式。

（3）客运值班员岗位行动指引

1）根据需要为售票员配备零钞。

2）引导乘客办理退票或出站。

3）统计退票数量，并将回收单程票封好上交车票主管部门。

4）启动公交接驳时，组织乘客乘坐接驳公交车。

（4）车站其他员工岗位行动指引

1）厅巡打开车站员工通道门，引导乘客退票或出站。

2）售票员负责办理退票。

3）保安负责维持秩序。

4）启动公交接驳时，组织乘客乘坐接驳公交车。

2．列车清客组织办法

（1）值班站长岗位行动指引

1）组织站台保安和厅巡在规定时间内完成对列车上乘客的清客工作。

2）清客完毕及时通知车控室，指示站台保安显示"好了"信号发车。

3）引导部分乘客退票，组织和引导部分乘客在同站台或另一站台等候下一趟列车，做好候车乘客的解释和安抚工作。

4）将情况向站长汇报，并做好详细记录。

（2）行车值班员岗位行动指引

1）接到列车清客命令后，立即通知值班站长、厅巡和站台保安执行清客程序。

2）通知地铁公安到现场维持秩序。

3）做好乘客广播。

4）通过乘客资讯系统发布相关服务信息。

5）及时将清客完毕时间汇报行车调度员。

（3）其他工作人员岗位行动指引

1）厅巡和站台保安在规定时间内完成对列车上乘客的清客工作。

2）厅巡和站台保安引导乘客退票或在同站台（或另一站台）等候下一趟列车。

3）售票员负责办理退票。

4）站台保安负责维持秩序。

（三）隔离

隔离是指采用某种方式或设备人为地隔开人群或封闭某个区域。

（1）乘客发生口头纠纷时，离现场最近的工作人员要立即上前调解，必要时要把乘客纠纷双方分别带到人少的地方（或带到车站会议室），进行劝说和调解。如有其他乘客围观，应及时劝离现场，维持好车站正常秩序。

（2）乘客打架时，离现场最近的工作人员要立即赶到现场，与车站保安人员一起把打架双方隔开，并通知地铁公安到场。车站控制室通知值班站长赶到现场处理，将肇事双方移交地铁公安处理。车站要及时疏散围观的其他乘客，并寻找目击证人填写事件记录。

（3）当车站某一端排队购票队伍与进、出客流发生交叉干扰时，车站工作人员可以利用伸缩铁围栏、隔离带、隔离栏杆等设备器具人为地隔开人群，保持进、出客流畅通，并利用手提广播引导一部分乘客到人少一端购票进站，避免乘客排长队的现象。

（4）车站发现恶性传染疫情时，也必须采取隔离组织办法，关闭各出入口，列车不停站通过，对与疑似人员有过密切接触的物品、人员进行消毒、隔离，未经防疫部门的许可不能离开车站。

单元五　车站乘客服务

一、车站岗位服务要求

乘客服务标准是车站服务工作应达到目标的衡量尺度，也是车站服务管理的主要依据。

（一）岗位服务总要求

1．"四到"

（1）心到。精神高度集中，随时应对异常情况，妥善处理。

（2）话到。主动提醒乘客安全候车，礼貌疏导客流，及时制止乘客的违章行为。

（3）眼到。密切注视乘客情况、服务设备设施及列车运行状态。

（4）手到。遇到影响乘客安全或车站服务的情况时，应立即采取相应的行动。

2．"三多"

（1）多巡视。按车站巡视要求加强对出入口、通道、站厅和站台的巡视。

（2）多观察。对设备和乘客动态要多观察，及时处理异常情况。

（3）多提醒。主动提醒乘客安全候车、有序乘车。

（二）行为举止标准

（1）当班时要精神饱满，避免显露疲态。举止大方、行为端正。

（2）在车站巡视过程中，身体应保持挺直，保持笑容和亲切友善的态度。

（3）立岗时，应站姿挺拔、双手自然下垂，两脚并立。

（4）解答乘客询问时，要耐心有礼，面带微笑，认真听取乘客的意见，耐心回答讲解；对自己无法回答的询问，应请教同事，不得误导乘客，不得相互推诿。

（5）员工穿着制服在乘车、候车中，原则上不得坐在椅子上，要主动维持乘客候车、乘车秩序，帮助乘客。

（6）对违反有关轨道交通乘坐规定的乘客应耐心解释，委婉劝解。

（7）为乘客引路或指引时，应使用手掌指路，不得用手指指路。

（8）对乘客造成不便时应该致以诚挚的歉意。

（9）与有需要服务的乘客距离较远时，不能高声呼喊乘客，应主动上前询问。

（10）对已下班，但仍穿着制服的员工，其行为举止一律按在岗时的标准执行。

（三）乘客服务礼仪

乘客服务礼仪，是指工作人员在服务工作中向乘客表示尊敬的礼貌和礼节，是车站工作人员必须遵循的服务规范。掌握服务礼仪，做到礼貌待客，是做好车站乘客服务工作的先决条件。

1．见面语

"早上好""下午好""晚上好""您好""很高兴认识您""请多指教"等。

2．感谢语

"谢谢""劳驾了""让您费心了""拜托了""麻烦您""感谢您的帮助""谢谢您的理解或协助"等。

3．致歉语

"对不起""请原谅""很抱歉""请稍等""请多包涵"等。

接受对方致谢致歉时："别客气""不用谢""没关系"等。

4．告别语

"再见""欢迎再次光临""祝您一路顺风"等。

二、乘客投诉处理

乘客投诉可分为有责投诉和无责投诉两类，车站应认真对待乘客投诉，妥善进行处理。

（一）投诉的处理原则

（1）乘客投诉的调查处理工作要及时、客观、公正。

（2）处理乘客投诉按"三不放过"原则，即投诉原因分析不清不放过、责任人和其他员工没有受到教育不放过、没有制定防范整改措施不放过。

（3）车站受理乘客投诉时，应使用礼貌规范用语，认真聆听、及时填写乘客意见表，问清乘客投诉的原因，记录相关资料内容。

（二）乘客投诉的途径

乘客可以通过以下途径提出投诉：乘客本人、乘客意见表、热线电话、投诉信、新闻媒体等。

(三)乘客投诉处理要求

(1)严格执行有关信访制度。接受乘客投诉时,如有可能则及时澄清疑点;接受投诉不得推诿,必要时应及时上报有关部门领导。

(2)对乘客来信,除车站站长(或其授权人)外,其他人员不得随意拆看;来信要认真登记、填写乘客意见表、检查落实,并将处理结果上报有关部门。

(3)对乘客电话投诉,接电话的工作人员认真登记、填写乘客意见表(见表6-3),说明回复时间后,在规定时间报告站长(或授权人)。

表6-3 乘客意见表

编号:

意见性质:	□ 表扬		□ 投诉		□ 建议		□ 其他	
方 式:	□ 口头		□ 电话		□ 来信		□ 上级转发	
乘客	姓 名		联系单位(住址)				联系电话	
当事人	姓 名			姓 名			姓 名	
	员工号			员工号			员工号	
事件简介			(要求书写工整,严禁涂改)		记录人:		记录日期:	
处理结果	站长(授权人)签名:			当事人签名:			日期:	

注:如为投诉,请于投诉之日起三个工作日内做出回复。

(4)对于上级转发过来的投诉,由值班站长认真登记投诉内容,说明回复时间后,在规定时间报告站长(或授权人)。

(5)站长(或授权人)认真对投诉进行调查,在处理过程中经常与乘客保持必要的联系。

(6)站长(或授权人)及时将投诉处理结果回复乘客,并表示感谢,力求使其满意;如果员工有过错,则应向乘客道歉及维护乘客合法权益。

(7)站长(或授权人)将处理情况答复相关部门,对被投诉的相关责任人进行处理,组织员工进行讨论学习,吸取教训,制定改进措施。

(四)乘客投诉受理标准

1. "忍"

在受理乘客投诉时,不应表现出抗拒的姿态,即使明知是乘客的不对,也不要急于辩解和反驳,更不能与乘客发生争辩,应耐心听乘客讲完,弄清事实,恰当处理。

2. "诚"

在受理乘客投诉时,即使不满意乘客的投诉,也应以诚恳的态度向乘客道歉,让乘客感觉到他的投诉受到重视,满足他们的自尊心,也便于工作人员更好地与乘客交流沟通。

3. "速"

在受理乘客投诉时,区别不同情况,在征得乘客同意后做出迅速而恰当的处理,不应敷衍相互推卸责任。采取措施后,询问乘客是否需要进一步帮助。

4．"理"

在受理乘客投诉时，应公平、公正、合理地处理，对乘客做出合理的解释和正确的处理，不与乘客斤斤计较，得理让人，让乘客得到满意的答复。

5．"礼"

在受理乘客投诉时，要礼貌热情地接待，耐心听取乘客意见，不卑不亢，对比较复杂有争议的问题，应查明真相，有理有节地做出处理。处理完毕后，要向乘客致谢，感谢乘客提出意见，促使车站不断改进服务。

（五）乘客投诉处理方法

乘客的投诉可由车站值班站长、站长及相关部门进行处理。对于投诉的回复时间，一般按以下标准：口头投诉为3个工作日内，书面投诉为7个工作日内。在处理乘客投诉时，一般分三个阶段，即处理情绪阶段、解决问题阶段、最后回复阶段。

1．处理情绪阶段

该阶段又分三个步骤：接受、道歉、确认。

（1）接受。不要把投诉看成个人的得失，用平和的语气对乘客表达有解决问题的诚意，用恰当的语言化解乘客的怒气。

（2）道歉。为造成的不便对乘客表示诚心道歉。

（3）确认。重视乘客的感受，请求乘客谅解并对乘客表示愿意帮忙。

2．解决问题阶段

该阶段又分三个步骤：分析、解决、协议。

（1）分析。专心聆听乘客的投诉，收集和分析资料，通过询问了解事情的来龙去脉。

（2）解决。在职权范围内寻求解决方法和建议，若乘客不接受，尝试其他解决方法。

（3）协议。重新确定乘客已协定的解决方案。

3．最后回复阶段

向乘客表达车站的关心，并表示愿意帮忙，同时感谢乘客提出的投诉。

（六）投诉处理技巧

（1）易地处理：将乘客请至房间内或僻静处处理，尊重乘客。

（2）易人处理：必要时，交与其他同事处理。

（3）易性处理：原则性与灵活性有机结合。

（七）乘客意见管理

建立"乘客意见管理台账"，每月汇总。"乘客意见管理台账"的内容主要包括：

（1）事件性质（设备设施、票务政策、人员服务、其他）；

（2）乘客资料（姓名、身份证号、性别、年龄、联系方式）；

（3）有关员工资料（员工姓名、编号、职务、工作地点）；

（4）车票资料（类别、面值、余值、购买地点、日期、误用、过期、损坏等）；

（5）有关设施资料（设施编号、地点、事件前后是否正常、不正常情况表现、乘客是否离开设施、历史记载等）；

（6）已采取或将采取的行动（已解决、转交其他部门、纪律处分、奖励、其他）；

（7）事件详细经过。

三、乘客失物处理

由于疏忽大意，常有乘客将随身携带的物品遗忘在车站范围内，对此类物品统称为乘客失物。由于数量多、种类繁杂、价值不一，对于乘客失物需制定相应的管理办法，分门别类进行管理和处置。为减轻车站管理压力，原则上车站只办理当天失物的认领工作，当日无人认领的失物统一上交到线路失物处理中心处理。

（一）乘客失物处理原则

（1）车站对乘客失物实行专人管理。车站客运值班员负责本站乘客失物的登记、保管、认领、移交。

（2）乘客失物的清点、检查、登记、认领等工作应由双人（客运值班员以上人员）执行。

（3）失主认领失物时，应描述失物主要或典型特征，提供失物名称、遗失地点、遗失时间，并出示有效身份证件，车站当值值班站长或客运值班员核对无误后，方可办理有关手续，将失物交还给失主。

（4）如遗失物品为违禁品、危险品、机要文件、大额现金或有价票据及贵重物品时，应立即转交地铁公安，车站保存移交记录备查。

（5）遗失物品未交还失主前，车站应妥善保管，任何单位和个人不得侵占和挪用。

（6）遗失物品在失物处理中心保管超过三个月的，按无人认领失物处理。

（二）失物处理工作程序

1．一般失物处理程序

（1）车站客运值班员与失物拾获人当面检查、核对失物，并详细填写《车站乘客失物处理登记单》，注明失物数量及特征，双方签名确认。

（2）根据车站乘客失物处理登记单（见表6-4）填写乘客失物标签（见表6-5），并粘贴在失物上。

表6-4　车站乘客失物处理登记单

失物名称			物品类别		拾获时间	
拾获地点			拾获人		联系方式	
接收人			员工号			
具体经过：						
失物清单及描述	1			5		
	2			6		
	3			7		
	4			8		
移交时分		处理中心签名		员工号	车站签名	员工号
		地铁公安签名		员工号	车站签名	员工号
贴收据处：						
认领事项	经本人确认，以上所列物品为本人遗失物品，现已如数领回。如有冒领，本人承担相关一切责任。特此声明。					
	领取人			证件名称/号码		
	联系电话			联系地址		
	领取时间			经办人	证明人	
备注：						

表6-5　乘客失物标签

记录编号	
物品类别	
拾获时间	
拾获地点	

（3）有失主联系资料的，先即时通知失主到车站认领失物。如无失主联系资料，车站应对失物做好妥善保管。

（4）当天如无失主认领失物，车站应在当日运营结束前利用末班车（也可在第二天）将本站失物移交本线路失物处理中心。

2. 特殊失物处理程序

信（文）件、现金及其他有价票据、危险品、违禁品、食品与易腐物品等属于特殊失物，按以下程序处理：

（1）信（文）件。已付邮资的一般信件由车站代为投寄。有"特快专递""挂号""机密""绝密"等字样或未付邮资的信（文）件，填写车站乘客失物处理登记单后立即交公安部门签收处理。其他信（文）件按一般失物处理。

（2）现金及其他有价票据。由车站当值值班站长与车站当值客运值班员双人核实，填写车站乘客失物处理登记单后装入信封密封，并加盖个人私章后妥善保管。当日无人认领时，随车站乘客失物处理登记单移交失物处理中心。对现金或有价票据较大总额的，车站应要求公安部门介入协助，在填写车站乘客失物处理登记单后移交公安部门签收处理。

（3）危险品及违禁品。发现枪支、弹药、汽油、硫酸等易燃、易爆、腐蚀、剧毒物品时，车站人员在填写车站乘客失物处理登记单后立即移交公安部门签收处理。

（4）食品与易腐物品。食品与易腐物品在保质期内无人认领的，由车站自行处理。

（三）失物保管

（1）车站必须对接收到的失物建立台账，并对失物进行分类存放。

（2）贵重物品，如钱包、手机、首饰、有价票据、现金存款单等，必须存放于保险柜内。其他物品，如雨伞、文件、证件等，可存放于储物架或文件柜内。

（3）车站站长应经常检查遗失物品的登记、保管、移交情况，发现问题及时处理。

（4）车站应保持车站乘客失物处理登记单页码的完整，页脚编号不能出现少、断的情况。

四、客伤处理办法

客伤是指在轨道交通范围内发生的轨道交通外部人员及非在岗作业的轨道交通员工发生的人身伤害及伤亡事件的总称。轻微客伤是指不需送往医院抢救、检查和治疗，可在现场简单包扎处理的轻微受伤。

伤亡紧急处理经费是为保证乘客出现伤亡时的及时抢救和快速处理而设置的经费，各站所配经费由车站站长负责处置，值班站长保管，遵照相关规定管理和使用。

1. 客伤事件处理原则

（1）车站在处理客伤事件时要以维护公司形象、保护公司利益为原则，以人为本，给予乘客必要的帮助。

(2)车站在处理客伤事件时要第一时间进行取证,尽可能得到旁证及当事人签字确认。以事实为依据,客观记录,留下充分原始资料。

(3)及时将前期处理结果报告相关部门,以备后续处理。

2. 乘客人身伤害范围

(1)乘客自验票进入闸机时起至出闸机时止,对运输期间发生的乘客人身伤害,轨道交通运营单位承担运输责任,包括但不限于以下情况:

1)轨道交通设备设施损坏未及时修复且未设置警示、防护造成的。

2)轨道交通施工作业造成的。

3)列车紧急制动造成的。

4)轨道交通运营范围内的垂直电梯、自动扶梯突然停止运行或启动造成的。

5)屏蔽门(安全门)、车门夹人造成的(属乘客强行上下列车的情况除外)。

6)轨道交通设备设施(垂直电梯、自动扶梯、屏蔽门、车门、闸机等)发生故障造成的。

7)车站或列车内湿滑未及时清理或未设置防护警示造成的(因不可抗力造成的除外)。

8)闸机夹人造成的(乘客强行出闸,无票尾随出闸等情况除外)。

(2)其他非乘客自身责任在付费区内造成的。

1)无票人员在轨道交通付费区内发生的人身伤亡,比照乘客办理。

2)无票人员(包括已购票但未验票入闸的人员)在轨道交通非付费区内发生的人身伤亡,因轨道交通设备设施或管理所致的,比照乘客办理;因其自身原因所致的,原则上不予承担责任。

(3)有下列情形之一造成的乘客人身伤害,轨道交通运营单位不承担运输责任:

1)乘客违反政府制定的《轨道交通运营管理办法》而造成的乘客本人或他人伤害。

2)不可抗力造成的乘客人身伤害。

3)乘客自身健康原因造成的乘客本人或他人伤害。

4)能证明是乘客故意、重大过失造成的乘客本人或他人伤害。

5)因第三者责任(包括斗殴或制止斗殴)造成乘客人身伤害时,受害者直接向施害的第三者索赔,轨道交通运营单位原则上不予承担责任。

6)利用轨道交通车站通道穿行或在车站逗留、休息等无票人员因自身原因造成的伤亡,车站只提供基本援助(如拨打120等),原则上不予承担责任。

3. 客伤处理关键指引

(1)车站现场工作人员发现或接到受伤乘客求救时,须立即汇报当班值班站长,并疏散围观群众,安抚和救助受伤乘客,保护事故现场,寻找目击证人,劝留证人或留下证人联系方式。当班值班站长(或站长)担任临时应急处理负责人,立即安排其他员工携带急救医药箱赶赴现场。对伤势轻微的伤者或需要急救者进行简单救护,需要移动伤者前要征求伤者的意见。伤势严重或征得伤者认可时,及时协助伤者拨打120急救电话。如有需要,联系伤者家属。

(2)值班站长在对伤者进行必要的现场急救的同时,应尽量对现场进行取证,寻找目击证人,询问当事人、证人了解事情经过,并进行记录,由当事人、证人签字确认。如有必要,可采取录音、拍照、录像等方式进行记录。保留必要的现场照片。

(3)疏散围观人群,在确保不造成二次伤害的前提下移动伤者到管理区域或转移救护。若伤者伤势较轻可以行走,可陪护伤者到车站会议室休息、安抚或包扎上药,若伤者需要可协助拨打120急救电话,并派人到紧急出入口引导120急救中心人员进站。

(4) 若初步判断乘客受伤属于轨道交通运营责任时,车站应立即向有关部门、单位报告。伤者提出要求去医院检查时,车站可安排车站员工,陪同伤者前往医院,伤者在医院所花费用,经请示同意后,由车站在"伤亡紧急处理经费"中垫付。伤者提出索赔时,车站应配合相关部门人员与当事人协商处理。

(5) 如因轨道交通设备造成事故,应停止该设备运行(影响列车运行的设备除外),并通知维修责任部门到现场检查处理,并出具相关运行记录。如调查需要,应保护好现场,协助设置隔离带,并用照相机对现场拍照。

案例　乘客投诉事件

某日张姓乘客在换乘站换乘列车时,因不清楚如何换乘,咨询车站人员。正在接发列车的站台员工小王进行了指引,张乘客听从指引前往,在行走中未留意指示牌导致错过换乘扶梯,再次询问站台保安,保安给出指引,张乘客一边搭上扶梯一边抱怨车站指引不清,此时车站员工小李恰在近处,听到后误以为乘客在投诉,在得知乘客未赶上列车的情况下,将乘客带回站厅,并告知值班站长,说有乘客投诉,这时张乘客情绪开始激动,称车站耽搁其时间,要投诉到媒体。值站对乘客进行了安抚,并安排备班人员送其前往目的地,乘客给车站留下联系方式,要求车站处理并给予回复。

责任分析:

1. 车站人员小王给乘客的指引欠清晰、具体,事后又未关注问路乘客的情况,致使乘客未及时换乘上列车,耽误了乘客时间,引发乘客不满。

2. 第二位工作人员在明知乘客赶时间的情况下,却将乘客带回站厅,再次耽误乘客时间。

整改措施:

1. 对乘客的指引应具体清晰:"请往前走约××米,下扶梯后可到××方向站台"或"请往前走,根据车站指示牌上的指引乘扶梯可到××方向的站台"。

2. 车站工作人员应从乘客角度出发,先安抚乘客,留下乘客联系方式,指引乘客乘车,同时可答复将情况调查清楚后给予乘客满意的回复。

模 块 小 结

轨道交通车站客运业务是轨道交通运营生产的重要组成部分,车站客运组织工作的核心是安全、迅速、方便地组织集散客流,上、下列车,进、出车站。在客运组织的过程中,车站工作人员向乘客提供售票、咨询、导向指引等服务,其服务质量直接反映着轨道交通运营的管理水平。

车站客运组织的工作原则是安全准时、方便迅速、热情周到。要做好车站客运组织工作,首先要做好客流预测,针对客流特点、客流需求制定相应的组织办法,确保有序、安全顺畅。

轨道交通根据其运营特点,一般运营时间都在18小时左右,而余下的时间则用来维护和保养运营的设备设施。因此,车站的运作规律就表现为运营时间开启,非运营时间关闭。运营时刻表是轨道交通运营组织工作的基础，车站的开关站工作也必须根据运营时刻表来组织安排。

不同车站的开关站时间随轨道交通首末班车的到达时间不同而不同。原则上，在首班车到达前10分钟，完成所有服务准备工作，开启车站所有出入口。在末班车开出前10分钟，车站启动关站工作。至末班车到站后，在确认所有乘客都离开车站后，关闭车站出入口，停止对外服务。

车站客运计划围绕线路行车安排和客流需求制定，主要包括行车计划、票务计划、人员安排计划、备品计划以及大客流情况下的应急计划等。

车站客流组织包括日常客流组织、大客流组织、突发事件客流组织等。车站日常客流组织主要由进站组织、出站组织和换乘组织三大块组成。

客流三级控制措施及控制点：①一级控制为控制站台客流，控制点在站厅与站台的楼梯（或自动扶梯）口。②二级控制为控制付费区客流，控制点在进站闸机处。③三级控制为控制非付费区客流，控制点在车站出入口处。

当车站和列车范围内发生突发事件时，车站可根据实际情况采用不同的客流组织办法对乘客进行疏导，主要有疏散、清客、隔离等。

乘客服务标准是车站服务工作应达到目标的衡量尺度，也是车站服务管理的主要依据。车站岗位服务要求"四到、三多"。

乘客投诉可分为有责投诉和无责投诉两类，车站应认真对待乘客投诉，妥善进行处理。

客伤是指在轨道交通范围内发生的轨道交通外部人员及非在岗作业的轨道交通员工发生的人身伤害及伤亡事件的总称。轻微客伤是指不需送往医院抢救、检查和治疗，可在现场简单包扎处理的轻微受伤。

复习与实训

一、单选题

1. 在轨道交通的客运组织工作中，由（　　）负责全线的客运组织工作。
   A．运营控制中心　　　　　　　　B．站长
   C．值班站长　　　　　　　　　　D．车辆段

2. 根据其运营特点，我国城市轨道交通一般运营时间为（　　）左右。
   A．8小时　　　B．12小时　　　C．18小时　　　D．24小时

3. 当车站发生大客流时，客流控制应坚持（　　）原则。
   A．由下至上，由内至外　　　　　B．由下至上，由外至内
   C．由上至下，由外至内　　　　　D．由上之下，由内至外

4. 在车站和列车范围内发生突发事件时，车站根据实际情况采用不同的客流组织办法对乘客进行疏导，其中（　　）是采用某种方式或设备人为地隔开人群或封闭某个区域。
   A．疏散　　　　B．转移　　　　C．隔离　　　　D．清客

二、多选题

1. 车站客运组织工作的原则是（　　）。
   A．安全准时　　　　　　　　　　B．方便迅速

  C．热情周到   D．文明礼貌

  E．清晰准确

2．根据客流产生的原因，大客流可分为（　　　）。

  A．可预见性大客流   B．节假日大客流

  C．暑期大客流   D．大型活动大客流

  E．恶劣天气大客流

3．根据（　　　）制订轨道交通的全日行车计划。

  A．营业时间计划   B．全日分时最大客流断面分布

  C．列车数量   D．列车运载能力

  E．满载率

4．车站的日常客流组织主要由（　　　）组成。

  A．购票组织   B．进站组织

  C．办理业务   D．出站组织

  E．换乘组织

三、简答题

1．简述客伤处理原则。

2．简述轨道交通车站关站程序。

3．简述突发性大客流时车站应采取的措施。

四、实训项目

1．跟岗实习：学习掌握车站开关站作业流程。

  开站作业：分为行车准备工作、票务准备工作、服务设备设施准备工作和开站程序及各岗位职责。

  关站作业：关站前车站的准备工作、关站作业、票务关站工作、车站关站的程序。

2．跟岗实习：大客流组织办法。

  了解车站的大客流含义，学习车站在大客流情况下的"三级"客流控制方法，在可预见性大客流的情况下做好单程票、预制票、备用金、人员、备品的计划，合理安排各岗位工作，做好临时导向标识、告示牌、临时售票厅等客运设施的准备、设置，检查出入口、通道的畅通，确保乘客可以顺利疏散。

模块七 Module 7
轨道交通车站票务业务

【学习目标】

能力目标：
- 能解释不同票制的优缺点。
- 能应用不同指标进行票务统计分析。
- 能处理车站一般的乘客票务事务。

知识目标：
- 了解车票的种类。
- 理解车站车票与现金的管理流程。
- 掌握自动售检票系统的运作流程。

模块七 学习导引

票款收入是轨道交通运营企业主要经营收入的来源,作为为乘客提供票务服务的窗口,轨道交通车站管理的一个重要内容就是票务业务。随着自动化技术的发展,轨道交通的票务运作管理,基本以自动售检票系统(Automatic Fare Collection System)为平台,完成售票、检票、计费、统计的全程自动化。

> **引导案例　伦敦地铁的票务介绍**
>
> 伦敦地铁采用自动售检票系统,所有地铁车站都设有两种自动售票机:一种是老式的,仅限使用硬币购票;另一种是新式的,硬币、纸币、信用卡三样通用。
>
> 多票种和多票价是伦敦地铁的特点。伦敦地铁采用分段收费制。伦敦共分为6区,第1区、第2区为市中心,第6区则是较偏远的地区。地铁车票票价按地区分为6个区价。伦敦地铁车票票种很多,按时间可分为单程、往返、日票、周票、周末票、月票、年票等诸多种类,票价根据时段不同也有所差别。比如,除周末和节假日外,每天上午9时30分前为交通高峰时段,此时买一张日票要比非交通高峰时段多花两英镑。因此,没有急事的人,一般会等到高峰过后再出行。这样可以达到用票价调节高峰时段客流的效果。按年龄分,可分为大人票、儿童(5~15岁)票。5岁以下搭乘地铁、公交车免票。另外还有个人票、家庭票和团体票。
>
> (资料来源:张雁、宋敏华、冯爱军编著,《城市轨道交通可持续发展研究及工程示范》)

单元一　车站票务基础知识

一、车票

车票是乘客乘车的凭证,乘客出行的各种关联行为如购票、入闸、出闸等,都反映在车票的不同状态变化上。

根据采用的票卡技术及介质,车票分为纸票、磁卡、接触式IC卡、非接触式IC卡等。纸票主要用于早期采用人工售检票的轨道交通线路,人工出售、人工检票、人工统计,随着自动售检票系统的普及,逐步被磁卡、IC卡替代。本文中主要介绍以IC卡为介质的车票。

不同出行需求的乘客对于车票的需求也不同,比如,偶尔乘坐轨道交通去观光、购物的乘客,以购买单程车票为主,乘坐一次购买一次;乘坐轨道交通上下班的乘客,就需要能够常年多次使用的车票,方便自助出行;旅游、探亲等短时间内多次乘坐轨道交通的乘客,倾向于一次购买、多次使用、无需押金等手续的车票。

根据乘客的不同需求,国内各城市轨道交通企业推出了不同种类的车票,便于乘客选择使用。一般来说,车票按其计费方式主要分为三大类:单程票、储值票和计次票。

(一)单程票

单程票,主要供乘客单程乘坐轨道交通,经过发售、入站检票环节,在乘客出闸时通过出站闸机予以回收,如图7-1、图7-2所示。

图7-1　南京地铁单程票　　图7-2　深圳地铁单程票

单程票又可以细分为普通单程票与预制单程票，普通单程票通过自动售票机或票务处理机出售。预制单程票由车票主管部门制作并配发到车站，与普通单程票不同，预制单程票已赋值，是一种有价证券，具有较长使用期限。当节假日或车站周边组织活动、恶劣天气等原因造成车站客流增加，超出车站售票设备发售能力或者是自动售票机故障导致车站发售能力下降时就需要发售预制单程票。

（二）储值票

储值票，是指预先赋值较大金额，发售后可供乘客多次消费、反复充值、长期循环使用的车票。储值票又可以分为普通票、优惠票、免费票等，为不同需要的乘客群体提供服务。如图7-3所示，为我国部分城市轨道交通发行的储值票。

图7-3 我国部分城市发行的储值票

普通储值票由发卡单位制作，由车票主管部门配发到各车站，向乘客出售，在有效期内限单人使用，可充值，一般不记名，不可挂失。

优惠储值票一般情况下是记名卡，可以挂失，办理时需要携带有效的相关证件进行办理。

免费票则是针对一些特殊群体的乘客发放，对其乘坐轨道交通给予不收取费用的优惠。目前在国内免费票还不是很普及，对于可以免费乘车的乘客大都是凭借有效证件采用边门进出的方法。

（三）计次票

计次票，是指固定使用次数的车票，一进一出记为一次，不论车程长短，使用完规定次数后回收或作废。如北京地铁，最早为了方便经常乘坐地铁的乘客，推出纸质月票，它其实也是计次票的一种，根据不同的价格规定一个月可以乘坐的次数，这种纸质月票需要人工检票，不仅耗费人力而且通过速度较低。随着自动售检票系统的普及，2006年北京地铁开始使用IC卡地铁月票，2007年北京地铁停止使用月票。

目前，国内各城市轨道交通发行的计次票大都以纪念票的形式为主。

二、票制

票制，是票价制式的简称。轨道交通主要采用以下几种票制：单一票制、分段计程票制、里程计价票制。

1. 单一票制

单一票制是指线路全程采用统一的单一固定票价。

单一票制对远程客流具有较大吸引力，优点是售票程序简单，效率高，对设备系统及管理方面的要求简单；缺点是乘客支付的车费不够合理，不管路程远近都支付同样的费用。早期在自动售检票系统还没有普遍应用的情况下，使用纸质车票时，单一票制节省了不少人力、物力，车站只需要安排员工在进站时进行检票，出站无须检票（如图7-4所示）。

图7-4　北京地铁早期使用的纸质车票

2. 分段计程票制

分段计程票制是指按乘客经过的区间数量计算票价。分段计程票制将整条线路分为多个段，每段由多个区间构成（相邻两站之间为一个区间），在起步价后，每增加一段加收固定金额的费用。目前采用的分段计价方式中，有的采用段间区间数固定的方式，有的采用段间区间数不固定的方式，每段的区间数根据具体里程和客流而定。

3. 里程计价票制

里程计价票制是按乘客乘坐里程的距离远近，划分不同的票价。里程计价票制合理地将行车成本和客运收益挂钩，适合线路较长且相邻车站站距不均衡的情况。

三、票价

票价是指依照规定购买车票的价格，城市公共交通票价的定价方法主要分为：以成本为基础的定价、以市场供需为基础的定价和综合考虑整个社会综合效益的定价。

轨道交通是城市公共交通的一个重要组成部分，带有公益性质，因此不能单纯地以追求盈利为目的。票价的高低直接影响着客流量大小和公共交通系统的吸引力，因此，城市轨道交通的票价制定须考虑以下几个方面的因素：

（1）城市交通其他交通方式的票价水平。

（2）城市经济发展水平、市民生活水平以及乘客承受能力。

（3）政策因素，如物价政策、交通费补贴政策等。

在考虑上述因素后，适当兼顾城市轨道交通运营企业的运营成本和经济效益，以及城市发展的社会效益。

四、票务政策

票务政策主要由政府主管部门制定，内容涉及计价方式、乘车时限、乘车限制以及乘车优等方面的规定。颁布后运营单位必须遵照执行，如需修订，必须按程序提出申请。

（一）计价方式

计价方式也就是指票制，由政府制定后实施。

（二）乘车时限

为避免乘客在列车上或车站付费区内长时间逗留，造成不必要的拥塞，对乘客购票入闸至检票出闸的最大允许时间进行限制，这就是乘车时限。对超过这一乘车时限的乘客，规定收取超时费用。

（三）乘车限制

为保证乘客的安全，对允许乘客携带的行李做出相应规定，禁止携带某些种类危险物品入站，同时不允许携带较大、较重或较长的物品入站。对一些准入但需加以限制的物品，则收取一定的费用。

（四）优惠政策

1. 储值票优惠

对持储值票的乘客给予相应的优惠，鼓励乘客自助出行，减少车站人员的工作量。

2. 学生储值票优惠

例如，某市地铁的中小学生使用学生储值卡可享受5折优惠。

3. 儿童乘车优惠

例如，某市地铁对于身高在1.2～1.5米之间或者年龄在6～14周岁的儿童乘坐地铁，给予5折优惠，身高1.2米以下的儿童或者年龄6周岁以下的儿童可免费乘坐地铁。

4. 特殊人群乘车优惠

例如，某市规定残疾军人、盲人以及65岁以上老年人可凭有效证件免费乘车。

小资料

广州地铁的票务优惠政策

广州地铁采用里程计价票制，起步4千米以内2元，4～12千米范围内每递增4千米加1元；12～24千米范围内每递增6千米加1元；24千米以后，每递增8千米加1元。凡在机场南站或机场北站进出的乘客在按现行里程收费票价基础上加收5元；机场南站—机场北站区间按2元计算，不加收。APM独立计费，每程2元。使用羊城通搭乘地铁有9.5折优惠，持羊城通学生卡搭乘地铁的学生5折优惠，持老年人优惠卡搭乘地铁的60～65岁老年人5折优惠，65岁以上的免费。广州本地户籍的重度残疾人可以申领重度残疾人优惠票卡，凭卡免费乘坐地铁。在一个自然月中，使用羊城通坐公交、地铁累计15次（乘地铁不足15次前享9.5折优惠）后，均可享受6折优惠。

单元二　车站自动售检票系统运作

一、车站自动售检票系统简介

车站自动售检票系统是整个自动售检票系统的具体执行者，是自动售检票交易数据产生地。车站自动售检票系统主要负责收集售检票设备的各种数据上传至中心自动售检票系统，接收中心自动售检票系统下载的各种数据，并对售检票设备进行参数设置，同时实时监控售检票设备的运行情况。

车站自动售检票系统的主要功能包括：

（1）接收、储存各售检票设备上传的业务数据，根据运营需要将业务数据上传中心自动售检票系统。

（2）接收中心自动售检票系统传来的控制命令和指令信息，按照要求给予存储或发送到相应的售检票设备中。

（3）查询与当前车站票务运营有关的信息。

（4）实时监控本车站自动售检票系统的售检票设备和网络运行情况，进行故障诊断。

（5）处理和提供与车站运营业务有关的统计分析报告。

（6）处理车站自动售检票应用系统的维护功能（如参数维护、数据维护、设备维护）和重要数据的软盘拷贝（输入输出）功能。

具体从车站来看，车站自动售检票系统由售检票终端设备、应用管理系统、辅助设备构成，包括与其运作相关的一些运营工器具与票务备品。

二、终端设备运作

售检票终端设备是指能实现具体售检票业务操作的专用设备，包括闸机、自动售票机、自动增值机、票务处理机和自动验票机等。

（一）闸机

闸机主要是监控乘客的通行行为和正确扣取乘客的车费，并对单程票进行回收，如图7-5所示。

图7-5　车站闸机

闸机的运作流程如下：

（1）运营开始之前，由行车值班员在车控室远程开启闸机，需确保闸机开启方向正确。车站巡视人员要现场确认闸机都能正常投入使用。

（2）运营期间，行车值班员在车控室票务监控终端监控闸机的运行状态，根据车站的客流情况，开启相应的运行模式，车站需安排站厅工作人员在闸机处引导乘客进出站，及时处理闸机简单故障，监控闸机状态，如果闸机出现单程票箱将满或者已满的状态，及时回收单程票，对数据进行记录，避免出现乘客因票箱已满无法投票出闸的情况。

（3）运营结束前，行车值班员在规定时间远程关闭进站闸机。

（4）运营结束后，行车值班员关闭出站闸机，车站安排工作人员对闸机单程票箱进行更换，换入空的单程票箱并记录数据，统计每台闸机当日回收单程票的数量。

（二）自动售票机

自动售票机的功能是收取乘客的纸币或硬币，提供给乘客相应车资的车票以及找回剩余的硬币，如图7-6所示。

图7-6 车站自动售票机

自动售票机的运作流程如下：

（1）运营开始之前，由行车值班员在车控室远程开启自动售票机，客运值班员和站务员给自动售票机加入一定数量的硬币和单程票，并且检查每台机器的状态，确保其可以正常使用。

（2）在运营期间，行车值班员通过车控室票务监控终端监控机器运行状态，自动售票机显示硬币不足或者票箱缺票的提示信息时，及时通知客运值班员进行补币、补票。站厅工作人员要经常巡视设备，出现故障时及时处理并上报车控室。

（3）运营结束前，行车值班员要在规定的时间准时关闭自动售票机，避免乘客买了车票无法乘车。

（4）运营结束后，客运值班员带领站务员对自动售票机进行盘点，更换自动售票机的纸币钱箱、硬币钱箱和车票回收箱，统计每台机器当日售出车票的张数、收到纸币的金额及剩余的硬币金额等。

（三）自动增值机

自动增值机为乘客提供储值票现金增值或转账增值服务，如图7-7所示，车站工作人员要及时监控机器运行状态以及纸币钱箱是否已满，如图7-8所示。

 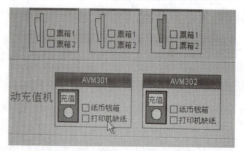

图7-7 车站自动增值机　　图7-8 自动增值机监控界面

自动增值机具体流程如下：

（1）运营开始之前，行车值班员远程开启机器，车站工作人员要确保自动增值机已换入空的钱箱并且运行状态正常。

（2）运营期间，行车值班员在车控室票务监控终端监控机器运行状态，出现故障及时处理，如果钱箱将满，要及时更换。

（3）运营结束后，行车值班员及时关闭自动增值机，客运值班员回收纸币钱箱，并且记录数据。

（四）自动验票机

自动验票机用于实现乘客自助查询车票，车站工作人员确保机器的正常运行，出现故障及时向维修人员进行报障，如图7-9所示。

（五）票务处理机

票务处理机放置在客服中心，主要用于处理包括售票、充值、退票、换票、异常处理、密码设置等业务，如图7-10所示。客运值班员与售票员要确保票务处理机的正常使用，并且配合维修人员的日常维护工作。

图7-9　车站自动验票机

图7-10　车站票务处理机

三、应用管理系统

车站应用管理系统由车站服务器、票务管理终端和票务监控终端构成。

（一）车站服务器

车站服务器是整个车站自动售检票系统业务数据处理与交换的枢纽，负责收集售检票设备的各种数据并上传至中心自动售检票系统，接收中心自动售检票系统下载的各种数据。

（二）票务管理终端

票务管理终端放置在车站票务室，由客运值班员进行操作和管理，完成日常的票务记账和统计工作。其主要功能如下：

1. 配票和结算

客运值班员给售票员配备相应种类的车票、储值卡以及一定数量的备用金，并将这些数据输入到票务管理终端中，当售票员进行结算时，客运值班员需要将售票员上交的剩余车票、储值卡的数量以及备用金和票款的金额输入票务管理终端，核对票务管理终端统计结果与售票上交的钱票是否一致。

2. 交接班

客运值班员在交接班时，将当值期间的票务数据录入票务管理终端，并校核所涉及的钱票与管理终端的钱票一致。

3. 加币加票与钱票回收数据录入

客运值班员将运营开始之前自动售票机的加币加票数据、回收回来的纸币钱箱、硬币回收箱的相关数据、自动售票机剩余车票数量、闸机回收的单程票数量等在票务管理终端进行数据录入。

4．统计

根据录入的数据，系统自动生成当日运营数据，包括车站当天的票款收入、单程票的出售张数等，并与系统后台数据进行差异分析，查找是否存在异常情况。

（三）票务监控终端

票务监控终端放置在车控室，由行车值班员操作和管理，通过它可以对售检票设备进行参数设置，同时实时监控售检票设备的运行情况，远程开启和关闭对应终端设备。

四、辅助设备及票务工器具、备品

（一）辅助设备

辅助设备由不间断电源（UPS）、网络设备和打印设备组成。

在轨道交通车站设备系统中，自动售检票系统属于一级负荷的系统，各终端设备和车站服务器都配备UPS，以防止供电系统的偶发性故障导致车站自动售检票系统的瘫痪。

网络设备由路由器、交换机、光纤收发器组成，它们和分布于车站自动售检票系统通信网线组成车站自动售检票系统的局域网，一方面将各类售检票终端设备与车站服务器相连，一方面将车站自动售检票子系统与自动售检票中心系统相连。

打印设备主要有报表打印机和凭证打印机，分别用于车站应用管理系统报表打印和票务事务处理过程中各类凭证的打印。

（二）票务工器具

票务工器具是指具备独立的功能，用于辅助车站员工进行车票的清分清点、现金的检验清点等工作的器具和设备。车站的票务工器具包括单程票清分机、单程票清点机、验钞机、硬币清分机（如图7-11所示）、运营小车（如图7-12所示）等。

车站运营结束后，工作人员需要对从自动售票机、闸机回收的单程票，以及售票员上交的未售完的单程票进行清点、清分。单程票清分机可将不同的车票分拣到不同的票箱中，同时将废票分拣出来。单程票清点机可实现普通单程票的快速清点。

图7-11　硬币清分机

图7-12　运营小车

验钞机用于辅助人工识别纸币的真伪和数量的清点，放置于客服中心和票务室。客服中心的验钞机便于乘客与售票员之间的业务处理。票务室的验钞机用于纸币钱箱清点以及售票员配票和结算。

硬币清点机用于硬币回收箱里硬币的鉴别、分类和清点。

运营小车用于车站员工日常的补币、补票、回收等工作，可将所有钱票锁放在运营小车上运送，确保钱票安全。

（三）票务备品

车站在日常对售检票终端设备进行补币、补票、回收等工作时，要用到一些辅助用品进行相应替补，以减少设备的停用时间，方便车站人员的工作，这些辅助用品，称为票务备品。车站的票务备品包括：单程票补充箱、硬币补充箱、纸币钱箱、硬币回收箱、单程票回收箱等。

（四）其他票务相关用品

车站在日常的票务运作中，还需使用到一些用品，如手提验票机、临时单程票回收箱、交接班小钱箱、票据存储箱、解行箱、解行锁、塑料盒、色带、钞票捆扎带、报表专用信封、儿童购票量度标、大件物品度量器、布袋、计算器等。

单元三　车站票务运作流程

车站票务运作流程大体可分为车票管理、现金管理和票务统计分析。

一、车票管理

车站的车票管理工作主要包括车票的接收、保管、发售、回收、站间调配等内容，对于不同种类的车票，虽然其管理方式有所不同，但流程大体类似。单程票管理流程如图7-13所示。

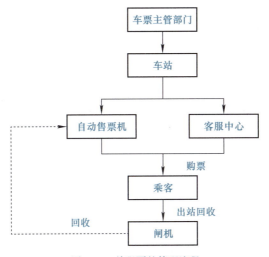

图7-13　单程票的管理流程

（一）普通单程票

普通单程票一般由车票主管部门配发到各站，根据各车站的每日单程票的流入、流出数量，定期或者不定期进行站间调配和中心调配，以保证各车站单程票的运营需求。

车站对单程票的管理包括以下几个方面。

1. 接收

车票主管部门负责将封装好的车票配送到各车站，配送人员和车站的客运值班员交接，车站客运值班员依据配送车票的明细单当面检查车票包装以及封条是否完好，确认封条与配发单据所写票种、数量是否一致，确认一致无误后在单据上签名，登记相关台账、更新系统数据，将车票存放在车站票务室相应区域。

2. 保管

为确保车票安全，车票均存放在车站票务室保管，平时须上锁，钥匙由客运值班员负责保管，交接班时交接。当车站保管的车票数量发生变化时，须登记相关台账并更新系统数据。

车站根据单程票的不同状态划分不同的区域保管，一般分为"上交区"和"循环区"。"上交区"主要用于存放废票（设备不能识别的车票）；"循环区"用于存放车票主管部门配发的单程票、车站闸机回收的单程票、运营结束后售票设备结存的车票以及售票员上交的未售单程票。

表7-1为车站自动售票机加票记录台账，表7-2为车站出站闸机车票回收记录台账。

表7-1 车站自动售票机加票记录

填表单位： 站　　　　　　　　　年 月 日　　　　　　　　　单位：张

序号	时间	回收时间	机号	加票数	售出数	废票数	结余数	加票人
1	05:30	23:30	201	200	140	5	55	××/××
2								
3								
4								
5								

表7-2 车站出站闸机车票回收记录

填表单位： 站　　　　　　　　　年 月 日　　　　　　　　　单位：张

序号	时间	班别	机号	票箱1回收数	票箱2回收数	回收人
1	15:00	C7	102	00014001	00014002	××/××
				100（机）100（实）	500（机）501（实）	
2						
3						
4						
5						

3. 发售

车站在日常运营中，车票经自动售票机出售，乘客可自助购买车票；当车站客流较大时，可以启动客服中心的票务处理机发售单程票，仍无法缓解排队压力时，启用临时票亭出售预制单程票。

4. 回收

运营结束后，回收出站闸机、自动售票机及客服中心的单程票，进行清分、清点。废票存放在上交区，正常的车票放在循环区。

5. 上交

以下几种情况的单程票需上交：①运营过程中进行乘客事务处理时回收的无效票；②设备产生的废票；③人工回收的单程票；④车站存放的单程票数量超过规定的保有量时，根据车票主管部门的要求上交多余的单程票。上交车票时需填写上交单（见表7-3），交接双方签字确认。

表7-3 车站车票上交单

填表单位：　　站　　　　　　　　　年　月　日　　　　　　　　　　　　单位：张

序号	票　种	类　型	上 交 数 量	上 交 原 因
1	普通单程票	自动售票机废票	20	自动售票机产生的废票
2	普通单程票	票务处理机废票	100	票务处理机产生的废票
3	普通单程票	已售单程票	50	人工回收的单程票
4	预制单程票	2元	50	过期预制票
5	预制单程票	3元	200	过期预制票
6	预制单程票	5元	200	过期预制票
合计			630	
上交人签名	××/××		收票人签名	××

6. 站间调配

随着每日的运营，单程票在各个车站之间流动，根据各站进、出站客流分布的不同，各站单程票的数量将发生变化，主要分为三种情况：

（1）车票流入车站：车站出站客流大于入站客流，每日回收的单程票数量多于发售的单程票数量。

（2）车票流出车站：车站出站客流小于入站客流，每日回收的单程票数量少于发售的单程票数量。

（3）车票平衡车站：车站出、入站客流基本持平，每日回收的单程票数量约等于发售的单程票数量。

因此，每隔一定时间就需要在各车站之间进行车票的调配，由车票主管部门负责从流入车站将多余的车票调出，调入流出车站。对于调出车站而言，相当于车票上交；对于调入车站而言，相当于车票接收。

例如：某流入车站需调出单程票5 000张，车票主管部门工作人员持车票调配表（一式三联）到车票调出站，车站当班客运值班员依据调配表标明的调出票种、调出数量上交车票。车票主管部门工作人员检查调出车票包装及封条是否完好，是否与单据数量一致，确认无误后双方在车票调配表签字确认，单据第二联交车站客运值班员保存。车票主管部门工作人员将单程票和车票调配表第三联送到车票调入站，车票调入站当班客运值班员负责接收，双方当面交接，依据车票调配表检查单程票包装及封条是否完好，与调配表核对无误后在单据上签名。车票存入票柜，在车站票柜车票存/取表（见表7-4）上做好记录，输入票务管理终端。

表7-4 车站票柜车票存/取表

填表单位：　　站　　　　　　　　　年　月　日　　　　　　　　　　　　单位：张

序号	日期	票种	类型	入库数量	出库数量	结存数量	经手人
1	4/13	单程票	普通	5 000	0	5 500	××/××
2							
3							
4							
5							

（二）预制单程票

预制单程票由车票主管部门提前制作并配发到各个车站，用于应对突发的大客流或设备故障等情况。与普通单程票不同，预制单程票已赋值，处于"已售"状态，等同现金。预制单程票的有效期较长，可供车站较长时间备用。在预制单程票投入使用后，经闸机回收它的性质就与普通单程票一样，可以在车站循环使用。

预制单程票的接收、调配过程与普通单程票一样，但保管、发售、上交等环节的要求与普通单程票有所不同。

1．保管

预制单程票已赋值，需放在保险柜内保管。存放时需注意以下要点：一是不同价格的预制票不能混放；二是不同有效期的预制单程票不能混放。对于已经过期的预制单程票，要立刻停止使用，存放在票柜的"上交区"保管。

2．发售

预制单程票的发售，应具备以下条件：车站站厅等待购票的人流持续增加，在较长时间内通过自动售票机和票务处理机发售都无法缓解。预制单程票的发售需要经过授权，一般由车站站长根据现场情况下达发售命令，车站安排启用临时票亭人工出售，要求售票员熟记票价表，准确计算售出。

3．上交

预制单程票分为不同的有效期，对于已经过期的预制单程票，车站需定期上交车票主管部门。

（三）储值票

普通储值票由专门的发卡单位制作，由车票主管部门配发到各车站，代理发卡单位向乘客发售。车站管理流程包括以下几个方面：

1．接收

车票主管部门和车站进行储值票交接时，需要双方当面清点，车站接收人员在确认数量、票种一致后，登记相关台账、相关数据录入系统，将储值票存放在相应区域。

2．保管

储值票成本较高，丢失或损坏需予以赔偿。因此，储值票需存放在保险柜内保管。

3．发售

日常运营时，储值票在客服中心进行出售。

4．充值

乘客可以在客服中心进行人工充值，也可以在自动增值机上进行增值业务。

5．上交

在出售储值票的过程中，因为设备原因或者储值票自身问题造成的无效储值票需进行封装，注明封装时间、封装数量、封装票种及封装车站，上交车票主管部门。

计次票是储值票的一种，其管理流程基本与普通储值票一样。

二、现金管理

车站的现金，主要由两大部分构成：一是设备和售票员收取的票款；二是票务备用金。对现金的使用和保管须在车站票务室设立安全区域，未经允许和授权，无关人员不得进入现金安全区域。

（一）车站现金管理要求

1. 车站现金管理规定

（1）严格执行"收支两条线"的管理规定，严禁坐支票款和挪用票务备用金。

（2）严格执行"账实相符"的管理规定，严禁弄虚作假、虚报瞒报。

（3）票务备用金与票款实行分区管理，发生票务备用金误解行现象须立即上报票务部门。

（4）票务备用金交接、盘点时，如发生短款必须由责任人即时补齐。

2. 现金安全区域相关规定

车站的现金只能存放在现金安全区域：车站票务室、客服中心、自动售票机和自动增值机钱箱中。

（1）现金安全区域内严禁存放私人钱、票。

（2）客服中心内所有的现金均须放在现金屉及配票箱中。

（3）客服中心内的票款和票务备用金必须放在乘客接触不到的地方。

（4）未得到车站当班值班站长的许可，任何非当班工作人员不得进入车站票务室和客服中心。在非运营时间，车站工作人员不得进入客服中心开启、操作票务设备终端。

（5）车站非当班人员在进入车站票务室时，必须有当值客运值班员陪同。

（6）在非运营时间，除车站当班客运值班员、值班站长、售票员、厅巡外，任何人员不得进入车站票务室，特殊情况下，由值班站长或站长批准进入。

（7）票款及票务备用金须车站当班工作人员双人清点，清点后放入车站票务室的保险柜内保管。

（二）票款管理

车站票款收入包括以下几个部分：自动售票机发售单程票的收入、票务处理机发售单程票的收入、人工发售预制单程票的收入、自动增值机收取的充值收入、票务处理机上储值票的发售和充值收入、乘客事务处理产生的相关收入。

每日运营结束后，要对车站的票款收入进行清点，填写相关台账、录入系统，并将票款封装解行。票款收入须每日按时解行，不得在车站过夜保管。

解行工作可委托专门的押运公司，解行操作程序如下：

（1）车站双人在监控摄像头有效范围内清点票款，按银行要求打包，填写现金缴款单、现金交款明细单，将填写好的单据放入银行提供的专用箱内加封。

（2）核对押运公司职员的身份，确认无误后，填写押运交接单与押运公司职员办理交接。

（3）将专用箱交押运公司职员。

（4）将现金缴款单的交款金额填入车站营收日报。

（5）车站在收到银行回单后将现金缴款单随报表上交票务部门。

（三）票务备用金管理

车站在现金管理方面实行严格的"收支两条线"管理规定，也就是每天的运营收入必须全部上交。为了应对车站自动售票机和客服中心的找零事宜，车站特别配备一定数额的票务备用金，循环使用。票务备用金严格控制使用范围，仅用于以下特殊用途：

（1）车站的自动售票机找零。

（2）乘客兑零及一般的乘客事务处理退款。

（3）特殊情况下的退票，如因车站原因清客或疏散。

用于车站自动售票机找零的备用金，在每日运营前加入自动售票机，在运营中根据消耗情况进行补充，每日运营结束时进行回收。

用于乘客兑零的备用金在使用过程中情况与自动售票机的情况类似。备用金数额不会发生变化，但形式则发生变化，由原来的零钞变为面额较大的纸币。售票员结算时，要将这部分备用金与票款分开计算。

在用于规定情况下的乘客事务处理及特殊情况下的退票时，票务备用金用于对外支付，金额将会减少，所以要求乘客事务处理时必须填写相关表单，并由乘客、车站经手人员、审核人员进行签字确认。经过一段时间的运作后，车站的票务备用金数额会不断减少，需要定期对车站减少的票务备用金进行核销和补充。

车站在对票务备用金的管理中，要严格做到以下要点：

（1）票务备用金每班交接都需清点，若有异常情况，登记备案。

（2）严格执行收支两条线的财务管理制度，车站票务备用金单独使用及保管，不能和当日的车站票款收入混淆管理，更不能出现坐支现金的现象。

（3）车站票务备用金除配备在售票设备的找零钱箱及客服中心外，一律存放在专用保险柜中，并由专人保管，不得解行。

（4）必须按规定用途使用车站票务备用金，不得因私借用或挪用车站票务备用金。

（5）各站之间不得擅自互相调拨票务备用金。

三、票务统计分析

票务统计分析工作主要围绕客流指标、车票指标和设备指标来进行，了解车站客流、车票使用的特点以及设备稳定性情况，以便于合理地安排人力、物力服务乘客，达到优化资源的目的。

（一）客流指标

客流指标包括：单站客流量和线路客流量。

1. 单站客流量

计算方法：分时段统计单个车站进、出站客流量。

通过单站客流量的统计，掌握本站的入站客流高峰时段和出站客流高峰时段，以及分析车站单程票的净流量，即流入量与流出量之差，作为分析车站单程票调拨的依据。在具体统计时，还要细分储值票客流量与单程票客流量。

例如：车站在周一至周五8:00～9:00时段是入站客流高峰，经统计分析，这一时段的客流以储值票客流为主，车站自动售票能力满足单程票客流需求，则车站不需调整客流组织措施；若经统计分析这一时段的客流以单程票客流为主，对车站自动售票能力构成压力，车站应调整客流组织措施，增加人工售票力度等。

2. 线路客流量

计算方法：分日期统计单条线路的客流量。

线路客流量统计主要是了解线路客流增减情况，分储值票客流量与单程票客流量，掌握线路客流的发展规律，预测未来客流，根据客流预测情况，做好应对准备工作。

（二）车票指标

车票指标主要包括储值票使用率、单程票使用率和单程票流失率等。

1．储值票使用率

计算方法：储值票使用率=储值票客流量/总客流量×100%

定期进行储值票使用率的统计与分析对车站的客运组织和票务组织有着较大的影响。一般来讲，储值票使用率高的车站，票务组织和客运组织相对较为简单，乘客事务和乘客纠纷大大减少，员工的工作强度也较小，车站可以根据储值票使用率的高低及变化规律，科学合理地排班，确保乘客安全、方便、快捷地出行。

2．单程票使用率

计算方法：单程票使用率=单程票客流量/总客流量×100%

车站根据单程票使用率高低的特点，安排人手在自动售票机处引导乘客，如果单程票的使用率过高，就需要进行人工售票以减少自动售票机的压力。

3．单程票流失率

计算方法：单程票流失率=单程票客流量−单程票回收数/单程票客流量×100%

单程票能够反复使用，但生产成本较高、采购周期较长。由于在使用当中乘客有意或无意的行为未将单程票投入闸机回收口，造成了单程票的流失。单程票流失率主要受乘客使用自动售检票设备的熟悉程度、闸机的设计形式及使用可靠度等因素的影响，因此必须通过加强管理和提高设备性能来减少单程票的流失：

（1）加大储值票宣传力度，推广储值票的使用，间接减少单程票的使用量。

（2）加大单程票使用办法的宣传，一人一票投票出站，避免不投票出站。

（3）合理制定车站各岗位的工作流程，加强对出站乘客的引导，防止乘客带走车票。

（4）提高出站闸机的性能，在确保乘客安全的前提下，提高通过能力，解决跟随出站等问题。

（三）设备指标

设备指标分为设备故障率和设备可靠度。

1．设备故障率

计算方法：设备故障率=该类设备故障次数/该类设备交易次数×100%

一般，在自动售检票系统中，主要是对自动售票机、闸机、自动增值机三类设备进行分类统计，统计周期以月、季和年度为单位。各类设备的交易次数主要是指：

（1）自动售票机交易次数指统计周期内发售单程票的张数；

（2）闸机的交易次数指统计周期内出闸客流和入闸客流的合计数；

（3）自动增值机交易次数指统计周期内乘客在自动增值机上的充值次数。

2．设备可靠度

计算方法：设备可靠度=该类设备实际使用时间/该类设备应使用时间×100%

设备可靠度用于对维修类故障（主要指需要更换部件，维修时间较长的故障）的统计分析，通过统计其停用时间和运行周期，加强对报障、消障工作的管理，以便能针对性地压缩设备的故障停用时间。

（1）自动售票机可靠度。统计周期内自动售票机实际服务时间与应服务时间之比。计算方法为

$$自动售票机可靠度=\frac{自动售票机实际服务时间}{自动售票机应服务时间}\times100\%$$

（2）进出站闸机可靠度。统计周期内进出站闸机实际服务时间与应服务时间之比。计算公式为

$$进出站闸机可靠度=\frac{进出站闸机实际服务时间}{进出站闸机应服务时间}\times100\%$$

（3）自动增值机可靠度。统计周期内自动增值机实际服务时间与应服务时间之比。计算公式为

$$自动增值机可靠度=\frac{自动增值机实际服务时间}{自动增值机应服务时间}\times100\%$$

四、运营模式

自动售检票系统运营模式包括正常运行模式、降级运行模式和紧急放行模式。

（一）正常运行模式

正常运行模式是指车站自动售检票系统可以进行正常的售票、检票、补票等处理，是系统的默认模式，该模式下对车票进行全部的有效性检验。

乘客持票进站时，进站闸机检验车票有效后放行，无效时阻挡乘客，并显示相关无效信息，引导乘客进行下一步操作。乘客持票出站时，出站闸机检验车票有效时放行，无效时阻挡乘客，并显示相关无效信息，引导乘客进行下一步操作。

当其他模式解除后，如未设定新的模式，系统自动回到本运行模式。

（二）降级运行模式

降级运行模式是指因机器故障或者检票设备能力严重不足时采用的模式，在该模式下，车站要加派人手尽快组织乘客进站或出站。

降级运行模式又可分为进站次序免检模式、出站次序免检模式和车票免检模式。

例如：当出站闸机全部故障或者出站客流较大、检票设备能力严重不足时，采取出站次序免检模式，单程票人工回收，储值票直接放行，乘客在规定日期内可以到任一站进行储值票更新。

（三）紧急放行模式

在运营过程中，当车站或列车发生火灾、爆炸等危及乘客和工作人员安全的紧急情况，需要乘客紧急撤离车站时，启用紧急放行模式。

进入紧急放行模式后，自动售票机处于暂停服务状态，闸机处于全开状态，乘客出站不检票，保障乘客快速离开车站。紧急放行模式具有最高级的模式执行优先权，车站控制室设有闸机紧急释放按钮。

单元四　车站票务事务处理

车站日常的票务服务，除了正常的车票发售和储值票充值外，还要处理人为或设备等因素引发的异常票务事务。

一、储值票事务处理

乘客持储值票进、出站，如果出现刷卡后无法进站或出站的情况，可以根据乘客所处位置是在付费区内还是付费区外分别予以处理。

（一）在非付费区

持储值票的乘客无法入闸，主要有以下几种原因：车票无效或已有入站标志。

1. 车票无效

储值票由于质量原因或使用不当，有可能造成车票失效，机器无法检验车票内容，导致无法刷卡入闸。

处理方法：乘客须到发卡单位的办理点去进行更换处理。车站人员向乘客解释这张储值票已经无效，乘客需要去发卡单位的办理点进行处理，建议乘客暂时购买单程票完成当次出行。

2. 已有入站标志

储值票的使用原理是：进站的时候记入进站标志，出站时根据进站标志计算乘坐路程数予以扣费，一进一出为一次正常的计费过程。进站刷卡时，如车票已有"已入站"标记，则闸机不予放行。乘客需要到客服中心进行处理。

处理方法：经票务处理机检验，车票显示"已入站"。造成这种现象的原因有：一是上次出站时，未能扣取相应费用，车票一直处于"已入站"状态；二是由于闸机故障，刷卡后闸机未予放行；三是由于乘客使用不当，刷卡后未及时入站。对于第一种情况，经询问乘客扣取相应车费后予以更新；对于第二、三种情况，予以免费更新。

（二）在付费区

持储值票乘客在付费区内无法出闸，主要有以下几种原因：车票无效、储值卡余额不足、超时、标志错误等。

1. 车票无效

储值票由于质量原因或使用不当，有可能造成车票失效，机器无法检验车票内容，导致刷卡后无法出闸。

处理方法：乘客须到发卡单位的办理点去进行更换处理。车站人员向乘客解释这张储值卡已经无效，乘客需要去发卡单位的办理点进行处理，经询问乘客入站地点，收取乘客相应车费后发放一张付费出站票，让乘客出站。

2. 余额不足

根据储值票的使用原理，出站时予以扣费，如发现储值卡余额不足，无法扣取足额费用时，闸机不予放行。

处理方法：告知乘客储值票余额不足，并询问乘客是否充值。如果要充值，则为乘客办理充值；若否，根据车票进站信息发售付费出站票，并更新储值票进站信息。

3. 超时

一般情况下，根据轨道交通路程的长短规定，乘客刷卡入闸至出闸的间隔时间不得超过限定的时间间隔，超过限定时间间隔收取超时费。闸机判断车票超时时，不予放行。

处理方法：告知乘客车票已超时，须从乘客储值票中扣取超时补款金额，然后更新车票进站时间；若乘客储值票余额不足扣款，则同"余额不足"处理。

4. 标志错误

如果储值票没有进站信息，闸机将不予放行。

处理方法：通过票务处理机分析，发现没有进站码，则询问乘客本次入站乘车地点，免费更新车票进站标志，改为"已入站"，乘客可以正常刷卡出闸；如果是闸机误用，则发放免费出站票。

二、单程票事务处理

持单程票乘客的事务处理，可以根据乘客所处位置是在付费区内还是付费区外区别处理。

（一）在付费区外

持单程票乘客在付费区外的事务处理，一般是无法入闸，根据票务处理机所验的车票内容，可分为几种情况：车票无效、已有入站标志、车票过期等。

1. 车票无效

由于设备或车票原因，自动售票机发售的单程票，票务处理机无法检验车票内容。

处理方法：根据乘客自述，并经车站站厅工作人员确认，予以退款并收回该车票，乘客重新购票。

2. 已有入站标志

经票务处理机检验，车票已有入站信息的，确认是否超过了规定时间。

处理办法：经票务处理机分析，单程票显示"已入站"，若上次进站是本站且入站时间不超过相应的规定时间，则免费对车票进行标志更新，改为"未入站"；若入站时间超过相应的规定时间，则收回该车票，请乘客重新购票。

3. 车票过期

经票务处理机检验，显示非当日购买的车票。

处理方法：经票务处理机分析，显示车票已经过期，则回收该车票，请乘客重新购票。

（二）在付费区内

持单程票乘客在付费区内无法出闸的事务处理，根据票务处理机所验的车票内容，可分为以下几种情况：车票失效、超程、超时、既超时又超程、标志错误等。

1. 车票失效

车票失效，闸机无法读取到车票里面的信息，导致乘客无法出闸。

处理方法：经票务处理机无法检验车票内容，则收回该票后发售一张免费出站票给乘客。

2. 超程

当乘客购买的单程票不足以支付从购票车站到目的车站的车资时，闸机不予以放行。

处理方法：告知乘客已超程，收取乘客超程部分车费后，直接更新单程票金额。

3. 超时

乘客购票入站至出站的间隔时间不得超过限定的时间间隔，超过限定时间间隔收取超时费。闸机判断车票超时，不予放行。

处理方法：告知乘客已超时，收取乘客超时补款金额，然后更新车票进站时间。

4. 既超时又超程

乘客入闸的时间超过了限定的时间间隔，并且车票内的费用不足以支付从进站点到出站间的车资。

处理方法：告知乘客已超时超程，收取乘客超时、超程补款金额后，更新车票进站时间和金额。

5. 标志错误

乘客由于自身原因或设备原因在进站时，闸机没有给予进站标志。

处理方法：若经票务处理机检验，车票显示"未入站"，则免费更新车票进站标志，改为"已入站"。

三、其他票务事务处理

1. 遗失车票处理

乘客因自身原因在付费区没有保管好车票，造成丢失车票，出不了站。

处理方法：乘客在付费区内遗失单程票或者储值票应按相应的政策以及规定补交票款。

2. 无票乘车处理

对于无票乘车，原则上要进行相应罚款。

3. 运营单位原因造成的退票处理

由于轨道交通突发事件，乘客购买了车票无法乘坐轨道交通或者是无法到达目的站时，需要给乘客进行退票或者更新处理。

处理方法：因运营单位原因（如列车延误造成的清客等），乘客可在规定日期内在任何车站办理单程票退票，使用储值票的乘客可在下次进站时免费更新。

四、售票设备故障时的处理

（一）设备卡币、卡票或充值不写卡

由于设备原因，当乘客在自动购票或者储值票自动增值的过程中，出现卡币、卡票或者充值不写卡的情况。

处理方法：

（1）车站工作人员首先对机器进行简单的修复，看是否能将乘客被卡的钱、票取出。

（2）如果工作人员能把钱、票取出，则交还乘客，若取不出，询问乘客详细情况后，进行相应的退款。只要涉及收取乘客费用或退补费用给乘客的事务，都须填制相关表单并由乘客签认，相关乘客事务处理的回收车票封存上交车票主管部门。

（3）若机器不能正常使用，设置暂停服务牌。车站工作人员对简单故障进行修复，如果仍不能正常使用，则报维修人员来进行处理。

（二）车站全部自动售票机故障

1. 关键指引

（1）当车站全部自动售票机故障时，车站需及时售卖预制单程票或通过客服中心票务处理机出售单程票。

（2）当预制票的存量仅能维持2小时而自动售票机仍未修复时，车站需及时联系车票主管部门申请配发预制票。

2. 一般处理流程

（1）当车站发现或接报全部自动售票机故障报告，经客运值班员或值班站长到现场进行确认后，立即安排通过客服中心票务处理机出售单程票，或者启用临时售票亭配备预制单程票进行出售。

（2）在自动售票机前设置"暂停服务"标志牌，引导乘客到售票窗口购票，维持好乘客购票

秩序。

（3）向设备维修部门报障，维修人员到达后派人配合其工作。

（4）当现有窗口售票能力不能满足需要时，加开临时售票亭。

（5）监控车站各售票窗口的售票速度，当设备仍未修复而预制单程票仅可维持售卖2小时时，及时向车票主管部门申请配发预制单程票。

（6）故障修复后，撤除"暂停服务"标志牌，引导乘客到自动售票机前购票，各岗位恢复正常工作。

3．厅巡岗位行动

（1）发现车站全部自动售票机出现故障，立即向车控室或值班站长报告。

（2）在自动售票机前放置"暂停服务"标志牌。

（3）引导乘客到客服中心购票，维持好乘客购票秩序。

（4）必要时，根据值班站长的安排，进入客服中心或临时售票亭售卖预制票。

（5）故障修复后，撤除自动售票机前的"暂停服务"标志牌和故障告示，引导乘客到自动售票机上购票。

4．售票员岗位行动

（1）按值班站长的安排，出售预制票。

（2）向客运值班员报告预制票的售卖及结存情况。

（三）车站全部出站闸机故障

1．关键指引

（1）当车站全部出站闸机故障时，车站需及时开启员工通道门让乘客出站，并回收出站乘客的单程票。

（2）做好乘客的解释工作。

2．一般处理流程

（1）当车站发现或接报全部出站闸机无法使用时，立即派客运值班员或值班站长到现场检查确认。并报告相关部门、车站站长。

（2）确认全部出站闸机故障后，开启员工通道门让出站乘客出闸，并回收出站乘客手中的单程票，指引持储值票的乘客到客服中心处理或告知其可在下次乘车时在任意站处理，做好相关解释工作。

（3）在全部故障出站闸机前设置"暂停服务"标志牌，派人引导乘客从员工通道门出闸。

（4）待故障修复后，撤除"暂停服务"标志牌和隔离带，关闭员工通道门，引导乘客从出站闸机出闸。

3．厅巡岗位行动

（1）发现车站全部出站闸机出现故障，立即向车控室或值班站长报告。

（2）在故障出站闸机前设置"暂停服务"标志牌及隔离带。

（3）协助客运值班员，引导乘客从员工通道门出站，回收乘客的单程票，指引持储值票的乘客到客服中心处理或告知其可在下次乘车时在任意站处理，做好相关解释工作。

（4）故障修复后，撤离"暂停服务"标志牌及隔离带，引导乘客从出站闸机出站。

4．售票员岗位行动

办理乘客相关事务，做好乘客解释工作。

（四）车站全部进站闸机故障

1．关键指引

（1）当车站全部进站闸机故障时，车站需及时开启员工通道门让乘客进站，进行人工检票。

（2）做好乘客的解释工作。

2．一般处理流程

（1）当车站发现或接报全部进站闸机无法使用时，立即派客运值班员或值班站长到现场检查确认，并报告行车调度员、相关部门、车站站长。

（2）确认全部进站闸机故障后，开启员工通道门让持票乘客进闸，进行人工检票，并告知乘客在出站时需到客服中心处理，同时做好乘客解释工作。

（3）在全部故障进站闸机前设置"暂停服务"标志牌，派人引导乘客从员工通道门进闸。

（4）待故障修复后，撤除"暂停服务"标志牌和隔离带，关闭员工通道门，引导乘客从进站闸机进闸。

3．厅巡岗位行动

（1）发现车站全部进站闸机出现故障，立即向车控室或值班站长报告。

（2）在故障进站闸机前设置"暂停服务"标志牌及隔离带。

（3）协助客运值班员，引导持票进站乘客从员工通道门进站，进行人工检票，并做好乘客解释工作。

（4）故障修复后，撤离"暂停服务"标志牌及隔离带，引导乘客从进站闸机进闸。

4．售票员岗位行动

办理乘客相关事务，做好乘客解释工作。

（五）车站全部票务处理机故障

1．关键指引

（1）在客服中心售票窗口设置"暂停服务"标志牌，引导需对储值卡充值的乘客到自动增值机上办理充值业务。

（2）对不能正常进出闸的乘客，指引其从车站员工通道门进出，回收出站乘客的单程票，并告知持储值票的出站乘客在下次进站时如无法正常进站，可到任一车站客服中心处理。

（3）做好乘客解释工作。

2．一般处理流程

（1）车站发现和确认全部票务处理机故障后，立即在客服中心的售票窗口设置"暂停服务"标志牌，引导需对储值卡充值的乘客到自动增值机上办理充值业务。

（2）派人在各进、出站闸机处看护，对不能正常进出闸的乘客，开启车站员工通道门并指引其从车站员工通道门进出，同时回收出站乘客的单程票。

（3）将故障情况报告设备维修部门、行车调度员、车站站长。

（4）故障修复后，撤除售票窗口"暂停服务"标志牌，关闭车站员工通道门，恢复售票窗口正常工作。

3．售票员岗位行动

（1）发现全部票务处理机出现故障，无法使用，立即报告值班站长，并设置"暂停服务"标志牌和张贴故障告示。

（2）待值班站长或客运值班员确认故障后，根据值班站长的安排，在客服中心前引导需充值的乘客到自动增值机上办理充值业务。

（3）看护客服中心旁的进、出站闸机，对不能正常进出闸的乘客，开启员工通道门，指引其从员工通道门进出，同时回收出站乘客的单程票。

（4）在客服中心窗口张贴告示牌，向前来购票的乘客做好解释工作，告知乘客到自动增值机充值。

（5）做好钱票的保护工作。

4．厅巡岗位行动

（1）引导乘客在自动增值机上进行充值。

（2）经值班站长授权后打开员工通道门，安排非付费区无法正常进闸的持票乘客从员工通道门进站；安排付费区无法正常出闸的持票乘客从员工通道门出站，并回收乘客手中的单程票。

（六）车站全部自动售检票设备故障

车站全部自动售检票设备故障一般是指车站的自动售票机、自动增值机、自动验票机、票务处理机、闸机全部无法使用。

1．关键指引

（1）确认后，组织员工售卖纸票，并及时报障和通知有关部门。

（2）根据车站人员情况，将进、出站各一组闸机中若干闸机通道设为常开状态，进行人工检票。

2．一般处理流程

（1）车站接报自动售检票设备故障后，由客运值班员及以上人员到现场进行检查确认。

（2）确认全部自动售检票设备故障后，车站及时报告行车调度员、维修部门、站长等。

（3）经请示行车调度员同意后，及时组织员工售卖纸票，根据车站人员情况，将进、出站各一组闸机中若干闸机通道设为常开状态，进行人工检票，同时做好乘客解释工作。

（4）在故障设备前及时设置故障告示牌，并引导乘客到客服中心购买纸票。

（5）设备故障修复后，组织员工恢复正常运营服务。

3．厅巡岗位行动

（1）发现自动售检票设备故障后，及时报告车控室，并设置故障和暂停服务告示牌。

（2）在值班站长或值班员的安排下，引导乘客到客服中心或临时售票亭购买纸票，并做好乘客解释工作。

（3）将进、出站各一组闸机中若干闸机通道设为常开状态，在进站闸机处进行人工检票，或在出站闸机处对出站乘客的单程票进行回收。

（4）必要时，进入客服中心或临时售票亭担任售票员工作。

（5）配合维修人员的工作。

（6）故障修复后，恢复岗位正常工作。

4. 售票员岗位行动

（1）发现票务处理机故障后，及时报告车控室，并设置故障告示牌。

（2）根据安排，及时售买纸票，并做好乘客的解释工作。

（3）故障修复后，恢复岗位正常工作。

案例　票务政策执行不到位引发投诉

某日，有乘客拨打服务热线投诉某车站的工作人员业务不熟，称其持相关残疾人证件乘车时，边门工作人员表示该乘客不符合免费乘车条件，不予免费乘坐。经该乘客坚持，工作人员用对讲设备让车站当班值班站长处理此事，值班站长到场检查证件后也表示乘客所持证件不能免费乘坐。该乘客非常气愤，认为车站员工非常不熟悉业务，要求对相关人员进行处理，否则将向媒体反映或者通过法律途径解决。

经客服人员调查后证实，该乘客所持证件符合免费乘车条件，乘客投诉属于有责投诉。回复乘客，并为车站的错误行为进行道歉。

责任分析：

1. 边门工作人员对免费乘车政策不熟悉，不会识别免费乘车证件。
2. 值班站长受理后未与乘客进行有效沟通，对免费乘车政策掌握不清，未能及时纠正错误，导致投诉。

改进措施：

1. 车站工作人员要熟悉相关的票务优惠政策。
2. 车站值班站长和乘客的沟通要及时、有效。

模 块 小 结

轨道交通的票务运作管理，基本以自动售检票系统为平台，完成售票、检票、计费、统计的全程自动化。

车票是乘客乘车的凭证。车票按其计费方式主要分为三大类：单程票、储值票和计次票。

票制，是票价制式的简称，分为单一票制、分段计程票制、里程计价票制。

票价是指依照规定购买车票的价格，票价的定价方法主要分为：以成本为基础的定价，以市场供需为基础的定价和综合考虑整个社会综合效益的定价。

票务政策是政府制定的对计价方式、乘车时限、乘车限制、优惠乘车等方面的规定。

车站自动售检票系统主要是负责收集售检票设备的各种数据上传至中心自动售检票系统，接收中心自动售检票系统下载的各种数据，并对售检票设备进行参数设置，同时实时监控售检票设备的运行情况。

车站自动售检票系统由售检票终端设备、应用管理系统、辅助设备构成。

售检票终端设备是指能实现具体售检票业务操作的专用设备，一般由闸机、自动售票机、自动增值机、票务处理机和自动验票机构成。车站应用管理系统一般由车站服务器、票务管理终端、票务监控终端构成。

车站票务运作流程大体可分为车票管理流程、现金管理流程、统计分析。

车站的车票管理工作主要包括车票的接收、保管、发售、回收、站间调配等内容，对于不同种类的车票，虽然其管理方式有所不同，但流程大体相似。

车站的现金主要由两大部分构成：一是设备和人工收取的票款；二是票务备用金。车站的现金只能存放在现金安全区域：车站票务室、客服中心、自动售票机钱箱和自动增值机钱箱中。

票务统计分析工作主要围绕客流指标、车票指标和设备指标来进行。客流量指标包括：单站客流量和线路客流量。车票指标包括储值票使用率、单程票使用率和单程票流失率。设备指标包括设备故障率和设备可靠度。

人为或设备等因素而引发的异常票务事务主要包括储值卡票务处理、单程票票务处理、其他票务事务处理（遗失车票、无票乘车、运营单位原因退票）、售票设备故障时的处理等。

复习与实训

一、单选题

1．（　　）方式合理地将行车成本和客运收益挂钩，适合线路较长且相邻车站站距不均衡的情况。

　　A．单一票制　　　　　　　　　　B．时间计价票制
　　C．里程计价票制　　　　　　　　D．分段计程票制

2．（　　）是整个自动售检票系统的具体执行者，是自动售检票系统交易数据产生地。

　　A．车票　　　　　　　　　　　　B．中央自动售检票系统
　　C．车站自动售检票系统　　　　　D．应用管理系统

3．售检票终端设备中（　　）监控乘客的通行行为和正确扣取乘客的车费，并对单程票进行回收。

　　A．闸机　　　B．自动售票机　　　C．自动增值机　　　D．自动验票机

4．票务监控终端一般由（　　）操作和管理，通过它可以对售检票设备进行参数设置，同时实时监控售检票设备的运行情况。

　　A．行车值班员　　B．客运值班员　　C．值班站长　　　D．站长

二、多选题

1．目前我国轨道交通采用的票制方式主要有（　　）等方式。

　　A．单一票制　　　　　　　　　　B．时间计价票制
　　C．线别计价票制　　　　　　　　D．分段计程票制
　　E．里程计价票制

2．我国城市公共交通票价的定价方法主要分为（　　）。

　　A．以成本为基础的定价　　　　　B．以市场供需为基础的定价
　　C．以政府决策定价　　　　　　　D．以运营成本定价
　　E．综合考虑社会综合效益的定价

3．车站自动售检票系统由（　　）构成。

　　A．票务备品　　　　　　　　　　B．运营工器具

C. 售检票终端设备 D. 应用管理系统

E. 辅助设备

4. (　　　) 属于车站对单程票的管理内容。

A. 接收　　　　B. 保管　　　　C. 发售　　　　D. 回收

E. 上交

三、简答题

1. 简述乘客在付费区无法出闸的处理流程。
2. 简述车站全部自动售票机故障时的处理流程。

四、实训项目

跟岗实习，理解车票与现金的管理流程，掌握自动售检票系统的运作，能处理车站一般乘客票务事务，应用不同的指标进行票务分析统计。

在车站票务室跟随客运值班员当值，学习票务运作内容：在SC上学习录入硬币、纸币、单程票回收数量，配票、结算，打印结算报表，解行票款、核销和返还备用金，查看售检票设备的状态和客值交班作业。

报表填写：车站票务交接班登记本、TVM/AVM钱箱更换清点记录表（纸币）（硬币）、车站闸机回收车票记录表、车站TVM加票记录表、TVM补币记录表、票务钥匙使用记录表、车站营收日报、售票员结算单、车站售存票日报等，填写报表时必须真实、准确、完整、及时，发现填写错误时，不得刮擦、挖补、涂抹或用化学药水更改字迹，少量错误需要更改时必须用画线更正法更改，错误次数过多导致报表不清时，应另填一份，该报表作废。

模块八 Module 8

轨道交通车站施工管理

【学习目标】

能力目标：
- 能解释车站施工负责人制度的内容。
- 能写出日常行车施工管理流程。
- 能操作车站施工电子请销点系统。
- 能办理车站施工请销点和相关手续。

知识目标：
- 了解车站施工作业分类。
- 理解车站施工作业需遵循的原则。
- 掌握车站行车施工作业流程。

模块八　学习导引

轨道交通车站作为行车、客运服务等设备设施的集中设置地，运营时间为乘客提供乘车服务，非运营时间需要对设备设施进行维护和保养，在出现意外损坏或故障情况下，还要进行紧急抢修等。轨道交通车站运营区域设备设施的养护、检查、维修以及抢修等作业，统称为车站施工作业。施工管理是车站管理中极为重要的一项工作。

新闻回放　　上海地铁追尾认定系重大责任事故调度长被撤职

2011年9月27日14时37分，上海地铁10号线两列列车在豫园站至老西门站下行区间百米标176处发生追尾事故，造成295人到医院就诊检查，至报道时还有70人住院和留院观察，无人员死亡。

依据国家有关法律法规规定，经市政府同意，由市安全监管局牵头，会同市建设交通委、市交通港口局、市监察局、市公安局、市总工会，并邀请市检察院组成该事故调查组，并成立第三方专家组，全程参与事故调查过程。事故调查组通过现场勘查、调查取证、综合分析、专家论证等，查清了事故发生的经过、原因、人员受伤情况及直接财产损失，认定了事故的性质和责任，提出了对有关责任人的处理建议和防范整改措施。

经事故调查组查明，在未进行风险识别、未采取有针对性防范措施的情况下，申通集团维保中心供电公司签发了不停电作业的工作票，并经上海地铁第一运营有限公司同意，上海自动化仪表股份有限公司电工在进行地铁10号线新天地车站电缆孔洞封堵作业时，造成供电缺失，导致10号线新天地集中站信号失电，造成中央调度列车自动监控红光带、区间线路区域内车站列车自动监控面板黑屏。地铁运营由自动系统向人工控制系统转换。

此时，1016号列车在豫园站下行出站后显示无速度码，司机即向10号线调度控制中心报告，行车调度员命令1016号列车以手动限速方式向老西门站运行。14时，1016号列车在豫园站至老西门站区间遇红灯停车，行车调度员命令停车待命。14时01分，行车调度员开始进行列车定位。14时08分，行车调度员发布调度命令，交通大学站至南京东路站上下行区段实行电话闭塞法行车。

14时35分，1005号列车持路票从豫园站发车。14时37分，1005号列车以54千米/小时的速度行进到豫园站至老西门站区间弯道时，发现前方有列车（1016号）停留，随即采取制动措施，但由于惯性仍以35千米/小时的速度与1016号列车发生追尾碰撞。

经事故调查组认定，事故的直接原因是：地铁行车调度员在未准确定位故障区间内全部列车位置的情况下，违规发布电话闭塞命令；接车站值班员在未严格确认区间线路是否空闲的情况下，违规同意发车站的电话闭塞要求，导致地铁10号线1005号列车与1016号列车发生追尾碰撞。

依照有关规定，12名事故责任人受到严肃处理。事故调查组还责成申通集团对此次事故中负有责任的其他相关人员，按企业相关规定予以严肃处理。市安全监管局依据《安全生产法》《生产安全事故报告和调查处理条例》等法律和行政法规规定，对申通集团按法律法规规定的上限给予经济处罚。

事故调查组认为申通集团存在执行规章制度不严、应急管理不到位、设备设施维护、隐患排查治理不到位等问题，要求申通集团深刻吸取事故教训，举一反三，以人为本，安全至上，优化完善地铁运行规章制度，进一步健全隐患排查治理机制，加强培训，进一步健全特大型城市地铁运营的管理机制，不断提升城市地铁运营安全。

（资料来源：东方网http://www.eastday.com）

单元一　车站施工管理办法

根据车站的结构，车站的运营区域大致分为公共区、设备区和轨行区。在不同的区域进行施工作业，根据其对车站运作的影响程度不同，如是否影响行车，是否影响服务质量等，其作业要求也不同。原则上，影响行车和服务质量的施工作业都不得在运营期间进行。

一、车站施工作业分类

由于车站施工种类繁多、要求各异，车站施工作业需按提前申报、统筹安排、严格审批的原则进行管理。为了确保施工作业安全，对施工作业实施分类管理。车站施工作业根据施工作业地点和性质的不同区别为不同的种类，并冠以特定代码，便于识别和组织管理：

（1）在正线进行，须开行工程列车并须停止接触网供电作业的施工，简称为AA类。

（2）在正线进行，须开行工程列车、电客车但无须停止接触网供电作业的施工，简称为AB类。

（3）在正线进行，影响正线、辅助线行车，须停止接触网供电作业但无须开行工程列车的施工，简称为AC类。

（4）在正线进行，影响正线、辅助线行车，无须停止接触网供电作业、无须开行工程列车、轨道车的施工，简称为AD类。

（5）在正线车站、变电所（不含车厂）、控制中心大楼等地点进行，不进入行车线路但影响行车的施工，简称为AE类。

（6）在正线车站、变电所（不含车厂）、控制中心大楼等地点进行，不进入行车线路亦不影响行车的施工，简称为AF类。

二、车站施工作业计划

车站施工作业必须先由实施部门提报施工需求计划，计划管理部门根据各部门施工需求编制总的施工计划，并召开施工计划协调会，调整冲突的计划项，均衡安排每日的施工作业量，经充分讨论协调后，形成完善的施工计划，审批后方可实施施工。

施工计划的编制周期一般以周或天计，主要根据各设备设施修程的不同或者突发的故障情况来制订。车站施工计划按时间分为周计划、日变更计划和临时抢修计划。

1. 周计划

属于正常修程范围内的设备设施维修一般以周或双周为周期提报计划，称为周计划。这种周计划的作业项目，基本上以固定周期的检修、维修维护为主。

2. 日变更计划

对于周计划内已批准的日作业计划项目，如因特殊原因需变更的，就以日变更计划的形式提报。

3. 临时抢修计划

临时抢修计划分为运营期间的抢修计划和非运营期间的抢修计划，主要针对运营时间内发生的设备设施故障，以提报临时抢修计划的形式进行。根据故障情况，选择在运营时间或非运营时间进行抢修安排。

三、车站施工作业组织

1. 车站施工组织原则

车站施工作业严格按批准的施工计划安排组织进行，在车站控制室行车值班员处办理请销点手续，原则上车站施工接受控制中心行车调度员的指挥。车站施工作业须遵循以下原则：

（1）在运营时间内，原则上不准进行影响行车、影响运营服务质量的设备设施检修施工作业。

（2）对处于进路锁闭状态的联锁设备，严禁进行检修作业。

（3）正在检修中的设备设施需要使用时，须经检修人员同意。

2. 日常行车方面施工管理

（1）车站每日要核实当日的作业计划，掌握当日的作业项目及内容。车站在办理施工作业预请点前，行车值班员必须认真核对施工负责人证件是否与负责人相符，证件是否有效。如不能出示有效施工负责人证件，车站应拒绝施工申请。

（2）外单位的施工作业如没有合资格的施工负责人，必须由运营单位派出合资格人员担任施工负责人。外单位的施工人员应服从施工负责人的监护，必须按规定的作业时间到位办理相关手续及进行作业，迟到30分钟的，视为该项作业取消，运营单位派出的施工负责人有权拒绝进行配合。

（3）采用施工作业自动化网络系统的，车站在办理施工预请点过程中，当行车调度员批准施工作业，且系统自动生成施工承认号后，行车值班员和施工负责人须共同确认行车调度员批准时间及施工承认号，并通知站台保安核实施工人数、作业单位、作业区域、作业内容以及施工负责人的员工卡或施工作业证，站台保安要认真核对，发现与行车值班员的通知不符时要及时报车站控制室。

（4）施工作业需车站设置红闪灯防护时，值班站长须检查确认红闪灯是否按规定摆放。施工作业过程中，站台保安须检查一次本站设置的红闪灯状态是否良好，向车站控制室汇报施工作业和安全防护措施执行情况。

（5）施工作业开始后，车站应不定期检查施工作业区域及施工作业内容是否与施工计划相符，发现有超范围施工或超出作业区域的要及时制止并上报行车调度员。

（6）对工程车开行区域的施工请销点，实行行车调度员、行车值班员双确认的制度。

3. 运营时间轨行区的设备抢修

（1）运营期间，车站行车值班员接到影响行车的抢修作业通知后，须安排一名员工在最靠近现场的屏蔽门（或安全门）端门处等待，负责确认抢修人员进入正确的线路，并张贴突发事件公告栏。

突发事件公告栏张贴在端墙墙壁上面。其中"突发事件公告栏1"（见表8-1）由车站填写，车站人员应根据车控室信息通报及时填写更新；"突发事件公告栏2"（见表8-2）由抢险及有关人员填写，抢险人员到场后，车站应督促有关人员正确填写公告栏事项。

表8-1 突发事件公告栏1

	事件概况:	
1	事件类别	□行车□设备□消防□大客流□其他_____
2	事件发生时间	__年__月__日__时__分
3	事件发生地点	_____距离本站约__米
4	事件发生经过	
5	人员受伤情况	□无□有,受伤人数约：__其中工作人员__人
	事件处理情况:	
1	接触网断电情况	□未断电□已断电,断点区域：_____
2	接地线是否安装	□未安装□已安装,安装地点：_____
3	事发区域轨道有无列车运行	□有□无
4	行车调整	___站到___站□上行/□下行暂停行车 ___站到___站□上行/□下行,行车间隔__分钟 ___站到___站□上行/□下行,行车间隔__分钟 ___站到___站□上行/□下行,行车间隔__分钟
5	环境控制模式	已经开启_____模式
6	事件处理最新情况	时间　　　基本情况 _____　_____ _____　_____ _____　_____

表8-2 突发事件公告栏2

	人员到位情况:	
1	现场指挥	_____联系电话：_____800兆：_____ _____联系电话：_____800兆：_____ _____联系电话：_____800兆：_____
2	通信联络	_____联系电话：_____；_____；_____
3	安全防护	_____联系电话：_____所在位置：_____
4	抢险救灾：到达现场抢险队登记	

序号	抢险队名称	队长	到达时间	联系电话		人员数量	进入轨行区情况		出清情况		备注
				800兆	手机		是√	否×	是√	否×	
1）											
2）											

	5	其他人员

序号	姓名	进入轨行区情况		出清情况	
		是√	否×	是√	否×
1）					
2）					
3）					

（2）运营期间，进入线路的各批抢修、救援人员均按专业指定一名临时负责人，在屏蔽门（或安全门）端门处向行车调度员口头请点，得到允许后，由行车调度员通知车站开门放行，车站接到行车调度员准许抢修人员进入抢修区域的指令后，记录进入的人数，通知端门等待人员让抢修人员在突发事件公告栏填写到达的救援队负责人或临时负责人姓名、联系方式、人数、时间等信息。抢修人员到达位置后，由临时负责人向行车调度员、本部门救援队报告并落实好相关防护措施。

（3）运营期间抢修作业结束后，抢修负责人须确认人员、工器具已出清，抢修设备的状态恢复正常后，向行车调度员销点，并到车站控制室补办请、销点登记手续。

4. 非运营时间的轨行区设备检修施工

（1）在两站之间的站间正线线路因作业需要开行工程列车时，由行车调度员指定的车站值班员负责掌握施工情况，监督施工安全。

（2）在正线及辅助线施工开始前，施工负责人应在车站控制室办理请点手续，经行车调度员批准，方可进行作业，有开行工程车配合的施工需发布封锁命令。站务人员须检查施工负责人或施工负责人指派的维修人员是否按照要求设置防护信号，对没有运营员工参与或配合由承包商单独实施的施工作业，站台保安要监督和确认作业人员进入的上下行线是否正确。

（3）在正线线路需要开行工程列车时，工程列车途经车站之间相互报点并填写行车日志。对于装载长、大、集重货物的工程列车经过车站时，车站应安排专人在站台监视列车运行，发现危及行车及设备安全时，必须立即显示紧急停车信号并及时上报。

（4）施工结束后，由施工负责人负责施工人员的撤离及线路出清，施工负责人检查确认所涉及的设备恢复正常状态及撤除防护后，到车站控制室办理销点手续，并经行车调度员核销点（封锁线路的还应由行车调度员取消前发封锁命令）。

（5）属于A类的作业，施工负责人到作业区域的车站内或两端站车站控制室请点。

1）值班员核对施工负责人与请点人无误后，由车站值班员登录施工作业管理系统，办理预请点。

2）车站值班员和施工负责人必须共同核对作业令各项内容，确认正确无误后，报行车调度员批准。

3）行车调度员确认具备施工条件后批准施工，系统自动生成施工承认号，车站值班员和施工负责人共同确认行车调度员批准施工后，方可进入作业区域。

（6）在站间线路施工时，施工负责人在主负责车站办理请点手续，由请点车站通知作业区域的另一端车站行车值班员施工线路占用情况。在施工完成后，考虑减少施工人员的走行距离，从而节省施工时间，可选择两站中的任一站办理销点手续。

5. 非轨行区施工管理

车站日常的施工管理除了在轨行区施工外，还有在设备区、公共区的施工，比如电动扶梯的维护保养，设备房内设施的修理，公共区照明系统的维护，自动售检票设备的清洁修理等。

（1）属于AF类的非轨行区施工无须经行车调度员批准，只要得到车站控制室行车值班员的批准就可以进行。

（2）公共区的施工尽量安排在非运营期间进行，如果安排在运营期间，施工人员在公共区的施工不能影响服务质量。

（3）自动售检票设备需要安排人员定期对设备内部零件进行维护和清洁，运营期间自动售检票设备的故障修复要及时、迅速，以免出现设备能力不足的问题。

（4）自动扶梯、垂直电梯的修复维护需要做好安全防护，维修人员需具备相关的专业资格证。

（5）车站控制室联锁终端操作设备的操作需要经过行车调度员批准，值班站长授权后方可操作，一般是在运营结束后进行。

（6）车站防灾系统设备需要由专业人员进行维护调试，要避免触发相关消防联动设备。

（7）车站范围内的变电所作业由施工负责人在车站控制室办理请销点手续，由电力调度员与行车调度员达成一致意见后进行审批（AF类作业除外）。

四、车站施工作业防护

所有施工作业必须按施工管理规定以及各专业的检修规程的规定设置安全防护，施工负责人负责检查落实施工作业的安全防护措施，确保防护到位，杜绝安全隐患。

施工作业防护遵循谁设置谁撤除的原则，实行"自控、互控、他控"。凡进入线路的施工作业人员必须按要求穿荧光衣，并根据作业性质及作业要求使用其他安全防护用品。

（一）轨行区的施工

车站轨行区线路分为站内线路和站间线路。站内线路是指车站站台两端墙内方的线路，站间线路则是指相邻两站间的区间线路（按两站相邻侧端墙处计算）。在轨行区施工时，需设置红闪灯防护，防止人、车闯入施工区域造成事故。

1. 在站内线路施工时

由施工负责人负责设置防护红闪灯，设置位置在该车站两端墙外方轨道线路中央的道床上。

2. 在站间线路施工时

在站间线路施工时，由于涉及两端的两个车站，需由两个车站共同实施防护。由施工负责人在该作业区域外的两端轨道中央道床上设置红闪灯防护，两端车站各自检查是否需要车站设置红闪灯防护；如两端车站在靠近作业区域一侧的端墙看不清红闪灯时，站务人员在靠近作业区域一侧的端墙处站台上设置红闪灯防护。

施工销点后，销点车站通知另一端车站施工结束，两端车站各自撤除本站设置的红闪灯。

（二）站内施工

AF类车站商铺内的简单装修（无须动火及临时接电）作业施工负责人凭运营主管部门已签发的商铺装修申请表（见表8-3）进入车控室，由车站值班员配合其办理请销点手续。

表8-3 商铺装修申请表

受理编号：			受理日期：
车站/商铺编号			
商铺经营者姓名/身份证号		施工负责人姓名/身份证号	
商铺经营者电话		施工负责人电话	
施工起止日期		作业人数	
		申请人签字/盖章日期：	
审核意见	经营部门	物业部门	运营单位

运营结束后，施工作业人员凭工作卡或施工作业证进出车站或轨行区。

各车站应加强屏蔽门（安全门）端门和各设备房的管理，进出端门和设备房的人员必须出示员工卡或施工作业证，车站确认进入人数及证件与本人相符后方可放行。

（三）请销点

所有作业都必须按计划规定的时间完成作业并销点，运营期间的抢修计划在作业完成并线路出清后应及时通知行车调度员销点。

A类作业的销点，施工作业完毕，施工负责人确认作业区域出清后（包括人员出清），到车站控制室销点：

（1）销点可不受请点站的限制，可本站销点也可异地销点，但必须在作业区域的车站内或两端站进行（异地销点时应在完成情况栏中注明销点站名）。

（2）销点时，车站值班员核对施工负责人证与销点人相符，由值班员登录系统，与施工负责人核对完成销点。

一项作业多组作业人员请点的，所有请点都必须进行销点，当请点站数与销点站数相等时，行车调度员才能核销点，行车调度员核销点后该项作业结束。

考虑到一组人员多站作业或一项作业多组作业人员，行车调度员尽量接近计划结束的时间进行核销点。

案例分析　施工人员擅入列车封锁区事件

事件经过：
　　某日21:04，正在正线进行信号调试的9302次列车根据行车调度员指令进入某车站存车线，司机发现存车线上有2人在施工作业，于是立即采取紧急制动停车，未造成人员伤亡，司机向行车调度员汇报。行车调度员通知9302次司机不准动车并待令。21:06分，行车调度员通知车站值班员将施工人员带到车控室并扣其证件。21:14分，施工人员和设备出清线路。21:15分，行车调度员通知9302次司机动车。

原因分析：
　　作业单位为车站设备供货商。作业人员在请点登记后，没有按照计划进入指定作业区域施工，而是擅自进入车站存车线作业，误入调试列车封锁区域，直接导致紧急停车。

　　车站人员未能认真监控作业人员进入的区域是否正确，及时加以阻止。

影响及点评：
　　该次事件施工作业人员进入列车调试区域作业，导致调试列车紧急制动，对行车安全和施工作业人员的人身安全都构成了严重威胁。车站要加强对施工作业的管理，特别是在人、车共存的区段，要严密监控人车动态，作好安全防护，并督促施工人员落实安全措施。

单元二　车站用电、动火管理办法

一、车站用电规定

城市轨道交通用电除了用于牵引列车，余下都是用于动力和照明的设备系统，该部分共同组成了动力照明配电系统。根据各用电设备系统在城市轨道交通运营中所发挥作用的不同，对其用电负荷根据其重要性分解为不同的级别。车站在设计阶段就对车站用电负荷进行了严格界定，按三级负荷区别和分配用电。

城市轨道交通系统的设备用电负荷分级如下：

1．一级负荷

一级负荷包括应急照明、变电所操作电源、火灾自动报警系统设备、消防系统设备、消防电梯、地下站厅站台照明、地下区间照明、排烟系统用风机及电动阀门、通信系统设备、信号系统设备、电力监控系统设备、环境与设备监控系统设备、自动售检票系统设备、兼作疏散用的自动扶梯、屏蔽门、防护门、防淹门、排水泵等。

一级负荷应由双电源双回路线路供电，当一个电源发生故障时，另一个电源不应同时受到损坏。一级负荷中特别重要的负荷（如应急照明、变电所操作电源、火灾自动报警系统设备、通信系统设备、信号系统设备等），除由双电源供电外，还应增设应急电源。

2．二级负荷

二级负荷包括地上站厅站台照明、附属房间照明、普通风机、排污泵、电梯、自动扶梯等。平时由两路互为备用的独立电源供电，当电网只有一路电源时，允许将其从电网中切除。

3．三级负荷

三级负荷包括空调制冷及水系统设备（冷水机组、冷冻水泵、冷却水泵、冷却塔）、广告照明、清扫机械、锅炉设备、电热设备等。平时由一路电源供电，当该电源故障时，可中断供电；当电网只有一路电源时，应将其从电网中切除。

二、车站用电安全措施

车站用电安全措施主要针对临时用电。临时用电线路（以下简称临时线）为对地电压250伏及以下电力线路，包括低压架空线路、低压电缆线路、站（室）内配电线路等，用于直接向低压用电设备输送电能。

1．临时用电手续

各部门的临时性生产用电（以下简称临时用电）必须填写"临时用电申请表"，经过申请、审批后，方可安装、作业。没有审批手续和调度命令，电工作业人员不得安装临时线。安装完毕的临时线，使用单位不得擅自更动。

临时用电申请表一式三份，使用部门、供电部门和安全部门各存一份。一份临时用电申请表，只对一处临时用电有效。

临时线按"一机、一柜、一漏、一闸"标准安装。临时线最长使用期限为7天，如超过此期限，应按照电气安装规程正式安装。临时线使用期满，需要继续使用者，必须在期满前一天，续办延长使用手续。

电气工作人员校验电气设备，若使用临时线不超过一个工作日，可不履行审批手续，校验完毕后需使用单位组织人员负责拆除。

2．安全措施

（1）普及基本电气常识，认识到电的危险性。专业人员牢记作业用电安全，掌握基本防护措施，形成用电的安全意识。

（2）遵守安全用电管理制度，尤其是在对高危场所和安全条件恶劣的作业面用电，如配电房、控制室、地下狭窄空间等。

（3）作业规程中对涉及用电的地方要分析潜在危险因素，针对性制定防护措施和安全用电措施。安装临时线须用绝缘良好的导线；要采用悬空架设和沿墙敷设；架设时室内离地高度不得低于2.5米、户外不得低于3.5米；所有电气设备、金属外壳须与接地线（或接零线）接触良好。

临时线必须放在地面上的部分，应加以可靠的保护，如用胶皮线套电缆。临时线与设备、水管、热水管、门窗等距离应在0.3米以上。

（4）定期检查用电设备，不带病运转，不使用劣质电器。

（5）接受配合管理部门用电检查，发现隐患立即整改或报告，共同维持安全的用电环境。临时接线装置如造成事故，并证明系因安装质量问题，应由承装人员负责。

三、临时动火作业

（一）动火作业概述

临时动火是指施工中所需的电焊作业。动火作业根据其作业范围不同分为三个级别。

1. 一级动火作业范围

凡属非固定的、有重大危险因素的场所的临时动火作业，动火中易发生重大火灾事故，如在车控室及气瓶间等进行诸如焊接、切割、打磨、烘、烤、熬炼等引入点火源的任何作业，均为一级动火作业范围。车站运营期间严禁进行一级临时动火作业。

2. 二级动火作业范围

凡属非固定的、设有明显危险因素的场所的临时动火作业，动火中可能发生一般火灾事故；如在车站设备区等一级动火范围外的重要部位进行诸如焊接、切割、打磨、烘、烤、熬炼、喷涂、电加热等引入点火源的任何作业，均为二级动火作业范围。在运营期间进行的车站二级临时动火作业升级为一级临时动火作业审批。

3. 三级动火作业范围

在具有一定危险因素的非禁止区域（场所）且不涉及行车安全的临时动火作业，动火中可能发生火警；如在车站公共区等一、二级动火范围外的部位进行诸如焊接、切割、打磨、烘、烤、熬炼等引入点火源的任何作业，均为三级动火作业范围。

在运营期间进行的车站三级临时动火作业升级为二级临时动火作业审批。

（二）动火作业手续

动火作业的施工必须办理临时动火许可证（见表8-4）。

表8-4 临时动火许可证

编号：

动火申请人 （现场安全负责人）		申请动火级别		动火方式	
动火人员		申请动火部位			
现场安全监控人		申请动火作业时间			
动火部位环境简述		□车站公共区内　□车站设备区内 □车辆段内　　　□区间隧道内			
动火部位周围5米范围内/下方是否有易燃物质和重要设备设施：		□是　□否			
		距离动火点____米，易燃物质名称及数量：			
		重要设备设施名称：			

（续）

动火部位5米范围内是否有灭火器材	□否，自备灭火器：＿＿千克＿＿灭火器＿＿瓶 其他灭火器材 □有，＿＿千克＿＿灭火器＿＿瓶 □消火栓		
动火部位防火措施： □清空周围/下方可燃物 □设备保护措施/其他技术措施	□作业完毕后，对现场进行清理，监火时间不少于＿＿分钟		
申请车间安全员意见	审批部门意见	现场管理部门意见	动火现场验票
动火验收确认：□作业完毕　　□对现场进行清理　　□动火完成时间： 　　　　　　　□监火完成时间：　　　　　　　　　验收人签字：			

注：一式三份，作业班组、发证部门和动火部门各存一份备查。

　　车站在施工登记时，针对动火作业的施工把好作业令审批关，施工负责人必须出示临时动火许可证，车站必须检查防护措施落实情况和验收手续，验票注意要点：进行施工请点时，审核动火许可证是否已按其等级经相关部门审批和其真实性；审核各级安全监护人、动火人员是否到位及与动火许可证上填写的是否相符；检查作业现场安全防护、灭火器材等是否到位、有效；核对动火环境是否与许可证描述的环境一致，在值班人员登记本上注明验证时间、施工负责人的姓名、联系方式等相关信息，方可允许施工。确认上述人员、措施到位后，记录动火开始时间并签字确认。

　　现场安全负责人持临时动火许可证到现场，交现场监护人验票，双方共同检查确认现场情况和防护措施，并向动火人交代安全注意事项。

（三）动火作业安全管理

　　批准的临时动火部位，在实施动火作业时，必须做到动火前"八不"、动火中"四要"、动火后"一清"。

1. 动火前"八不"

（1）防火、灭火措施不落实不动火。

（2）周围的易燃杂物未清除不动火。

（3）附近难以移动的易燃结构和重要设备设施未采取安全防范措施不动火。

（4）凡盛装过油类等易燃液体的容器、管道未经洗刷干净、排除残存的油质不动火。

（5）凡盛装过气体受热膨胀有爆炸危险的容器和管道不动火。

（6）凡储存有易燃、易爆物品的场所，未经排除易燃、易爆危险的不动火。

（7）在高空进行焊接或切割作业时，下面的可燃物品未清理或未采取安全防护措施的不动火。

（8）未配备相应的灭火器材不动火。

2. 动火中"四要"

（1）动火前作业部门要指定现场安全负责人。

（2）现场监护人和动火人员必须经常注意动火情况，发现不安全苗头时，要立即停止动火；

现场监火时间不得少于30分钟。

（3）发生火灾、爆炸事故时，要及时扑救。

（4）动火人员要严格执行安全操作规程。

3. 动火后"一清"

动火完毕后，现场安全负责人应该与现场监护人共同对临时动火作业进行验收。验收注意要点：检查作业现场是否遗留点火源；检查动火现场各防护是否撤离，动火点环境和设备是否恢复正常；彻底清理现场火种后，组织人员监视现场无遗留隐患，确认动火完毕，方可离开现场。

案例分析　电焊焊接施工引发火灾隐患

一、事件概况

某日凌晨，一装饰公司在车站站厅自动扶梯处进行安装防护栏杆施工，在进行电焊焊接施工时，有烟雾从电梯缝隙中散出，发出强烈刺鼻气味。施工现场监督人发现后，马上采取扑救措施，及时控制了现场。事件造成自动扶梯下部DOS\SLS和光电线路过热熔化，三角机房内变频器异常。

二、事件分析

1. 主要原因

作业人员进行栏杆底座焊接时在没有清楚现场设备的接地情况和现场环境潮湿的情况下，焊件与电扶梯桁架相连，导致扶梯弱电接地线电流过大，造成绝缘层氧化、短路，导致了基坑废机油燃烧冒烟。

2. 次要原因

现场配合人员在作业前已按照相关规定召开施工前安全注意事项交底会，向施工人员提出相关安全措施，但未提及此情况的安全措施。

三、处理措施

（1）装饰公司负责赔偿事件中受损坏设备购置和维修等费用，并按合同要求对其进行了扣款处理。

（2）施工配合人员予以罚款处理。

（3）加强临时动火管理。在用电设备本体上的电焊作业，必须采取设备本体断电、拆除接地线、保证焊把线绝缘等措施，杜绝此类事件的再次发生。

单元三　车站施工人员管理办法

一、施工负责人制度

轨道交通运营单位为了对施工作业过程进行有效的监督和控制，每项施工作业必须设一名施工负责人，如果一项施工作业有几个不同的作业地点，那么必须设立多名施工负责人，使每一个地点的施工过程都有人监督负责。施工负责人经统一组织培训合格方可上岗。

一名合资格的施工负责人必须具备以下几个条件：应经过运营单位施工管理办法的培训和考核认证，熟知其内容；熟悉所负责项目作业的性质、内容、办法、步骤、要求等；具备该项目作业相关的安全知识和技能。

施工负责人的职责有：

（1）负责办理该组作业请销点手续。

（2）负责该组作业人员/设备的安全管理。

（3）负责作业过程的组织指挥。

（4）负责及时与车站联系作业有关事项。

（5）组织设置、撤销作业安全防护设施。

（6）负责恢复施工所涉及设备的正常状态，并出清作业区域。

二、施工人员管理

外联承包商在轨道交通范围内施工作业时，必须与运营单位签订"承办商安全生产协议书"，施工人员严格遵守协议要求。施工作业须临时用火、用电时，需经运营单位安全主管部门审批并办理临时动火、用电许可相关手续。

承包商施工人员进入车站管理区域施工的，要办理施工人员的出入证，施工期间，施工人员凭出入证和身份证明文件进出车站。

（1）运营期间，施工作业人员需进入付费区作业的，必须遵守公司的有关规定，如内部员工凭员工卡从闸机进出，外单位人员在员工通道处验证通过等。

（2）运营结束后，运营单位内部施工作业人员凭工作卡或员工卡进出车站或轨行区，外单位施工作业人员凭运营单位签发的施工作业证进出车站或轨行区。

（3）进出车站屏蔽门端门和各设备房，所有施工人员必须出示员工卡或施工作业证，车站确认进入人数及证件与本人相符后方可放行。

（4）在轨行区相邻线没有隔离的线路上施工作业时，施工人员须注意邻线列车动态，作业人员、工器具等不得侵入邻线车辆限界。

（5）施工人员、工程列车在同一区域作业（仅限于开行工程列车配合的同一施工作业）时，由施工负责人与车长根据现场情况进行协调：

1）按施工前进方向，列车在前，人员在后，原则上不得颠倒；严禁在运行的工程列车前后同时进行作业。

2）非随车施工人员与列车应有50米以上的安全间隔距离；如需要动车时，施工负责人须和车长协商后，在确保人身安全的情况下才能动车。

3）若该作业为接触网检修作业，则作业期间作业区域的接地线的位置及数量由施工负责人负责。

三、统计分析与考核

为了约束和规范施工人员行为和作业效果，运营单位的计划统计部门对相关施工作业的完成情况每月进行统计分析和考核。

（一）施工作业的统计指标

1. 计划的兑现率

计划兑现率是指各类计划中已安排施工作业项目实际完成件数与安排件数的比值。周计划兑现率要求达到90%，日变更计划兑现率要求达到100%。

2．计划的准确率

计划准确率是指对周计划、日变更计划和临时抢修计划内已安排的施工作业项目没有进行过调整、增加、删减的件数与计划安排件数的比值。周计划准确率要求达到90%，日变更计划准确率要求达到100%。

（二）考核办法

对于未按周计划、日变更计划、临时抢修计划完成的施工，进行原因分析，持续改善计划安排的准确性，合理利用施工作业占用的时间，提高工作效率。

因与临时抢修计划等特殊情况或施工作业冲突而取消的周计划、日变更计划按该项作业完成计入统计指标中。

对擅自取消作业的施工单位、部门予以考核处罚，外单位出现擅自取消作业情况的，除了处以相应的罚款外，原签发的"承包商安全生产协议书"作废。

凡有下列行为之一的，一经核实，按规定进行考核：

（1）无施工计划且未经批准擅自进入既有运营线路轨行区施工的。
（2）越过作业令批准的施工区域施工的。
（3）未按要求设置施工安全防护的。
（4）站台、轨行区内堆放的材料侵入行车限界，严重影响行车安全的。
（5）站台施工作业时或撤离施工区域后轨行区内留下足以严重影响行车安全的临时设备、设施、机具、材料或垃圾的。
（6）轨道车（或工程车）的附属设备或装载货物超限进行施工或运输的。
（7）到点不销点，严重拖延时间继续施工的。
（8）未办理动火许可证，进行动火作业的。
（9）向轨行区乱扔垃圾或撤离施工区域后没有及时清理施工垃圾的。
（10）未按要求设置专职防护人员或防护人员未按规定穿着荧光衣的。

对运营设备设施造成损坏或对运营造成影响的，除按规定进行罚款外，施工单位还应承担相应赔偿责任。

单元四　车站施工作业网络化管理

一、施工作业的网络管理

随着办公自动化系统的普及，轨道交通施工作业也实现了网络化管理，从计划编制到作业完成所有手续都在网上完成，极大地方便了作业人员，提高了作业效率。

施工作业电子流程的网络维护由专责部门负责，确保网络运作正常，保证施工作业管理电子流程的顺利实施。

网络维护及管理人员不得擅自修改数据库数据，需要修改流程时应先提出申请，得到主管部门批准后方可实施。

所有用于施工管理电子流程的操作电脑不得安装与工作无关的软件，不得影响系统的正常运行。

所有与流程有关的岗位必须按规定操作，不得盗用他人工号和密码进入系统进行操作。各岗位人员需要离开操作电脑或不进行相关操作时，必须及时退出系统，以防他人进行恶意相关操作或误操作。

二、施工作业电子流程

各车间工程师根据工作需要提出下周的施工计划，提交部门进行审批，部门对车间主管工程师提交的施工作业计划，进行删除、修改、取消（主要是对一些相冲突的作业），对已经修改好的作业计划提交给计划管理部门进行审批。

计划管理部门对各部门提交上来的作业进行协调、删除、修改、取消（主要是对一些相冲突的作业），对已经修改并审批的作业返回给提交部门生成施工作业令（如是危险作业，提交给安全部门进行审核）。

部门对已经审批的作业签发施工作业令并自动生成作业令号。

车站控制室根据实际情况对某一个作业令或者多个作业令进行预请点，预请点时必须由施工负责人输入工号和密码，外单位的施工人员必须在施工登记本上签名确认，提交给行车调度员进行批准。

行车调度员根据车站提交的预请点作业进行审批，对已经批准的作业令自动生成一个施工承认号。

对于已经生成施工承认号的作业令，车站值班员和施工负责人共同确认行车调度员批准后方可进行作业，作业完成后进行销点，并且提交给行车调度员进行核销点。

行车调度员对全部销点的作业进行核销点后该项作业结束（AF类作业请销点时无须经行车调度员批准及核销点，经车站值班员同意即可开始施工作业，在车站值班员处销点后该作业结束）。

周计划、非运营期间临时抢修计划、运营期间抢修计划电子流程如图8-1、图8-2、图8-3所示。

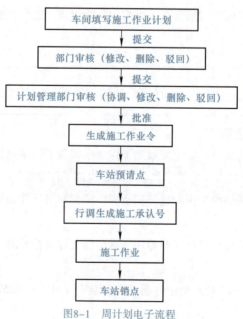

图8-1 周计划电子流程

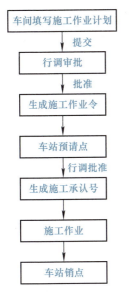
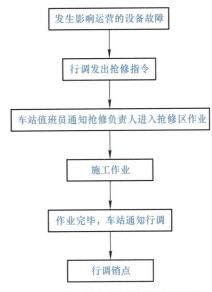

图8-2 非运营期间临时抢修计划电子流程　　图8-3 运营期间临时抢修计划电子流程

三、网络不通或临时故障时的处置办法

遇网络不通或临时故障时，周计划、日变更计划和临时抢修计划需要统一使用施工计划申报表按作业上报流程向相关人员申报。

发生网络不通或故障时根据"施工行车通告"批准施工作业；对于日变更计划及临时抢修计划，则由行车调度员根据现场情况批准施工作业，施工负责人到车站控制室请点，并填写车站施工登记本。

作业完毕后施工负责人必须到车站控制室销点，由车站值班员报行车调度员施工结束，并各自做好销点记录。

需异地销点的施工作业，施工负责人应在车站施工登记本备注栏中注明异地销点的地点、人数，办理施工请点的车站要及时通知异地销点车站的车站值班员，并告知相应的施工承认号，销点时由异地销点站车站值班员将作业代码和施工承认号报行车调度员销点，并各自做好销点记录。

如请点时网络正常，作业完毕销点不正常，相关车站应听从行车调度员的指令到相邻区间检查线路出清情况，行车调度员确认线路出清后开通线路并做好运营准备。

网络严重中断时，对于重点作业，由各部门生产调度提出，行车调度员予以优先安排。

案例　施工作业请销点程序未执行到位

事件概况：

运营结束后，AC7-01、AC7-03、AC7-04、AD7-05、AD7-07施工负责人陆续到A站车控室办理施工请点手续。

23:44，AC7-03和AC7-04施工负责人到达A站车控室与行车值班员办理施工请点手续（AC7-03和AC7-04两项作业均需接触网工班配合停电挂地线后，方可进行施工作业）。

0:33，行车值班员与AC7-01、AD7-05、AD7-07施工负责人共同确认上述作业已获行车调度员批准。

0:34左右，AC7-03和AC7-04施工负责人在车控室门外询问行车值班员施工是否已批点，行车值班员回答已经批点，但未与施工负责人共同确认行车调度员是否批点。

1:00，AC7-03施工负责人与两名施工人员进入已停电但未挂地线的作业区域进行施工。

1:40左右，行车调度员来电询问AC7-03施工负责人去向，行车值班员回复施工人员已进入轨行区。经行车调度员提醒后，行车值班员再次查看施工作业令，发现此项施工作业未经行车调度员批准。后经行车调度员同意，值班站长带一名工作人员进入轨行区寻找该项施工作业人员。

1:41，行车值班员报告值班站长，并通知相邻站派人在站台寻找此项施工作业人员。同时行车值班员反复致电施工负责人未果。

2:00左右，邻站电话通知AC7-03施工人员已经停止施工，并出清线路。行车值班员将情况报告行车调度员。

2:06，值班站长及陪同的工作人员出清线路，返回站台。

事件分析：

1. 案例中，因行车值班员和施工负责人未共同确认施工是否已获行车调度员批准，即进入轨行区施工，双方均存在安全意识淡薄、麻痹大意等问题。

2. 该项施工作业需要停电挂接地线进行防护，实际没有挂接地线，存在很大的安全隐患，因接触网未停电，可能造成人员伤亡事故，事件性质特别严重。

3. 值班站长责任心不强，对本班施工计划掌握不清，施工作业过程监督管理不到位。

事件点评：

设备维修、养护是轨道交通系统正常运营的基础保障，因受到运营时间和作业人员编制要求的限制，施工计划安排要求非常谨密，并制订一系列的安全保障要求和规定，各组织及实施方也是相互联控。为保证安全，施工组织要求在计划编制、计划审批、请点、销点等环节中各相关岗位都必须谨慎、严格执行相关规定，不能有丝毫的麻痹大意和思想放松，否则将直接导致安全事故的发生。

模 块 小 结

根据车站的结构，车站的运营区域大致分为：公共区、设备区和轨行区。轨道交通车站运营区域设备设施的养护、检查、维修以及抢修等作业，统称为车站施工作业。在不同的区域进行施工作业，根据其对车站运作的影响程度不同，如是否影响行车、是否影响服务质量等，其作业要求也不同。原则上，影响行车和服务质量的施工作业都不得在运营期间进行。

车站施工作业须遵循以下原则：①在运营时间内，原则上不准进行影响行车、影响运营服务质量的设备设施检修施工作业。②对处于进路锁闭状态的联锁设备，严禁进行检修作业。③正在检修中的设备设施需要使用时，须经检修人员同意。

所有施工作业都必须按计划规定的时间之前完成作业并销点，运营期间的抢修计划在作业完成并线路出清后应及时通知行车调度员销点。

车站在设计阶段就对车站用电负荷进行了严格界定，按三级负荷区别和分配用电。车站用电规定主要针对临时用电。

临时用电是指临时用电线路（以下简称临时线）为对地电压250伏及以下电力线路，包括低压架空线路、低压电缆线路、站（室）内配电线路等，用于直接向低压用电设备输送电能。

临时动火是指施工中所需的电焊作业。动火作业根据其作业范围不同分为三个级别（一级动火、二级动火、三级动火）。

轨道交通运营单位为了对施工作业过程进行有效的监督和控制，每项施工作业必须设一名施工负责人，如果一项施工作业有几个不同的作业地点，那么必须设立多名施工负责人，使每一个地点的施工过程都有人监督负责。施工负责人经统一组织培训合格方可上岗。

外联承包商在轨道交通范围内施工作业时，必须与运营单位签订《承办商安全生产协议书》，施工人员应严格遵守协议要求。

随着办公自动化系统的普及，轨道交通施工作业也实现了网络化管理，从计划编制到作业完成所有手续都在网上完成。

复习与实训

一、单选题

1. 为确保施工计划得以实施，轨道交通运营单位都会制定相应的考核目标，其中日变更计划准确率要求达到（　　）。

    A．70%　　　　　　B．80%　　　　　　C．90%　　　　　　D．100%

2. 以下（　　）类作业无须行车调度员批准。

    A．AC　　　　　　B．AD　　　　　　C．AE　　　　　　D．AF

3. 在站间线路施工时，由（　　）负责在该作业区域外的两端轨道中央道床上设置红闪灯防护。

    A．车站保安　　　B．车站站务员　　　C．维修人员　　　D．施工负责人

4. 在两站之间的站间正线线路因作业需要开行工程列车时，由（　　）负责掌握施工情况，监督施工安全。

    A．行车调度员　　　　　　　　　　　B．行车调度员指定的车站值班员
    C．两站值班员共同　　　　　　　　　D．站务部门安全员

二、多选题

1. 施工计划的编制周期一般以周或天计，施工计划按时间可分为（　　）。

    A．月计划　　　　B．周计划　　　　C．日变更计划　　　D．临时抢修计划
    E．周变更计划

2. 施工作业防护遵循"谁设置，谁撤除"的原则，实行（　　）。

    A．自控　　　　　B．联控　　　　　C．互控　　　　　D．他控
    E．独立控制

3. 实施临时动火作业时，动火中"四要"是指（　　）。

    A．动火前作业部门要指定现场安全负责人
    B．现场监护人和动火人员必须经常注意动火情况，发现不安全苗头时，要立即停止动火；现场监火时间不得少于30分钟
    C．发生火灾、爆炸事故时，要及时扑救

D. 动火人员要严格执行安全操作规程

E. 在动火期间，施工负责人负责办理动火手续

4. 施工负责人除了负责办理该组作业请点及销点手续外，其职责还包括（　　　）。

A. 负责该组作业人员/设备的安全管理

B. 负责作业过程的组织指挥

C. 负责及时与车站联系作业有关事项

D. 组织设置、撤销作业安全防护设施

E. 负责恢复施工所涉及设备的正常状态，并出清作业区域

三、简答题

1. 简述车站施工作业需遵循的原则。
2. 简述运营时间轨行区设备抢修的注意事项。

四、实训项目

跟岗实习：了解车站的施工作业分类和施工作业需遵循的原则，掌握车站行车施工作业流程，能写出日常的行车施工管理流程，能操作车站施工电子请销点系统和相关手续的办理。

跟随值班站长岗位当值晚班，核实当日的作业计划，掌握当日的作业项目及内容，核对施工负责人、证是否有效，外单位施工作业时如没有符合资格的施工负责人，必须由运营部门派出合格人员担任。

所有施工作业必须设置安全防护，施工作业的防护遵循"谁设置谁撤除"的原则，实行"自控、互控、他控"。需要设置红闪灯防护的施工作业，须检查确认红闪灯是否按规定摆放，状态是否良好。

请销点：所有施工作业必须按计划规定时间之前完成作业并销点。涉及用电、动火的作业时，必须具备用电、动火安全措施。

模块九 Module 9
轨道交通车站安全管理

【学习目标】

能力目标：
- 能解释轨道交通安全的原则。
- 能写出车站消防义务队的组织架构。
- 能应用车站轨行区安全的管理措施。
- 能处理车站常见的危险源。

知识目标：
- 了解车站作业安全的相关规定。
- 理解车站消防安全管理的操作规程。
- 掌握车站常见危险源的控制措施。

模块九 学习导引

城市轨道交通相比其他公共交通工具而言，其运量大，设备设施科技含量较高，一旦发生事故就会造成严重的后果。车站是轨道交通运营的窗口单位，车站的安全管理不仅关系着乘客的出行安全，同样也影响乘客对轨道交通交通安全运营的信心。

在生产活动中，为消除事故隐患和防止有害因素向事故转化，所采取的必要措施和进行的管理活动称为安全管理。

轨道交通安全管理，就是按照轨道交通安全生产的规律，通过各种管理活动，合理组织轨道交通运输生产中的人力、物力、财力和信息等资源，提高员工队伍素质，提高设备质量，提高规章制度的有效性和作业行为的准确性，从而达到有效控制轨道交通设备事故、行车事故和人员伤害事故的发生，保证运输安全，取得良好的经济效益和社会效益。

新闻回放　城市轨道交通安全考问监管责任

"7·23"甬温线动车追尾事故余音未了，上海两列地铁再次撞响城市轨道交通安全的警钟。2011年9月27日14时51分，10号线豫园至老西门下行区间两列车发生追尾。当天，上海地铁通过官方微博就追尾事件道歉，称"今天是上海地铁运营有史以来最黯淡的一天"。

事实上，上海地铁并非第一次"体会"这种黯淡。2011年8月2日上午10时38分，上海地铁10号线开往新江湾城方向的列车在宋园路至虹桥路区间突发故障，致使列车无法继续开行。故障主因是列车的主控制器发生故障，使车上设备处于完全锁闭状态，乘客排队从司机室车门处撤离。

7月28日晚高峰，一列满载乘客、本应开往航中路方向的上海地铁10号线列车，却反常地朝虹桥火车站方向开出。上海地铁表示，地铁运营方已责成信号供应商进一步查清故障发生的具体原因，提出针对性整改措施，严防此类故障再次发生。

"接连发生的地铁故障，大部分问题集中在信号系统和供电设备这两个方面。"北京交通大学城市轨道交通研究中心副主任梁青槐在接受中国经济时报记者采访时指出，如果存在实质性的安全隐患，必须高度重视。

"生产安全事故的监管责任在政府。"北京大学政府管理学院行政管理系主任肖鸣政对本报记者表示，政府的责任更加直接，更应该承担监管责任。安全在公共交通中始终处于第一位。违背科学规律引发的质量安全事故，影响了公众出行的安全性和便利性，并将严重抵消政府公共投资的正面效果。地铁等公用事业的发展，要求政府责无旁贷地督促逐利的企业做好公共管理，保障公共安全。

（资料来源：中国经济新闻网《中国经济时报》）

单元一　车站危险源识别与控制

《中华人民共和国安全生产法》中强调，安全生产管理，坚持"安全第一，预防为主"的方针。

所谓"安全第一"，就是说在生产活动中，要始终把安全工作放在首位，在任何情况下，企业都要做到工作落实、责任到位、制度保证、设备可靠。

所谓"预防为主"，就是把事故隐患消除在萌芽状态，把潜在危险转化为安全因素，有效防止事故的发生。在日常的生产管理中，对生产各个环节可能发生的问题进行提前预测，并根据预测的情况进行详细、全面的分析，并制定出相应的防范措施，杜绝事故的发生。

一、轨道交通安全管理的原则

轨道交通安全管理必须遵循以下几个原则：

1. 管生产必须保安全的原则

管生产必须保安全，体现了安全与生产的辩证关系以及安全生产的重要性。

2. 抓小防大的原则

从生产实践来看，小事故发生的频率大大高于大事故、重大事故、特大事故。如果对小事故不抓、不处理，就会漏放很多危险因素，导致大事故的发生。所谓"抓小"就是不放过任何小事故、事故苗头，防患于未然。

3. 坚持事故处理"四不放过"的原则

对已经发生的事故，要如实报告，按照"四不放过"原则（即事故原因分析不清不放过，事故责任人未受到处理不放过，责任人和群众没有受到教育不放过，没有制定整改防范措施不放过）分析原因，吸取教训，制定整改措施，防止事故再次发生。

4. 集中统一指挥的原则

轨道交通系统是车辆、机电、工建、供电、信号、通信、站务、乘务等多个专业系统组成的庞大的联动机。各专业系统在轨道交通运营生产中都担负着重要而特定的职责，互相衔接，密切协作，因此，轨道交通安全管理必须贯彻集中统一指挥的原则。

二、车站危险源的定义及分类

危险源是指可能造成人员伤害、职业病、财产损失、作业环境破坏等后果的原因和状态。危险源分为物理性危险源、化学性危险源、生物性危险源、心理和生理性危险源、行为性危险源、其他危险源。

1. 物理性危险源

物理性危险源包括以下类别：设备设施缺陷、防护缺陷（无防护、防护装置缺陷、防护不当、防护距离不当等）、电危害（带电部位裸露、漏电、雷电、静电、电火花等）、噪声危害、振动危害、电磁辐射危害、运动物危害、明火、能造成灼伤的高温物质、能造成冻伤的低温物质、粉尘与气溶胶、环境不良、信号缺陷（无信号设施、信号选用不当、位置不当、不清、显示不准等）、标志缺陷（无标志、标志不清楚、标志不规范、标志选用不当、标志位置缺陷、其他标志缺陷）等。

2. 化学性危险源

化学性危险源包括以下类别：易燃易爆物质（易燃易爆气体、液体、固体、粉尘与气溶胶等）、自燃性物质、有毒物质、腐蚀性物质等。

3. 生物性危险源

生物性危险源包括以下类别：致病微生物、传染病媒介物、致害动物、致害植物等。

4. 心理、生理性危险源

心理、生理性危险源包括以下类别：负荷超限（体力负荷超限、听力负荷超限、视力负荷超限等）、健康状况异常、从事禁忌作业、心理异常（情绪异常、冒险心理、过度紧张等）、辨识功能缺陷（感知延迟、辨识错误）等。

5. 行为性危险源

行为性危险源包括以下类别：指挥错误、操作失误、监护失误、其他行为性危险和有害因素等。

6．其他危险源

除了上述类别外，其他危险源包括人为纵火、恐怖袭击、打架、斗殴、盗窃、抢劫等。

三、车站危险源识别方法

针对车站运营特点，主要采用"流程—设备—人员分析法"进行危险源的识别。具体做法：将行车、客运等活动划分为具体流程，针对流程的人员活动、设备设施、作业环境和能源的输入—输出，分别识别出设备设施的不安全状态、人的不安全行为、作业环境、突发事件、相关方等各种类型的危险源。

（一）直接观察法

直接观察法采用查询资料、现场观察、人员访谈、发调查表等方式，对危险源进行分析，主要分为以下两种：对照、经验法，类比方法。

1．对照、经验法

对照有关标准、检查表或依靠分析人员的观察分析能力，直观凭经验对危险源进行识别、评价。

2．类比方法

利用相同或相似作业条件的经验和统计资料来类推、分析危险源。

（二）系统安全分析法

采用事件树（ETA）、事故树（FTA）对复杂系统、没有事故经验或认识程度较浅的新系统进行危险源分析。

四、危险源风险控制

危险源风险控制总的原则是根据风险级别的不同以及成本效益的原则选择适合的、充分的控制措施。应根据单位经济情况，通过实施硬件设备设施的安全技措项目提高安全绩效，也可制定少投入或基本不投入的软性目标。为确保安全生产，必须严格执行相应的班组安全生产制度，如班组安全生产责任制、班组安全教育制度、事故报告制度、班组思想政治工作制度、班组安全考核制度等。

（一）班组安全教育

安全教育必须贯穿于班组生产过程，要不断提高员工对安全生产重要性的认识，使员工增强安全责任感和自我保护意识。

1．安全教育的主要内容

安全教育的主要内容包括：

（1）了解本岗位的任务和作用、生产特点、生产设备、安全设备（包括有毒、有害情况及危险岗位或处所）。

（2）学习本岗位安全规章制度、安全操作规程，以及工种、岗位之间衔接配合的安全规章、规定和劳动卫生纪律。

（3）了解本岗位个人防护用具的性能和使用方法。

（4）了解本岗位、同岗位各类典型安全事故、事故苗头发生的经过和教训。

2．安全教育的形式和方法

为了实现运输安全，必须通过各种形式和方法，对员工进行经常性的安全教育。其内容主要有以下几个方面：

（1）安全思想教育。这是安全教育的重点所在，内容包括安全生产方针、政策、重要意义、劳动纪律、作业纪律、各项规章制度和典型事故案例教育等。通过正反两方面的教育使基层作业人员和各级管理人员牢固树立"安全第一"的思想，强化"预防为主"的意识，正确处理好安全与效率、效益的关系。

（2）安全知识教育。包括安全生产技术知识和安全管理知识教育，目的是解决应知的问题。前者包括运营生产特点、安全特性、设备性能、各部门作业方法及规范要求、事故成因及预防等，后者主要是针对安全管理人员而进行的安全教育，内容包括运营安全管理体制和各部门安全管理体系的构成与运作、事故预测和预防，安全系统评价的基本原理和方法。

（3）安全技能教育。这是通过对作业人员进行长期、反复训练及本人实践，把所学到的安全知识转化为动手能力的过程，主要是解决应会的问题。内容包括岗位熟练操作，防止误操作和处理异常情况的技术、知识和能力。

（4）事故应急处理教育。一般应包括事故应急处理知识教育、自我保护和自救互援教育、事故现场保护方法教育和事故应急处理演习等。通过上述教育能有效地防止事故损失扩大，为清理事故和迅速恢复正常运输秩序创造有利条件。

（二）班组安全控制

安全事故发生的诱因主要分为人的不安全行为、物的不安全状态、管理上的缺陷等。因此，班组安全控制主要是对人和物的控制。班组安全控制的主要环节包括人员素质控制、作业过程控制、设备质量控制、劳动环境控制和安全重点控制。

1. 人员素质控制

实践证明，在安全生产中，最重要、最持久的决定因素是人的安全素质。因此，班组安全控制首先是人员素质的控制，它包括人的安全思想素质、技术业务素质、心理素质、生理素质、群体素质。这几个素质都达标或处于最佳状态，人的主观能动性才能发挥作用，安全生产才会处于有序可控状态。

2. 作业过程控制

作业过程控制就是要建立一整套岗位标准，将自控、他控、互控结合起来，将预先控制、现场控制、事后控制结合起来，实现科学有效的控制，从而实现安全的规范化管理，为此，一是要严格执行技术作业指导书和技术标准；二是要做好技术作业标准的考核和评价。

3. 设备质量控制

分析事故发生的原因，除人的因素外，设备质量不良也是威胁安全的一个重要因素。因此，设备质量控制也是班组安全控制的一个主要环节。

4. 劳动环境控制

劳动环境是指劳动场所的作业条件。每个员工都希望自己有一个安全的劳动环境，使自己的身体不受工作伤害。这不仅是员工自身的需要，也是企业经营管理的主要责任，是企业安全生产的需要。

5. 安全重点控制

安全重点控制就是要突出重点，抓住关键，落实好标准化作业，实现安全重点控制。

（三）车站常见的危险源及控制措施

1．人工手摇道岔错排列车进路

可能造成的后果：列车冲突、挤岔、脱轨等。

卡控措施：

（1）熟识进路排列中道岔的正确位置。

（2）手摇道岔排列进路前，了解列车位置和需排列的进路。

（3）正确掌握人工准备进路操作步骤及安全要素。

（4）加强联防互控，落实双人确认和复诵制度。

（5）司机慢速过岔，认真确认道岔开通位置。

2．在道岔故障需人工准备进路时，未征得行车调度员同意，擅自进入轨行区准备进路

可能造成的后果：员工伤亡。

卡控措施：

（1）行车值班员在向准备进路人员布置任务时，提醒下轨行区前与行车调度员联系。

（2）值班站长及准备进路人员进入轨行区，必须征得行车调度员同意。

（3）随行人员提醒值班站长是否已获得行车调度员同意。

3．未认真进行运营前检查工作，线路存有危及行车的障碍物

可能造成的后果：损坏车辆设备。

卡控措施：

（1）值班站长严格按规定进行运营前准备检查。

（2）行车值班员通过电视监控系统进行监督。

（3）值班站长完成运营前准备工作检查后，在值班员登记本上签名确认。

（4）发现线路存有危及行车的障碍物，报行车调度员后及时处理。

（5）加强日常抽查落实情况。

4．未经行车调度员同意，擅自在运营时间打开屏蔽门进行轨行区拾物

可能造成的后果：员工伤亡或影响正线列车运行。

卡控措施：

（1）运营时间出现物品掉落轨行区须拾物时，值班站长或行车值班员通过电视监控系统监督各岗位人员严格执行轨行区拾物应急处理程序。

（2）运营时间需经行车调度员同意，按压相应紧停按钮并将打开的屏蔽门进行隔离或断电后，方可进行轨行区拾物。

（3）行车值班员在得到行车调度员同意后，先按压紧停按钮。

（4）现场人员确认后，在站台按压紧停按钮进行安全防护。

（5）司机进站时注意控制速度。

5．车站发生火灾等公共突发事件

可能造成的后果：车站停止运营。

卡控措施：

（1）各岗位加强车站巡视，及时发现情况。

（2）发现火情或险情时，及时正确处理，争取将隐患消除在萌芽状态。

（3）及时、正确执行相关应急预案。

6. 施工结束后，车站未及时撤除放置在钢轨上的工器具或防护设备

可能造成的后果：列车冲突、挤岔、脱轨。

卡控措施：

（1）车站严禁在钢轨面上设置红闪灯，值班站长负责检查。

（2）在工具袋上贴上各类工器具清单，作业完毕收拾工具时与清单逐一核对。

（3）严格按规定对车站施工进行监督，在施工销点完毕后，值班站长安排车站人员将本站配合施工所设置的防护设备撤除，确认线路出清。

7. 车站范围施工作业需动火时，车站监督不到位，未做好安全防护措施

可能造成的后果：车站火灾。

卡控措施：

（1）动火施工计划，站长或值班站长要重点交代要求。

（2）值班站长严格按规定对车站施工进行监督，检验动火令是否有效，对施工负责人进行安全提醒，并检查施工安全防护设置情况。

（3）施工过程中，车站须安排工作人员对施工现场进行监督和巡视。

（4）车站范围的施工结束后，值班站长需确认现场无遗留火种。

8. 在系统计算机上违规下载安装非法软件，影响该系统设备正常运作

可能造成的后果：运营时间内系统设备全线瘫痪。

卡控措施：

车站每星期检查一次系统计算机是否安装下载与工作无关的软件，发现后立即删除，及时汇报，查找出责任人，并按相应考核规定进行考核处分。

9. 错收、错传，或漏收、漏传行车调度命令

可能造成的后果：正线行车事故。

卡控措施：

（1）接受、传达、布置命令严格执行双人确认和复诵制度。

（2）在接收施工作业中的行车命令后，需核对施工作业计划。

（3）车站每月对行车标准用语进行培训和达标验收，规范行车用语，减少口误。

（4）递交调度命令时，按规定由车站值班员及以上人员向施工负责人或司机递交，并认真听取复诵。

10. 采用站间电话行车法时，前方站进路未准备妥当或未接到前方站电话记录号码，就通知接发车人员填写路票发车

可能造成的后果：列车冲突、挤岔。

卡控措施：

（1）加强联防互控，严格执行呼唤应答复诵制度。

（2）接到前方站同意接车的电话记录号码（确认前方站接车进路准备妥当，人员出清），列车到站后，方可通知站台接发车人员填写路票，复诵确认无误与司机办理凭证交接手续。

（3）站台接发车人员接到指令后，提醒行车值班员是否已得到邻站许可。

11．打开屏蔽门进行故障处理时，未采取安全防护措施

可能造成的后果：致使人员、物品跌落轨行区。

卡控措施：

（1）加强站台乘客疏导工作，车控室及时播放安全广播。

（2）设置安全防护栏或专人看护，防止物品或乘客跌入轨行区。

（3）行车值班员通过电视监控系统进行监督。

12．运营时间内，未经批准擅自同意抢修人员或闲杂人员进入轨行区

可能造成的后果：人员伤亡。

卡控措施：

（1）在所有通往轨行区的门上张贴安全警示。

（2）严格执行轨行区管理规定，未经车控室同意及身份未确定的人员一律不准进入端门。

（3）行车值班员通过电视监控系统进行监督。

13．运营期间，屏蔽门端门、应急门未锁闭或擅自打开屏蔽门

可能造成的后果：致使人员、物品跌落轨行区；屏蔽门受损，影响列车正线运行。

卡控措施：

（1）严格执行屏蔽门故障处理程序，不得违规操作屏蔽门。

（2）车站加强屏蔽门钥匙的监管。

（3）进出端门时，及时关闭端门并确认端门处于关闭状态。

（4）按规定进行运营前检查工作和加强站台巡视，确认站台设备状态良好。

单元二　车站消防安全管理

车站由于其特殊的环境，一旦发生火灾，极有可能造成重大人身伤亡事故和财产损失，因此车站是轨道交通重点防火部位。消防安全是车站安全管理中的重要内容之一，其中包括建立消防安全制度，规范消防操作流程，进行相关消防培训，建立及不断更新消防档案，建立义务消防队等。

一、轨道交通消防安全概述

根据消防法规的有关规定，轨道交通运营单位应逐级落实消防安全责任制和岗位消防安全责任制，建立消防安全管理网络，明确各岗位消防安全职责，确定各部门、各岗位的消防安全责任人。各部门结合本部门的特点，建立健全各项消防安全制度和保障消防安全的操作规程。

轨道交通运营单位成立义务消防队，日常管理由公司安全主管部门负责，在业务上接受市消防部门的指导。

1．消防安全制度

消防安全制度主要包括以下内容：

（1）义务消防队的组织管理。

（2）消防安全教育、培训。

（3）火灾应急预案制定与演练。

（4）消防设施、器材维护管理，安全疏散设施管理。

（5）用火、用电安全管理。

（6）易燃易爆危险物品和场所防火防爆、防泄漏，防火巡查、检查。

（7）燃气和电气设备的检查和管理（包括防雷、防静电）。

（8）火灾隐患整改。

（9）消防安全工作考评和奖惩等。

2．消防安全操作规程

各部门应当保障分管范围内的疏散通道、安全出口畅通和消防器材有效可用，维修部门负责保持管辖范围的防火门、防火卷帘、消防安全疏散指示标志、应急照明、机械防排烟送风、火灾自动报警系统、水消防系统和气体消防系统等消防设施处于正常状态。

严禁下列行为：

（1）破坏消防设备设施。

（2）未经批准，挪用消防器材或消防水。

（3）占用疏散通道。

（4）在安全出口或者疏散通道上安装栅栏等影响疏散的障碍物。

（5）在运营、生产、工作等期间将安全出口上锁、遮挡或者将消防安全疏散指示标志遮挡、覆盖。

（6）其他影响安全疏散的行为。

二、车站义务消防队

1．组织架构

根据消防管理要求，车站应建立义务消防队，实行"统一领导、分级管理"的原则。其隶属关系如图9-1所示。

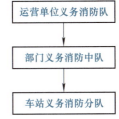

图9-1　消防队隶属关系图

轨道交通运营单位义务消防队：这是群众性不脱产的消防队伍，贯彻"预防为主，防消结合"的方针，负责运营单位范围内的防火、灭火工作，并积极协同专职消防队和公安消防队扑救外单位火灾。

部门义务消防中队：运营单位各部门成立义务消防中队，负责本部门消防责任范围内的防火、灭火工作及应急救援工作。队长由部长担任，日常培训、训练及演练工作由部门安全员负责。

车站义务消防分队：各车站设义务消防分队，由主管部门义务消防中队负责管理，负责沿线各站的防火、灭火工作及应急救援工作。

各级义务消防队组织机构包括：灭火行动组、通信联络组、疏散引导组、安全防护救护组，按照正常当班每班人员不少于5人组建（如人数不够5人，则应全员参加），消防器材装备配备根据实际需要确定。各级义务消防队应定期组织义务消防队员集中学习消防知识和训练消防技能，全年不少于4次。

2．车站消防要求

（1）车站内应严格控制可燃材料，车站建筑、装修材料和列车车厢内装饰材料的选用应符合相关的设计规范。

（2）车站站厅、站台、列车车厢和管理用房内的垃圾应及时清理，可燃垃圾堆积时间不应超过一昼夜。

（3）车站内严格禁止吸烟，车站站厅、站台、管理用房和列车车厢、隧道内张贴"严禁吸烟"的标志。

（4）车站站厅、站台、管理用房和列车车厢不得采用明火、电炉和电热取暖器采暖。

（5）机电设备设施中的变压器、带油电器设备应定期巡检和维护。

（6）各级配电设备应安装完善的过负荷、漏电、欠压、过压等保护电路和报警装置，各类电气设备应加装防止打火、短路的装置。

（7）对于车站、列车内无主或无人认领的包裹、行李应转移至远离乘客的安全区域或通知公安处理。

（8）发生火灾时，应当立即实施火灾应急预案，务必做到及时报警，迅速扑救火灾，及时疏散人员，任何人都应当无偿为报火警提供便利，不得阻拦报警，为公安消防机构抢救人员、扑救火灾提供便利和条件。

（9）火灾扑救后，发生火灾地点的消防责任部门应当保护现场，接受事故调查，如实提供火灾事故的情况，协助公安消防机构调查火灾原因，核定火灾损失，查明火灾事故责任。未经公安消防机构同意，不得擅自清理火灾现场。

三、车站消防管理

（一）消防安全培训

车站应当通过多种形式开展经常性的消防安全宣传教育，如岗前安全教育、在岗安全教育等。车站员工的在岗消防安全培训至少每季度进行　次，宣传教育和培训内容应当包括：

（1）有关消防法规、消防安全制度和保障消防安全的操作规程。

（2）本单位、本岗位的火灾危险性和防火措施。

（3）有关消防设施的性能、灭火器材的使用方法。

（4）报火警、扑救初起火灾以及自救逃生的知识和技能。

（5）组织和引导火灾现场乘客疏散的知识和技能。

（二）消防档案管理

消防档案应当包括消防安全基本情况和消防安全管理情况。消防档案应当翔实，全面反映车站消防工作的基本情况，并附有必要的图表，根据情况变化及时更新。

1．消防安全基本情况

消防安全基本情况应当包括以下内容：

（1）车站基本概况和重点防火部位情况。

（2）所负责管理区域内的建筑物或者场所施工、使用前的消防设计审核、消防验收及消防安全检查的文件、资料。

（3）消防管理组织机构和各级消防安全负责人。

（4）消防安全制度和消防安全操作规程。

（5）消防设施、灭火器材情况。

（6）义务消防队人员及其消防装备配备情况。

（7）与消防安全有关的重点工种人员情况。

（8）新增消防产品、防火材料的合格证明材料。

（9）消防安全疏散图示及火灾应急预案。

2. 消防安全管理情况

消防安全管理情况应当包括以下内容：

（1）公安消防机构颁发的各种法律文书。

（2）消防设施定期检查记录、自动消防设施全面检查测试的报告及维修保养的记录。

（3）火灾隐患及其整改情况记录。

（4）防火检查、巡查记录。

（5）有关燃气、电气设备检测（包括防雷、防静电）等记录。

（6）消防安全培训记录。

（7）火灾应急预案的演练记录。

（8）火灾情况记录。

（9）消防奖惩情况记录。

档案中的检查记录应当记明检查的人员、时间、部位、内容、发现的火灾隐患及处理措施等；培训记录，应当记明培训的时间、参加人员、内容等；演练记录，应当记明演练的时间、地点、内容、参加部门及人员等。

单元三　车站轨行区安全管理

一、轨行区管理划分

简单来讲，轨行区就是供列车行驶的轨道区域。车站轨行区以车站站台屏蔽门（或安全门）作为分界点。车站两端墙间内方的线路为站内线路（简称站线），两相邻车站相邻端墙间的线路范围称为区间。

轨道交通轨行区由控制中心行车调度员统一管理，进入轨行区必须经行车调度员同意。安装有屏蔽门（或安全门）的车站需经由屏蔽门（或安全门）的端门处进出轨行区，端门平时处于锁闭状态，钥匙由车站保管。

车站站台两端屏蔽门（或安全门）端门附近均设有保安24小时值守，负责进出轨行区施工人员的核实与登记。

正常情况下，屏蔽门的滑动门、应急门应处于关闭状态，端门处于锁闭状态，施工人员须从端门进出轨行区，如涉及体积较大的设备搬运时，经车站同意后，可从滑动门、应急门处进出。

施工人员进出轨行区时，须向车站站台保安出示相关凭证，经确认进入人数、证件与本人相符后放行。

二、车站轨行区安全管理要求

一般情况下，施工人员要进入轨行区均需要得到行车调度员的批准及车站的许可：

（1）运营结束后，本单位施工作业人员凭员工卡或运营单位认可的有效证件进出车站轨行区，外单位施工作业人员凭运营单位签发的施工作业证进出车站轨行区。

（2）运营期间，各车站应加强屏蔽门端门和各设备房的管理，进出端门和设备房的人员必须出示员工卡或施工作业证，车站确认进入人数及证件与本人相符后方可放行。

（3）凡进入线路施工的施工作业人员，必须按要求穿荧光衣，并根据作业性质及作业要求使用其他安全防护用品。

单元四　车站作业安全

一、车站行车作业安全
（一）施工作业

（1）施工作业防护遵循谁设置谁撤除的原则，实行"自控、互控、他控"。

（2）所有施工作业必须按施工管理规定，以及各专业的检修规程的规定设置安全防护，施工负责人应检查落实施工作业的安全防护措施，确保防护到位，杜绝安全隐患，所有施工作业部门应根据各专业的作业性质和实际情况，制定并落实好安全防护措施，确保施工作业的安全。

（3）站内线路施工时，由施工负责人（或由其指定专人）在车站两端端墙外轨道中央的道床上设置红闪灯防护；在站间线路施工时，由施工负责人（或由其指定专人）在作业区域外的两端轨道中央的道床上设置红闪灯防护，如两端车站在靠近作业区域一侧的端墙看不清红闪灯时，站务人员负责在靠近作业区域一侧的端墙处站台上设置红闪灯防护。

（4）红闪灯设置人员应定期检查红闪灯是否按规定摆放及红闪灯状态是否良好。

（5）开行磨轨车、轨道巡检车、接触网检测车、隧道冲洗车、工程列车运送物料等工程作业时，以机车自带的红灯作为防护信号，不另设红闪灯在道床上。

（6）遇到跨站施工时，由施工负责人在作业区域外两端轨道中央的道床上设置红闪灯防护，作业区两端车站根据需要设置红闪灯防护。

（7）在施工作业时间内进行的检修需操作转换道岔时，要做好现场安全防护，加强联系，作业单位或部门在被操作道岔的作业现场应设防护人员，现场防护人员通知并确认所有作业人员撤离到安全地点时，方可通知车控室远程操作道岔的人员操作转换道岔。

（8）所有施工作业结束后，车站、控制中心人员须测试检查系统设备工作正常，如需操作转换道岔时，必须在所有施工作业销点并线路出清后，在确保安全的前提下进行。

（9）运营结束后，除开行工程车、调试列车所需外，行车调度员须及时将所有道岔电子锁定，以防误动。道岔电子锁定后严格执行"谁上锁谁解锁"的原则。在联锁控制权下放至车站后，车站需经行车调度员同意后，方可对原电子锁定的道岔进行解锁操作，且道岔转换到位后须重新电子锁定。

（10）所有施工作业人员应加强自我保护意识，在线路上行走时，严禁足踏岔尖和道岔传动部分，非作业需要，不得将手脚伸入道岔间隙，当听到转辙机转换声或发现道岔转换时，应及时撤离到安全地点。

（11）凡在运营时间内进行作业的，必须做好防护措施，确保乘客的安全，最大限度减少对乘客的影响。

（二）行车安全检查

为加强安全管理工作，确保行车安全，各级安全管理部门及行车相关部门均应建立健全行车安全检查制度。

行车安全检查按检查形式分为日常性检查和周期性检查；按检查范围分为全面检查和专项检查。

检查内容包括行车安全知识、行车业务技能、作业标准化、行车备品、行车台账及培训等。

二、车站票务安全

车站的现金，主要由两大部分构成：一是设备和人工收取的票款；二是用于自动售票机找零和客服中心进行乘客事务处理的备用金。车站备用金的使用范围应严格控制，不得挪用，各站之间不得擅自互相调拨备用金。

（一）车站现金管理规定

（1）严格执行"收支两条线"的管理规定，严禁坐收坐支、挪用备用金。

（2）严格执行"账实相符"的管理规定，严禁弄虚作假、虚报瞒报。

（3）备用金与票款实行分区管理，避免发生备用金误解行现象。

（4）备用金交接、盘点时，如发生短款必须由责任人即时补齐。

（二）现金安全区域规定

车站的现金只能存放在车站票务室、客服中心和售票设备钱箱中。

（1）现金安全区域内严禁存放私人钱、票。

（2）车站客服中心内所有的现金均须放在专门的现金屉及配票箱中（硬币除外）。

（3）车站客服中心内的票款和备用金必须放在乘客接触不到的地方。

（4）任何非当班票务工作人员未得到车站当班值班站长的许可，不得进入车站客服中心。在非运营时间，车站工作人员不得进入客服中心开启、操作票务处理机。

（5）在非运营时间，除车站当班客运值班员、值班站长、售票员、厅巡外，任何人员不得进入车站票务室，除非有特殊情况时，由值班站长或站长批准进入，必须有当值客运值班员陪同。

（6）票款及备用金须车站当班工作人员双人清点，清点后放入车站票务室的保险柜内保管。

（三）车站收取伪钞的处理规定

（1）车站相关人员应严格把关，以"谁收取，谁补还"为原则，杜绝伪钞流入。

（2）乘客交付的现金均需经过人工及验钞设备的识别，售票员发现伪钞应交还乘客，请乘客另换一张。

（3）对于验钞设备和人工都不能确认真伪的钞票，应交还乘客，请乘客另换一张。

（4）车站收受伪钞处理程序：

1）若在售票员与客运值班员交接时，发现收取的钞票有明显的失真特征或可通过验钞机识别为伪钞，由收款人负责补足票款。

2）若为银行点收票款时发现伪钞，由相关票款的封装人员负责补足票款。

3）若为自动售检票设备或验钞设备误收，立即由当事人及值班站长封装假钞同时报票务部门处理。

（四）车站票务备用金管理规定

1. 票务备用金的使用

（1）用于车站的售票系统找零及乘客兑零备用。

（2）用于单程票及特殊情况下的退票款。

（3）用于乘客事务处理。

2. 票务备用金的管理

各车站根据客流情况确定备用金需求量，经票务部门审核后，报财务部门审批后配备。若遇节假日和可预见性大客流，车站票务备用金需要增加，车站应提前一周向票务部门提出。大客流过后，票务部门及时对车站票务备用金进行调整，恢复正常情况下备用金配备量，车站上交的备用金随同当天票款收入解行，待银行的回单交至票务部门确认后，由票务部门上交财务部门调减。

车站备用金的任何使用都需经当班客运值班员及以上岗位人员批准，并及时登记"备用金借出记录表"备案。车站备用金若出现账实差额情况，由当事人负责补齐，并报票务部门处理。

（五）报表管理

（1）报表填写必须真实、准确、完整、及时。

真实：报表必须由相关人员填写且如实反映票务情况，不得捏造事实，弄虚作假。

准确：报表填写前认真核对实际情况，以正确无误的数据填列，并要仔细复核。

完整：必须按报表所列事项填写，不得遗漏。

及时：报表必须在规定期限内填制完毕，并按规定时间上交，不得故意延误时间。

（2）属于过底的报表，一定要写透，不要上面清楚，下面模糊。报表的各项指标必须按要求填写，不应随便空格不报，若因客观原因不产生数字的空格用"—"符号表示。

（3）必须用蓝色或黑色笔填写，字迹必须清晰、工整，不得潦草。属于过底的报表用圆珠笔填写，属于非过底的报表用钢笔或签字笔填写。填写人员必须用私章确认。

（4）阿拉伯数字应一个一个地写，不得连笔书写。对金额一项，小数点后无数时，应写"00"或"—"。

（5）报表填写发生错误时，不得刮擦、挖补、涂抹或用化学药水更改字迹。更改数字必须用"画线更正法"。应用"画线更正法"更正时，在报表中错误文字或数字上划一红线，以示注销，要求划去整个错误数字，然后在该处盖上更改人员修正章以示负责；若更改次数过多导致报表不清时，应另填写一份，该报表作废。

（6）原始凭证不得随意更改，如确实需要进行更改，必须由本人用"画线更正法"进行更改，其他人员审核原始凭证时发现错误，不得进行更改，可进行备注说明。

（7）报表在写坏作废时，应当加盖"作废"戳记，全部保存，不得撕毁。

三、车站客运服务安全

（一）进站

1. 乘客进站

（1）确认本站各出入口的导向标志指引清晰、正确，能正确地指引乘客找到出入口，若地面导向标志损坏，指示错误或不明晰，车站员工应及时放置临时标志并报告车站控制室报修。

（2）确认出入口公告栏信息（票价、时刻表等）、通道、站厅处的小画框关于乘客乘车规定等宣传资料清晰、齐备。

（3）确保通道照明设施状态良好，有足够的光亮度。

（4）确保各种悬挂设施牢固、稳定、完整，非悬挂设施完整无缺，没有伤及乘客的危险。

（5）确保通道、站厅卫生清洁，无杂物、纸屑、积水，若发现地面不清洁或有积水，立即通知保洁处理，并在有积水处放置"小心地滑"的告示牌。

（6）雨天水浸出入口时，关停出入口处的自动扶梯；在出入口与地面、站厅交界处放置"小心地滑"的告示牌；在出入口设置挡水板（木板、沙袋等），并通知保洁人员清扫积水。

2. 乘客携带大件行李进站

（1）将物品度量器摆放在进、出站闸机明显的地方，如图9-2所示，有利于工作人员进行测量和乘客进行识别。

（2）当乘客携带超长、超重的行李时，向乘客解释："对不起，您不能携带超长（超重）的物品进站，请您改乘其他交通工具。"

（3）必要时，协助乘客将所携带的但在规定范围内的大件行李带进站。

图9-2 物品度量器

3. 乘客携带气球（宠物）进站

工作人员应及时制止，并向乘客解释："对不起，为了您的安全（保持车站的环境），请不要携带气球（宠物）乘车，多谢合作。"

4. 乘客携带易燃、易爆、有毒等危险、管制物品进站

（1）工作人员应及时劝止，并向乘客表明："对不起，为了您和他人的安全，严禁携带危险、管制物品进站，请随我到警务室进行处置。"

（2）带领乘客到车站警务室。

5. 乘客进站时乱扔乱吐

（1）工作人员应及时制止，并解释："对不起，在公共场所乱扔乱吐，您将被处以罚款，请您下次注意。"

（2）厅巡立即通知保洁进行清扫，不得影响车站的环境。

（二）购票

1. 当乘客询问如何购票时

（1）厅巡应该多巡视，发现乘客兑零后仍不知如何买票时，厅巡要主动指引乘客到自动售票机上购买单程票。

（2）当乘客询问如何购票时，车站工作人员耐心回答："如果您需要买单程票，请到自动售票机处购买，如果您需要买储值票，可直接在客服中心购买。"

（3）对重点乘客应给予积极主动的服务。

2. 当乘客使用的设备不正常时

（1）当乘客使用的自动售票机等设备不正常时，厅巡应该立即挂"暂停服务"牌，并请乘客使用另一部机器。

（2）同时报车站控制室设备故障，及时通知相关人员维修。

3. 乘客购买储值票

（1）售票员严格执行"一收、二唱、三操作、四找零"的程序，并且提醒乘客："请核对您的车票。"确认无误后，说："找您××元和车票。"

（2）乘客充值时，售票员操作完毕后应说："请核对一下显示器所显示的数额是否与您刚才

的充值额相符。"

4．乘客在客服中心前排长队

（1）根据排队情况和持续时间，值班站长安排实施双人售票，或者加设临时售票处。

（2）厅巡加强引导。

5．面对兑换大量硬币的乘客或商铺人员

售票员耐心向乘客解释："对不起，由于您的兑换金额太大，请到银行兑换硬币，否则会影响对其他乘客的服务。多谢合作！"

6．面对不排队的乘客

售票员应该礼貌地向乘客指出应该排队等候购票，不给予其超前办理。

厅巡应该做好相应的引导工作，维持好排队秩序。

7．如何处理乘客付给的假币

（1）售票员发现乘客使用假币，应礼貌地要求乘客："请您另外换一张人民币。"

（2）如乘客不愿配合，可报告值班站长出面处理。

（3）若遇到面值较大或数量较多的假币，应立即报告值班站长并请公安人员出面处理。

（三）进闸

（1）乘客进闸。对第一次使用车票进闸的乘客，特别是老年乘客，工作人员要给予协助。

（2）发现超高小孩逃票、成人逃票或违规使用车票的乘客：

1）在进站闸机、客服中心处设立明显的规定高度标尺；加强对进站闸机的巡视。

2）发现无票的超高小孩或故意逃票的成年人，应马上上前制止。

3）<u>若发现违规使用车票的乘客（特别是成人使用学生票的行为）</u>，可按规定处以罚款，必要时找公安人员配合。

（3）乘客进闸时正在饮食，厅巡应该马上制止，并向乘客解释："请勿在车站内饮食，谢谢合作！"

（4）遇行动不便乘客，厅巡、保安及时安排并帮助其乘坐垂直电梯。

（四）候车

（1）发现有乘客吸烟，应立即制止。

（2）小孩在站内追跑时，站内员工应特别提醒家长带好自己的小孩，及时上前制止正在追逐打闹的小朋友。

（3）列车晚点或延误时：

1）值班站长在列车晚点时，应立即采取措施，通知各岗位按照工作程序，做好对乘客的解释工作。

2）用广播向乘客播放相关票务政策。

（五）乘车

站台岗员工通过人工广播或站台广播向乘客宣传："上车时，请小心站台与列车之间的空隙（如图9-3所示），请文明乘车、勿抢上抢下，谢谢合作。"

（六）下车

（1）乘客下车：

图9-3 站台与列车之间的空隙

1）站台岗员工通过人工广播或站台广播向乘客宣传:"请小心站台与列车之间的空隙。"

2）对下车的老人和小孩,用广播指引:"请老人、小孩走楼梯或由家人陪同乘坐扶梯。"

（2）注意下车乘客的动态,若发现有逗留在站台不出站的乘客,应主动上前询问情况,礼貌地告诉乘客不要在车站逗留,应该尽快出站。

（七）出闸

（1）有秩序地组织乘客出站,加强对出站闸机的巡视,并通过人工广播的形式向乘客进行"关于单程票回收和一张票只能供一人通过闸机"的宣传。

（2）超高小孩逃票、成人逃票或违规使用车票的乘客:

1）发现无票的超高小孩或故意逃票的成年人,应马上上前制止,解释:"对不起,你超过了规定的高度（或您好,成年人应该买票）,请你（您）补票,请你（您）配合我们的工作。"

2）乘客态度不好且不愿补票,应耐心地向他们解释轨道交通票务政策;若乘客故意为难工作人员,可找公安人员配合。

3）发现违规使用车票的乘客（特别是成人使用学生票、年轻人使用老人免费票或老人半价票等有意逃票的行为）,可按执法程序执法,必要时找公安人员配合。

（3）对携带大件物品且不便出闸的乘客,厅巡为乘客开边门,对已买行李票的行李,厅巡应向乘客收回车票。

（4）乘客手持的车票无法出站:

1）厅巡发现无法出站的乘客后,及时赶到现场,请乘客到客服中心的补票窗口办理。

2）分析车票后,通过显示器告诉乘客,需要补票或者车票过期等信息。

（八）出站

（1）乘客出站:

1）确认站厅的出入口导向牌等标志信息正确、完整,如有损坏应及时报修。

2）若乘客不确定自己出站的方向,车站员工应主动给予指引。

（2）厅巡发现有乘客在站内逗留时间较长不出站,或坐在站厅的地上时,应及时问清乘客逗留的原因,礼貌地请乘客尽快出站,维护车站正常的运营秩序。

（3）面对有投诉倾向的乘客采用"易人、易地、易性"的方式,耐心地做好乘客解释工作。寻求最佳的处理时机,避免有责投诉事件的发生。

案例　轨行区发现异物事件

一、事件概况

某日6:25,车站站台保安发现车站下行线轨行区A端有一捆黑乎乎的东西处于轨面且位置比较隐蔽,马上通知车控室行车值班员,值班站长立即报告行车调度员,经行车调度员同意后,派人下轨行区查看,发现是一捆将近三十米的电线且有部分电线搭在轨面,影响行车。经查,是施工作业AD6-11所遗留的废料。

二、原因分析

主要原因是施工人员安全意识淡薄、施工负责人管理松散,施工作业完成后未清理遗留物品。

三、采取措施

（1）对施工负责人及施工人员进行安全意识强化教育。

（2）车站人员应尽可能对施工现场出清情况进行认真确认。

四、影响及点评

这是一起典型的施工未出清现场便销点的事件，性质比较恶劣、后果比较严重，由于发现及时并果断处理，车站防止了一起可能造成的行车事故。同时，该事件也提示车站员工必须高度重视开站前的各项巡视检查工作，消除可能的各项安全隐患。

模 块 小 结

轨道交通安全管理，就是按照轨道交通安全生产的规律，通过各种管理活动，合理组织轨道交通运输生产中的人力、物力、财力和信息等资源，提高员工队伍素质，提高设备质量，提高规章制度的有效性和作业行为的准确性，从而达到有效控制轨道交通设备事故、行车事故和员工伤害事故的发生，保证运输安全，取得良好的经济效益和社会效益。

危险源是指可能造成人员伤害、职业病、财产损失、作业环境破坏等后果的原因和状态。

轨道交通车站的工作人员需要运用直接观察法或者系统安全分析法分别识别出设备设施的不安全状态、人的不安全行为、作业环境、突发事件、相关方等各种类型的危险源，并根据风险级别的不同以及成本效益的原则选择适合的、充分的控制措施。

车站由于其特殊的环境，一旦发生火灾，极有可能造成重大人身伤亡事故和财产损失，因此车站是轨道交通重点防火部位。消防安全车站安全管理中的重要内容之一，其中包括建立消防安全制度，规范消防操作流程，进行相关消防培训，建立以及不断更新消防档案，成立义务消防队等。

简单来讲，轨行区就是供列车行驶的轨道区域。车站轨行区以车站站台屏蔽门（或安全门）作为分界点。车站两端墙间内方的线路为站内线路（简称站线），两相邻车站相邻端墙间的线路范围称为区间。

轨行区安全管理尤其是运营期间的轨行区安全管理是车站需要重点培训的工作之一，这直接关系着乘客员工的生命安全，设备设施的正常使用。轨道交通轨行区由控制中心行车调度员统一管理，进入轨行区必须经行车调度员同意。安装有屏蔽门（或安全门）的车站需经由屏蔽门（或安全门）的端门处进出轨行区，端门平时处于锁闭状态，钥匙由车站保管。

车站的作业安全管理包括车站行车作业安全，票务安全、客运服务安全等。

轨行区安全管理尤其是运营期间的轨行区安全管理是车站需要重点培训的工作之一，这直接关系着乘客员工的生命安全，设备设施的正常使用。

车站的作业安全管理包括车站施工安全防护，相关安全检查，还有票务安全管理及客运服务安全管理。

复习与实训

一、单选题

1. （　　）是指可能造成人员伤害、职业病、财产损失、作业环境破坏等后果的原因和状态。

A．故障 B．事故 C．危险源 D．灾害

2．（　　）是指在生产活动中为消除事故隐患和防止有害因素向事故转化，所采取的必要措施和进行的管理活动。

A．生产管理　　B．安全管理　　C．活动管理　　D．质量管理

3．轨道交通运营单位消防应坚持（　　）方针。

A．安全第一，预防为主
B．预防为主，防消结合
C．预防为先，综合治理
D．安全第一，防消结合

4．运营时间进行轨行区拾物时，需经（　　）同意方可进行。

A．列车司机　　B．站长　　C．行车调度员　　D．值班站长

二、多选题

1．安全管理的原则是（　　）。

A．管生产必须保安全
B．抓小防大
C．坚持事故处理"四不放过"
D．集中统一指挥
E．逐级负责

2．班组安全控制包括（　　）。

A．人员素质控制
B．作业过程控制
C．设备质量控制
D．劳动环境控制
E．安全重点控制

3．车站工作人员需要运用直接观察法或者系统安全分析法分别识别出（　　）等各种类型的危险源。

A．设备设施的不安全状态
B．人的不安全行为
C．作业环境
D．突发事件
E．相关方

4．安全教育包含（　　）方面。

A．安全思想教育
B．安全知识教育
C．安全技能教育
D．事故应急处理教育
E．安全评价

三、简答题

1．简述车站危险源的识别方法。

2．简述轨道交通车站的消防要求。

四、实训项目

选一个轨道交通车站，根据车站消防要求，查找消防安全隐患，保障疏散通道、安全出口畅通，消防器材有效可用，熟悉灭火器的分类和适用范围。

正常情况下，车控室火警声光报警器开关保证"通"的状态，熟悉综合后备盘上各火灾模式按钮的位置及其作用，在火灾情况下能准确操作。

模块十 Module 10
轨道交通车站综合管理

【学习目标】

能力目标：
- 能根据所学原则进行行车备品交接。
- 能写出车站培训的形式和内容。
- 能应用各类培训的规定并填写相关台账。
- 能进行车站备品的管理与登记。

知识目标：
- 了解车站员工管理的通用要求。
- 理解车站商铺管理的要求。
- 掌握车站排班原则及班制规定。

模块十 学习导引

轨道交通车站工作人员担负着管理车站、服务乘客的重要职责，车站管理团队必须各负其责、各司其职，严格规范化、标准化管理，确保车站持续顺畅地运作。因此，车站管理除了业务管理，还有重要的一部分就是综合管理。

新闻回放　深圳地铁4号线12个站点洗手间升级

2021年1月27日下午，深圳市轨道交通建设指挥部办公室组织地铁4号线（一二期）车站公共卫生间升级改造工程现场验收会，相关单位对地铁4号线（一二期）卫生间升级改造工程进行了现场验收。港铁（深圳）4号线（一二期）车站公共卫生间已于2020年10月全部完成升级改造，这也是深圳市轨道交通线网最先完成卫生间升级改造的地铁线路。

据了解，自2018年10月3日起，港铁（深圳）根据《深圳高品质公共厕所建设与管理标准》，将白石龙站公共卫生间进行全封闭式大焕新，打造成为地铁4号线卫生间样板站。港铁（深圳）以白石龙卫生间样板站为标杆，开启了地铁4号线（一二期）12个站的卫生间改造升级工程，并于2020年10月完成全部升级改造工程，为乘客提供干净、整洁的如厕环境。

升级改造后的卫生间，天花顶部增加多处高强度直排风机，增强卫生间通风频率，缓解了卫生间的异味，同时每个卫生间都分区域铺设了防滑地砖并做了地板防水处理，使如厕更洁净。考虑到车站客流密集，每个站的卫生间都不同程度地增加了坐厕和洗手位，并增设扶手杆，让如厕更智慧化、人性化。第三卫生间兼具了无障碍与母婴功能，在原无障碍卫生间的框架基础上，新增了儿童洗手台、儿童坐便器、折叠式婴儿护理台、折叠式儿童座椅设施，提升卫生间的服务功能，解决家人陪同如厕不便的问题，让亲子之间的照顾更方便。

此外，为保持卫生间环境干净、整洁、气味清新，专职保洁人员将对卫生间进行清洁，值守时间覆盖整个车站运营时间。港铁（深圳）还专门开设了信息公开的方式，在每个车站公共卫生间入口处醒目的位置设置保洁巡查管理牌，公示开放时间、管理要求和服务监督电话，如有卫生情况不达标等情况，乘客也可拨打监督电话，进行反馈。

（资料来源：《深圳晚报》）

单元一　车站员工管理

轨道交通车站24小时运作，运营时间服务乘客，非运营时间对设备设施进行维护，因此，车站员工运作实施24小时倒班制。为了提高管理效率，优化人力资源管理，不同的岗位可根据具体情况做恰当的安排。

一、员工管理通用要求

1．工作纪律

（1）在工作时间和场所内按公司规定的要求标准着装，并佩戴员工卡。

（2）应遵守公司劳动纪律，接受考勤管理，严禁迟到、早退和无故旷工。

（3）工作期间，应坚守岗位，严禁无故离岗、串岗，上班时间及班前4小时严禁饮酒。

（4）如有急事需要暂时离开时，事前须向上一级报告去向，经批准后方可离开。

2．着装标准

上班时间应按规定全线统一穿着标准服装。穿着制服时，应衣装整洁，文明、卫生。对已下班,但仍穿着制服的员工,其行为举止一律按上岗时的规定执行。

3．语言标准

（1）在岗时用语规范,应使用十字文明服务用语:"您好""请""谢谢""对不起""再见",并使用相应的语言——普通话、地方方言、英语为乘客服务。

（2）应根据乘客的不同身份使用恰当的称呼用语,如"先生""女士""小朋友""大爷""同志"等,不得使用"喂""嘿""那位"等不礼貌用语称呼乘客。

（3）使用人工广播或回答乘客问题时,应语调沉稳、圆润,语速适中,音量适宜,避免声音刺耳,避免使乘客惊慌。

（4）处理有关乘客问题时,公平、公正、合理,要热情、礼貌、耐心,杜绝"冷、硬、顶、训"现象。

（5）处理违章事宜要态度和蔼、得理让人,不得使用斗气、噎人、训斥、顶撞及不在理、不礼貌的语言。

二、员工排班管理

站长负责车站员工排班工作,以月为单位安排排班计划,在排班过程中,根据车站本月工作计划、员工休假需求以及上司临时交办的工作,统筹安排,做到工作负荷均匀,人员岗位工时满足标准工时要求。

（一）车站排班原则

（1）根据本站客流规律与车站运作的实际,结合各岗位的工作特点,合理安排各岗位的上岗人数与工作时间,充分利用好车站的人力资源,达到"忙不缺、闲不多"的目标,体现以下两个特点:

1）大客流日期的当班人数比其他日期多;

2）同一工作日,高峰时间段的当班人数比其他时间段多。

（2）员工排班应尽量均衡,原则上不允许出现集中上班、集中休息的现象,特殊情况下必须集中上班、休息时,至少要确保员工每周有1至2天的休息时间。

（3）车站在进行排班时,两个班次之间确保员工最少有12小时的休息时间。

（4）员工顶岗只允许高岗顶低岗,不许低岗顶高岗。

（5）因车站工作需要导致员工当月超过标准工作时间或不足标准工作时间的,应在3个月内进行调整（安排补休或补班）。

（二）车站班制规定

（1）值班站长、值班员岗位采用"四班两运转"的班制轮换排班,其中值班员岗位若无特殊情况,要求客运值班员与行车值班员每两个班次实现一次岗位轮换,达到均衡工作量、培养员工全面发展的目的。

（2）站务员（售票员、厅巡）岗位一般采用"四天上班两天休息"的班制,按照长、短班搭配的方法进行轮换排班。

（3）备班人员一般采用"五天上班两天休息"的班制。

（4）班次代码及班制规定示例见表10-1。

表10-1 车站班次代码及班制规定

岗 位	班 次	排班代码	上班时间
值班站长	白班	A1	12小时
	夜班	A2	12小时
行车值班员	白班	B1	12小时
	夜班	B2	12小时
客运值班员	白班	C1	12小时
	夜班	C2	12小时
售票员	早班	E1/E3/E5……（双客服中心，中间加字母A、B区分）	车站根据实际情况规定
	中班	E2/E4/E6……（双客服中心，中间加字母A、B区分）	车站根据实际情况规定
厅巡	早班	D1/D3/D5……	车站根据实际情况规定
	中班	D2/D4/D6……	车站根据实际情况规定
备班人员	备班	F1/F2/F3……G1/G2/G3……	车站根据实际情况规定

（三）车站排班步骤

1．确定车站各岗位的轮换班制

根据本站的岗位设置、票亭数量及各岗位员工人数，确定本站各岗位的轮换班制。

2．按班制进行轮换排班

依据车站实际情况确定各岗位轮换班制后，以月度为单位按照班制进行轮换排班；根据车站客流和运作情况，对循环班次以外人员进行安排，必须保证在高峰客流时段的人员需求；统计每位员工工时，对个别超工时人员进行微调，确保排班均衡，最后形成车站月度排班表。

3．确定各岗位时段的工作内容

根据排班表及车站运作的实际情况，合理分配各岗位每一时段的工作内容，制定车站各岗位时段工作安排表，确保车站各岗位的在岗人数和员工间歇吃饭时间，形成各岗位工作时段表。

4．形成月度排班表

月度排班表示例见表10-2。表中，各代码排班时间如下：

A1（B1、C1）排班时间为：8:30—20:30。

A2（B2）排班时间为：20:30—次日8:30。

C2排班时间为：20:30—次日8:30（3:00—5:00休息）。

EA1排班时间为：8:00—15:30。

EB1排班时间为：8:00—15:30。

EA2排班时间为：14:00—22:30（执行节假日运行图当天需延长1小时下班）。

EA3排班时间为：13:00—21:30（A票高峰岗，配票处理乘客事务，不负责顶岗）。

EB2排班时间为：14:00—22:30（执行节假日运行图当天需延长1小时下班）。

D1排班时间为：8:00—15:30。

D2排班时间为：14:00—22:30。

G1排班时间为：11:00—19:30（站台厅巡岗，巡视范围：站台，负责站台安全及简单乘客事务处理，售卖预制票）。

G2排班时间为：13:00—21:30（站厅AB端厅巡岗，负责站厅出站闸机单程票流失控制及简单乘客事务处理，售卖预制票）。

F1排班时间为：9:30—20:30。

F2排班时间为：20:00—次日8:30（2:00—5:30休息）。
G3排班时间为：11:00—19:30。
G4排班时间为：13:00—21:30。

表10-2 车站月度排班表

岗位		1	2	3	4	5	6	7	8	9	10	11	12	13	14	15	16	17	18	19	20	21	22	23	24	25	26	27	28	29	30	31
值站1		A2			A1	A2			A1	A2			A1	A2	A2		A1	A2	A2		A1	A1	A2		A1		A2	A2	A1			
行值1		B2			C1	C2			B1	B2			C1	C2	C2		B1	B2	B2		C1	C2	C2		B1	B2	B2		C1	C2	B2	B2
客值1		C2			B1	B2			C1	C2			B1	B2	B2		C1	C2	C2		B1	B2	B2		C1	C2	C2		B1	B2	C2	C1
值站2		A1	A2			A1	A2			A1	A2			A1	A2			A1	A2	A1	A2	A1	A2	A1	A2	A1	A2	A1	A1	A1	A1	A1
行值2		B1	B2			C1	C2			B1	B2			C1	C2			B1	B2	C1	B2	B1	C2	C1	B2	B1	B2	B1	C1	C1	B1	B1
客值2		C1	C2			B1	B2			C1	C2			B1	B2			C1	C2	B1	C2	C1	B2	B1	C2	C1	C2	C1	B1	B1	C1	C1
值站3			A1	A2			A1	A2			A1	A2			A1	A2			A1	A2			A1	A2	A1	A2	A1	A2	A1	A2	A1	A2
行值3			B1	B2			C1	C2			B1	B2			C1	C2			B1	B2			C1	C2	B1	B2	B1	B2	B1	B2	B1	B2
客值3			C1	C2			B1	B2			C1	C2			B1	B2			C1	C2			B1	B2	C1	C2	C1	C2	C1	C2	C1	C1
值站4				A1	A2			A1	A2			A1	A2			A1	A2			A1	A2			A1	A2	A1	A2	A1	A2	A2	A1	A1
行值4				B1	B2			C1	C2			B1	B2			C1	C2			B1	B2			C1	C2	B1	B2	B1	B2	B2	B1	B1
客值4				C1	C2			B1	B2			C1	C2			B1	B2			C1	C2			B1	B2	C1	C2	C1	C2	C2	C1	C1
站务员	EB1	EA2	EB2	EA2	EB1	EA2	EB2	EA2	D2	F2	D2	F2	D2	EA1	EB1	EA2	EE2	EA2	EB1	EA2	EA2	D2	F2	D1	F2	EB1	EB1	EB2	EA2	EB1	D1	F1
	EA1	EB1	EA2	EA2	EA2	EB1	EA2	EB1	F1	D1	F1	D1	F1	EA2	EA1	EE1	EA2	EB1	EA1	EB1	EB1	F2	F1	F2	D2	EA1	EA1	EA2	EB1	EA2	F1	EA1
		EA1	EB1	EA2	EA1	EA2	EB1	EA1	D1	F1	D1	F1	D1	EB1	EA2	EA1	EB1	EA1	EB2	EA2	EA2	D1	D2	F1	F1	EB2	EB1	EB1	EA1	EA1	EA1	EA1
	F2	F2	F2	F2	F2	EB2	EA2	EB2	F2	D2	F2	D2	F2	EB2	EA2	EA2	EB2	EA2	EA1	EB1	EA2	EB1	EA2	EB1	EA2	EB1	EA1	EA1	EA1	F2	F2	F2
	D2	F2	F2	D2	D2	EA2	EB1	EA1	D2	F1	D2	F1	D2	EA2	EA1	F2	EA1	EB1	F2	EA2	EB1	EB2	EB1	EA2	EB1	EA2	EB2	EA2	EA2	D2	D2	D2
	F1	D2	D2	F1	F1	EA1	F2	D1	F1	D1	F1	D1	F1	D1	EB2	EA2	F2	F2	D1	F2	F2	EA1	EA2	EA1	EA1	EA2	EA2	EA1	EA1	F1	F1	D1
	D1	F1	F1	D1	D1	D1	D2	F1	D1		D1	F2	D1	F1	EA1	EA1	D1	F1	D1		EB2	EA2	EA1	EB1	EA2	EB1	EB1	EB1	D1	D1	EA1
		D1		F2	G4	F1	F1	D1				EB2	EB2	EA2	F2	EA2	D1	D2	G4	F2	EB1	EA1	EB1	EA2	EB1	EA2	EB2	G4	EA1	F2	EA3	D1
	EB2	EA2	EA2	EA1	G3	F2	EA1	EA2				EA1	EA2	EB2	D2	F2	G4	G3	G2	G4	EA1	EB1	EA2	EB1	EA1	EB1	EA2	G3	EA1	D2	G1	F1
	EA2	EB2	EB1	EA1	G2	EB2	EA1	EB1				EB1	EB2	EA1	F1	D2	G3	G2	G3	G3	EB1	EA1	EA1	EA1	EB1	EA1	EA1	G2	G4	G2	G3	D2
	EA3	G1	G2	G3	G1	G4	EA3	G4				G4	EA2	EA1	D1	F1	G2	G1	G1	G1	EA3	G1	G3	G2	G3	G4	G4	G1	EA3	G1	G2	G1
备班		EA3	G1	G2	G3	G4		EA3				G3					G1	G2	G3	G4		EA3	G1	G2	G3	G4		EA3		EA3		G1

三、驻站人员管理

驻站部门主要为车站日常运作和服务工作提供支持，车站常驻部门有设备设施维修工班（如机电、信号、车辆、自动售检票系统、接触网等）、地铁公安、银行、商铺等。

1．设备设施维修工班

设备设施维修工班隶属运营维修部门，一般设置在其专业设备设施较集中的车站，兼顾一个区段，日常对专业设备设施进行维护保养，故障情况下进行抢修。工班办公场所在车站设备区，需服从车站整体管理。

2．地铁公安

城市轨道交通由于其点线结合的特征，许多城市都成立了地铁公安分局或大队，专门负责一条线或整个轨道交通网络的治安工作。

车站设置警务室，地铁公安负责车站治安，以及乘客打架斗殴等事件的处置，遇大客流时也协助车站维持正常运营秩序。

3．银行、商铺

银行和商铺都通过招租方式进驻车站，为乘客提供便民服务，如图10-1所示。在车站运营安全受到威胁或客运组织不畅时，银行、商铺都必须无条件执行车站指令，进行限制或停止营业。

图10-1　车站商铺

车站与驻站部门之间应建立良好的合作关系，定期组织召开协商会议，共同商讨车站综合管理方面存在的问题。车站成立以站长为组长，与车站接口的相关单位负责人为组员的综合治理小组（简称综治小组）。综治小组每月至少组织一次会议，协调车站相关工作。

站长负责与综治小组成员沟通协调，并要定期组织综治小组成员学习车站应急处理程序，按规定对驻站人员进行安全管理及行为约束；站长、值班站长可调动驻站设备维修人员、地铁公安、商铺人员参与车站客运组织和应急处理。

单元二　车站保安、保洁管理

一、概述

车站作为客流密集的公共场所，其秩序和卫生都受到广大市民的关注，成为车站管理工作中的重要事项。轨道交通车站保洁、保安的管理方式一般有两种：内部管理或委外管理。

内部管理是指轨道交通运营单位将车站保安和保洁作为车站内部定编员工进行管理；委外管理是指轨道交通运营单位与外部保安、保洁专业公司签订劳务协议，由外部单位派员负责车站的保安或保洁业务。

就目前各城市轨道交通的运营情况来看，保安和保洁委外管理已成为一种发展趋势。它主要有以下几个优点：有利于精简机构；有利于提供专业化服务；有利于节约成本。

二、车站保安管理

由于轨道交通车站业务的特殊性，在车站提供服务的保安人员，除了维持车站秩序外，还需要掌握一些车站的基本业务，如引导乘客购票、进出闸机，屏蔽门的状态判别、消防设施的巡视等。根据其服务场所的不同，分为站厅保安和站台保安。

（一）工作纪律要求

（1）应保持工作岗位的整齐、整洁，不得在岗位上存放与工作无关的物品。

（2）在岗期间不得做与工作无关的事情。

（3）不得擅自离岗或串岗，不得聚众聊天，如因吃饭、喝水、上洗手间等特殊情况确需离开工作岗位时，必须报告车控室，在车控室安排好人员接替后方可离开。

（二）日常工作要求

（1）做好乘客服务工作，对需要帮助的乘客及时提供协助，发现乘客有不文明行为及时制止。

（2）熟知车站员工通道门进出规定，严格核查进出人员证件，并按规定做好记录。

（3）按规定操作自动扶梯，禁止在扶梯上有乘客时按压紧停按钮。

（4）站台保安须掌握屏蔽门故障与夹人夹物处理、接发列车及施工管理相关知识，上站台岗前必须通过站台岗技能认证。

（5）站台保安接发列车时须注意列车运行及乘客动态，做好乘客乘降组织，防止乘客抢上抢下。

（6）负责车站的治安工作，按照车站巡视制度巡视车站公共区和出入口。

（7）正确使用对讲机，严禁私自拆卸、调频，对讲机在使用过程中要轻拿、轻放，避免高温、水浸。

（三）交接班规定

（1）交接班时，接班队员按规定列队并点名。

（2）严格执行交接班程序：认真填写交接班本并签名确认，接班人员未到，交班人员不得擅自离开工作岗位。

（3）站厅保安交接班内容：

1）对讲设备及钥匙（员工通道门钥匙、自动扶梯钥匙等）。

2）其他需特别说明的情况。

（4）站台保安交接班内容：

1）站台监控亭的备品。

2）人员进出屏蔽门（安全门）端门情况。

3）对讲设备及钥匙（站台监控亭钥匙、屏蔽门钥匙、自动扶梯钥匙等）。

4）其他需特别说明的情况。

（四）消防安全要求

（1）车站保安必须经消防培训合格后才可上岗。

（2）车站保安应熟知消防常识，能熟练操作灭火器和消火栓，定期进行消防培训和演练。

（3）按车站规定做好消防设施、器材的巡检工作。

（4）严格三品检查，熟练掌握突发事件应急预案本岗位职责。

（五）保安职责

1. 站厅保安

（1）引导乘客正确使用售检票设备，解答乘客咨询，如遇解决不了的问题立即报车控室。

（2）巡视车站，发现有违反轨道交通运营管理办法或乘客守则的行为要及时劝止，并报告车控室，根据其指示进行处理。

（3）开、关站时按规定程序配合车站工作人员进行开、关站作业。

（4）关站后，巡视车站，负责车站运营结束后的安全保卫工作，确保非运营时间的车站安全。

（5）参加车站组织的各类培训和演练工作。

（6）按要求填写有关台账，做好工作记录。

（7）完成车站临时布置的工作。

2. 站台保安

（1）按照站台岗作业标准程序监视列车到、发，并关注乘客动态，巡视站台及线路出清情况，列车进站时，站在自动扶梯口至紧急停车按钮之间阻止乘客抢上、抢下，发现紧急情况时按压紧急停车按钮；发现站台有异常情况时，立即报告车控室，并按车控室指示处理。

（2）关注乘客动态，主动疏导聚集在一端的乘客到较空的地方候车，提醒乘客注意候车安全事项，提醒乘客站在安全线以内，不要手扶屏蔽门等。

（3）开、关站时按规定程序配合车站进行开、关站作业。

（4）按车控室指示引导有关施工人员，监视施工人员进入的线路是否正确，检查施工防护是否符合要求，是否完好。

（5）参加车站组织的各类培训和演练工作。

（6）负责车站运营结束后的安全保卫工作。

（7）按要求填写有关台账，做好工作记录。

（8）完成车站临时布置的工作。

（六）保安培训管理

运营单位与保安公司签订服务协议后，保安公司提供符合要求的足额车站保安人员，由轨道交通运营单位提供师资、教材，保安公司组织，对保安人员进行岗位业务培训，培训分理论培训和实操培训。

1. 理论培训内容

（1）提供服务的轨道交通线路概况及运营情况。

（2）车站的结构与功能。

（3）车站组织架构及管理隶属关系。

（4）车站管理及业务情况（包括开关站程序）。

（5）车站保安岗位工作职责。

（6）车站服务工作通用标准。

（7）有关违禁品及违章行为的管理。

（8）行车设备及行车组织概况。

（9）车站施工管理。

（10）车站突发事件应急处理预案中保安人员的职责。

2．实操培训内容

（1）对讲机的使用。

（2）紧急停车按钮的使用。

（3）屏蔽门（安全门）的故障应急处理。

（4）手信号的显示（包括显示时机和位置）。

（5）垂直电梯、自动扶梯的故障应急处理。

（6）灭火器的使用，消防栓设备和防毒面具的使用。

培训结束后，由运营单位组织验收，通过笔试和实操两种方式进行考核，考核通过后由运营单位颁发合格证书。只有取得合格证书的人员才可交给车站安排上岗。

保安人员在车站上岗后，还需要定期或不定期进行在岗培训。车站值班站长负责车站保安的日常在岗培训工作。在岗培训应充分利用交接班会及岗上空闲时间进行，如有需要可办班培训，按计划、有针对性地开展，确保培训效果。车站可通过考试、抽问及实操等方式检验保安培训效果。车站妥善保管站台保安技能认证记录表备查。

（七）岗位要求

保安人员必须统一穿着制服上岗，并佩戴标有编号和相片的工牌。车站日常的主要工作是为乘客提供服务，因此，对于在车站服务的保安人员要求也与车站工作人员一致。

（八）保安考勤绩效管理

根据协议约定，保安公司每月提供规定数量的合资格的保安人员，车站负责保安人员的工作布置，以自然月为单位安排排班表。

保安人员上班后，先到车控室签到，接收本班工作要点布置、领取岗位备品后上岗。在岗期间不得擅自离岗，确有特殊情况需要离岗时，必须征得车站控制室同意，并在接替岗位人员到位后方可离开。

下班时，在接班人员到位岗位工作交接完成后，方可离岗，到车控室签走。

车站负责保安人员的考勤和岗位表现评价，每月汇总给出当月出勤情况和绩效考核建议，保安公司根据车站提供的建议给予奖惩。对于不符合车站要求或有违章、违纪行为的保安人员，车站可以直接提出换人或重新培训的要求，保安公司需无条件满足。

三、车站保洁管理

（一）管理原则

针对轨道交通车站的管理特点，车站保洁工作应遵循"分区包干、加强巡视、随时处理、保持为主"的管理原则，确保车站环境的整洁舒适。

1．分区包干

各车站应根据本站保洁人员的配置情况，合理划分保洁工作区域，安排相应保洁人员，确保包保区域内的环境卫生。

2. 加强巡视

保洁人员在日常工作中应加强对包保区域的巡视,特别是应加强对车站出入口、通道、站台等保洁重点区域的巡视,及时处理巡视中发现的问题。

3. 随时处理

对于在巡视过程中发现的问题,保洁人员应随时处理,对于不能独立处理的问题,应及时向保洁主管或车站工作人员请求支援,同时应加强现场防护,不留隐患。工作中,保洁人员应服从车站工作人员的工作安排,随时响应车站的保洁要求。

4. 保持为主

运营时间内,保洁人员的工作重点应放在包保区域环境卫生的保持,针对自动扶梯、屏蔽门、盲道等设备设施的专项保洁应在非运营时间内进行。

(二)工作要求

车站卫生除了公共区地面、墙壁、服务设施的清扫清洁外,还包括设备区设备房的清扫清洁。车站出入口、通道、站台、公共区洗手间等区域客流量较大,保洁难度大,是车站保洁工作的重点。要给乘客提供一个整洁舒适的乘车环境,确保车站环境卫生清洁、舒适、美观。

(1)保洁人员必须统一着装,佩戴标有编号和相片的工牌,凭工牌在服务区段的车站内进出付费区或乘坐列车。保洁人员应遵守车站的安全规定及相关的规章制度,服从车站临时保洁工作安排。

(2)保洁人员应加强对出入口、通道、站台的巡视,及时处理巡视中发现的问题,保持车站良好的卫生环境。特别是在雨天,保洁人员应及时处理出入口、通道和楼扶梯口的地面积水,同时摆放防滑告示牌,防止客伤事件的发生。

(3)站厅内设置公共卫生间的车站,应安排专门的保洁人员负责卫生间的卫生,车站工作人员要加强巡视检查,确保站内空气清新。

(4)车站保洁工作注意事项:

1)应坚持"定时清洁与'随脏随扫'相结合"的原则,以保持环境的清洁美观。

2)运营期间公共区的保洁工作不得妨碍乘客通行和乘车。大规模清洁工作原则上应利用非运营时间进行。

3)管理与设备用房的保洁工作应注意设备设施保护,保洁完毕及时锁闭房门。

4)运营期间禁止进入屏蔽门(安全门)端门内打扫卫生,遇特殊情况(端门玻璃破碎、司机要求等)时,需经值班站长同意,在不侵入行车限界前提下方可进入。

5)严格执行保洁规范,不得擅自使用和存放易燃、易爆、腐蚀性物品。

6)掌握基本服务和车站运作常识,遇乘客询问时给予恰当的引导。了解突发事件应急要求,掌握自救知识。必要时,保洁人员需协助车站做好紧急情况下的人潮控制或疏散工作。

(三)卫生要求

1. 保洁服务标准

(1)日常清洁标准见表10-3。

表10-3 日常清洁标准

区 域	清 洁 项 目	清 洁 标 准
室内区域	地面	无垃圾、灰尘、污渍、沙尘油污
	玻璃（窗/墙）	光洁明亮、无灰尘、污渍、手印
	墙身	无灰尘、污渍、蜘蛛网
	防烟门、消防栓、灭火器、警铃、电源开关、栏杆等	无灰尘、蜘蛛网
	给排水管、排风口	无灰尘、蜘蛛网
	天花、照明设施、柱子	无灰尘、蜘蛛网
	排水明沟	洁净、畅通，无垃圾杂物、积水积沙
	指示牌、闸机、自动售票机	无灰尘、污渍、油渍
	楼梯（阶梯）	无垃圾、沙泥、污渍油渍，保持干净
	不锈钢框架、不锈钢架饰边	无灰尘、手印、污渍、钢锈，保持光洁明亮
	天面	地面、墙面无垃圾、青苔、杂物；下水口无堵塞、无杂物；管道、消防设施等无灰尘、污渍
垂直电梯部分	垂直电梯外门（含门框及按钮）	无垃圾、污渍、手印、钢锈
	垂直电梯门槽	无灰尘沙泥、垃圾杂物，梯门能正常关闭
	垂直电梯轿厢内地面	无灰尘杂物、污渍，地板洁净光亮
	垂直电梯不锈钢围身	无灰尘、污渍、手印、钢锈、臭味异味
	垂直电梯内的天花（过滤网）、抽风机、灯具等	无灰尘、污渍、蜘蛛网
扶梯	扶手、梯面（平面、立面）	无灰尘、杂物、油渍
公共卫生间	洗手间大门	无灰尘、污渍
	地面	无灰尘、污渍，地面洁净干爽，保持无臭味
	玻璃、灯具、天花板、墙身	无灰尘、污渍、水渍、洁净
	镜面	无灰尘、污渍、水渍、光亮
	洗手盆、台面、水池	无灰尘、污渍、痰渍等
	大、小便器	无臭味、污渍、污垢，干净清洁
屏蔽门	玻璃、门框、防撞胶条	无污渍、手印、灰尘
过滤网	空气处理机、组合空调箱、风机盘管	无灰尘、油渍、污渍
给排水系统	污水集水坑、废水集水坑	无灰尘、蜘蛛网、杂物、臭味
空调设施	风亭、冷却塔	无灰尘、垃圾、臭味
隧道	轨行区	无油渍、积水聚沙、无垃圾杂物
	集水坑	无垃圾杂物、聚沙
垃圾清理	垃圾房	日产日清、及时清理干净、无臭味、定时消杀

（2）轨行区每半年清扫1次。

（3）屏蔽门每月彻底清洁1次。

（4）天花板、灯具、风口等每月清洁1次。

（5）每周消毒杀菌1次（含隧道），并做好防范措施。

每月消毒杀菌工作不得少于4次。消毒杀菌人员必须按规定着统一服装，穿长衣、长裤、戴口罩、手套。消杀人员不得擅自进入隧道、无人的办公室内。对各类虫害（鼠、蚊、蝇、蟑螂）投放合适的药物，工具及药物的使用符合环保及国家法律法规的要求。

每月清理1次化粪池，承包范围内的化粪池不出现堵塞或溢出。

2．垃圾清运要求

（1）每天按约定时间用密封垃圾运输车清运垃圾，运送垃圾应避开人流高峰，不可使用客用垂直电梯、自动扶梯运送垃圾。

（2）所有垃圾必须用垃圾袋进行密封，以免垃圾遗漏，影响周围的环境，且回收垃圾后要重新铺好新的垃圾袋。

（3）对有毒物质应分离并特殊处理，垃圾分类收集，可回收物资应当回收利用。

（4）在清运途中废弃涂料、油漆等流质性垃圾应不能出现泄漏现象，一旦发生须及时清理。

（5）将桶内垃圾和未能装载入桶的遗留垃圾清运入车，垃圾桶内及地面保持无积水、无污迹、无异味。

（6）垃圾日产日清，当日垃圾不得在垃圾房内过夜，防止发酵变味。垃圾房内禁止分拣垃圾，防止异味存留。

（7）建筑垃圾运送途中应加以遮挡，防止掉落或飞扬引起二次污染。生活垃圾应密封运送，不得在运送途中出现液体滴漏。

（8）每日对垃圾桶和清运工具进行定时消毒，每次清运完毕后，对清运工具清洗、消毒，并对垃圾房进行清理冲洗和消毒处理。

（四）考勤和绩效管理

车站站长对保洁工作进行检查和监督，定期或不定期对保洁人员的工作提出考核建议。车站站长每月末对本站保洁工作的整体情况做出评价，并填写车站保洁服务考核表，转交保洁主管部门进行工作绩效考核。

保洁人员请假或调班，经保洁班长同意，车站站长批准，对于违章违纪的人员，车站可直接提出换人要求，保洁公司需无条件服从。

保洁人员的日常管理：

（1）每班保洁人员到岗后应到保洁主管处签到，并由保洁主管根据保洁工作计划做出工作分工及人员安排。

（2）保洁主管每周末应将下周专项保洁计划以书面形式上报车站站长，经站长审核批准后方可执行。

（3）保洁主管应合理安排保洁人员的就餐时间，避免出现运营时间内车站范围无保洁人员的情况。

（4）保洁主管应参加车站每月组织的工作例会，并就车站保洁工作的有关问题做好与车站的沟通解决。

（5）早班值班站长接班后应及时联系车站保洁主管，清点核实本班保洁人员到位情况，同时，应将本班工作重点（如接待、检查等）告知保洁主管，以便提前做好准备。晚班值班站长接班后应查看本日晚班保洁作业计划，并监督晚班作业计划的落实。

（6）值班站长在班中对车站保洁情况的巡视不少于3次，监督并落实各区域保洁人员按照相关规定开展工作。巡视过程中发现的有关问题作为月度保洁工作的评价依据。

（五）排班管理

以标准站为例，保洁总人数34人，分早、中、晚三班进行排班（早班11人，中班11人，晚班6人，顶休4人，日班2人），另有主管1人。车站保洁岗位分区及人员安排见表10-4。

表10-4　车站保洁岗位分区及人员安排表

班次	人员	保洁区域
早/中班	1人	站台A端地面保洁、垂直电梯、自动扶梯、台阶、屏蔽门、墙面设施等
	1人	站台B端屏蔽门、台阶、护栏玻璃、灭火器、门框、地面、墙面设施等
	4人	出入口通道地面、墙面设施、卫生间、自动扶梯、出入口玻璃、出入口地面玻璃及花池等
	1人	站厅A端地面、消火栓、灭火器、墙面设施、出站闸机、增值机、临时售票亭、客服中心、售票机等
	1人	站厅中间段地面、盲道、墙面设施、进站闸机、广告栏、护栏玻璃等
	1人	站厅B端清扫工具间、通道、站厅B端地面、盲道、出站闸机、售票机、售票亭、广告栏、护栏玻璃、灭火器、广告灯箱、墙面等
	1人	车控室、站长室、会议室、员工卫生间、设备区通道、男女更衣室、票务室等
	1人	站厅、站台两端设备区内卫生清洁
晚班	2人	隧道：集水坑、排水沟、隧道冲洗、隧道清扫、地面风亭、地面化粪池等
	1人	负责站台地面清洗、盲道、台阶、D通道及出入口等清洁
	1人	站厅A端地面清洗、台阶、车控室内、A通道及A出入口、自动扶梯等
	1人	站厅B端地面清洗、盲道、C通道、C口垂直电梯及通道、自动扶梯、出入口、B端工具间、B端通道等
	1人	负责1.5米以上高空作业
顶休	4人	负责轮岗顶休
日班	2人	10:00至18:00负责全面保洁，机动人员
主管		负责员工培训、员工指导、卫生监督、卫生检查等工作

单元三　车站商户管理

车站是个开放的场所，密集流动的客流也带来了无限商机。车站范围内寸土寸金，为众多的商户所青睐。但由于轨道交通车站业务的特殊性，其安全方面的高要求，使得车站商业开发受到限制。

一、日常管理

（1）商户必须接受车站工作人员的日常管理和检查，商铺经营必须以保障车站的正常运营秩序为优先考虑。

（2）未经运营单位同意，商户不得利用商铺范围外场地进行经营活动（包括派发传单、赠品等）。

（3）商户在车站管理区域内进行施工作业时，必须按运营单位有关规定执行。

（4）商铺须保持环境整洁。

（5）商户必须使用指定的水源和排水设施，必须确保将污水排放入连接污水处理设备的指定污水沟渠。

（6）商户必须爱护轨道交通设备设施。

（7）因紧急事故及轨道交通运营要求，需要关闭商铺的，商户必须关闭。

二、商铺配送货管理

商户配送货时，必须安排在轨道交通运营非繁忙时间，经由指定的出入口，以安全的方式送货到商铺。非运营时间送货时，必须按运营单位有关规定取得车站同意后方可进行，并按规定在车控室进行登记。

商户必须事先与车站商定送货路线及方式,严禁使用自动扶梯、垂直电梯搬运货物。送货工人均须佩戴有关身份证件,送货不得影响乘客正常通行和乘车。在送货过程中所有货物不可无人看管。送货时,所有货物不可堆高超过1.5米及遮挡送货工人的视线。

三、消防及安全管理

(1)商户应严格遵守运营单位制定的安全消防制度。

(2)严禁售卖、摆放、展示、存放易燃易爆等违禁、违例及受管制的货品、物品。

(3)商户每年必须参与车站疏散演习至少一次,以熟悉疏散路线和紧急集合地点。

(4)车站发生火灾或紧急事故需疏散时,商户应采取如下行动:

1)立即停止经营工作,切断电源,尽量关掉所有机器,锁好重要文件、现金、贵重物品等。

2)保持冷静,利用最近的车站出入口有秩序地疏散店内顾客。

3)前往指定的紧急集合地点。

4)商铺发生火警时,商户应立即通知车控室,说明商铺的名称及位置,或在紧急时如未能联络车控室,先致电110求救,再通知车站工作人员。

(5)车站须存有各商铺的后备钥匙1套,妥善保管,供紧急时取用。

(6)当车站需实施人潮控制时,商户应听从车站工作人员的指挥,协助车站进行人潮控制。

单元四　车站培训与演练

一、车站培训概述

1. 车站培训特点

车站培训突出的特点就是面向具体的岗位人员,按岗位需要培养和提高员工的能力,从实际出发,面向生产,强调针对性、实用性,注重实效。车站培训工作由站长负责组织实施,根据部门关于培训的工作要求,建立一套完整的培训制度,对班组培训的重点内容、培训方式、培训周期、培训考核等做出规定。

车站在每月月底制订出下月的培训计划,包括培训、演练等方面。计划制订后,应严格按计划执行并定期检查执行情况。

2. 车站培训种类

车站日常培训由当班值班站长负责组织实施,根据性质不同,车站培训可分为新业务培训、重温培训;根据内容不同,分为安全培训、规章文本培训、设备培训;根据方式不同,分为理论培训、操作培训;根据培训对象不同,又可分为岗前培训、岗上培训。

二、车站培训主要形式

1. 师徒教学

师徒教学这种传统的培训方式,是提高员工技术业务水平最简单最有效的方法。其主要优点是在班组里不脱产地进行,能在生产实际中培养员工的技能技巧。师徒教学必须签订师徒合同,合同包括培养目标、培养期限、教学内容、教学要求,并应编制教学进度计划。合同期满后进行严格的考试鉴定。

2．岗位练兵

遵循"按需施教"的原则，干什么学什么，缺什么补什么，使每个员工都能达到"上标准岗，干标准活，交标准班"的要求。一般采用"能者为师，互教互学"的方式，紧密结合生产实际，组织单项技术表演、举办专题技术讲座或采取每日一题、每周一题、每月考核等形式。

3．案例教学

从生产实践中选择适合本班组需要的安全生产的关键问题对员工进行案例剖析、讲解，使之获得理论知识和实践经验。其特点：①更有直观性、明显性，员工易学易懂；②更有实用性、教育性，员工不仅学到了经验，而且受到了教育，增强了安全意识和质量意识；③对操作要领、操作方法加深了理性认识，从而提高了处理应急事件的能力。

4．一事一训

以单项知识（技能）的传授为主，由站长或值班站长在现场给员工边讲授、边演示，使员工掌握该项知识技能。

5．"学标、对标、达标"训练

"学标、对标、达标"是车站开展全员培训的主要形式，是安全生产标本兼治的有效措施。因此班组第一，要组织员工学习好本岗位应知应会，以及防范与处理安全事故措施，非正常情况下应急处理办法；第二，要认真执行单位和车间制订的培训计划，坚持班组的学习制度、注重实效；第三，要严格执行有关奖惩制度。对不达标的员工，要利用各种形式组织反复学、反复练，直至达标为止。

三、车站培训台账

车站培训台账包括员工业务情况抽问本、安全教育卡等。

1．员工业务情况抽问本

为了检验车站日常培训效果，站长或值班站长对规定的业务内容进行抽问，并对抽问情况打分，填写台账（见表10-5），对不合格的人员持续跟进，直到掌握相关内容为止。

表10-5　员工业务情况抽问本

编号：

序　号	抽问时间	班　组	员工姓名	抽问内容	抽问成绩	跟踪情况
1						
2						
3						
4						
5						
…						

2．安全教育卡

安全教育卡包括岗前安全教育卡（见表10-6）、员工三级安全教育卡（见表10-7）、员工调岗、复工安全教育卡（见表10-8）等，记录员工所接受的安全培训，判别是否具备所担任岗位的安全要求。车站须建立健全相应教育卡，妥善保管，以备上级部门查验。安全教育卡随员工岗位调整而不断更新，并跟随员工调入、调出。

表10-6 岗前安全教育卡

姓　　名		性　　别		出生年月	
部　　门		车间/室		岗　　位	
专　　业		入司时间		工　　号	
培　训　记　录					
序　号	培训时间	培训内容	培训人	学　时	成　绩
1					
2					
3					
4					
5					
6					
7					
8					
9					
10					
…					
学时要求		受培训人签字： 日期：		负责人签字： 日期：	

表10-7 员工三级安全教育卡

姓　　名		性　　别		出生年月	
部　　门		车间/室		岗　　位	
专　　业		入司时间		工　　号	
公司级安全教育培训记录					
序　号	培训时间	培训内容	培训人	学　时	成　绩
1					
2					
3					
4					
…					
学时要求		受培训人签字： 日期：　年　月　日		负责人签字： 日期：　年　月　日	
实际培训学时					
部门、车间/室级安全教育培训记录					
序　号	培训时间	培训内容	培训人	学　时	成　绩
1					
2					
3					
4					
…					
学时要求		受培训人签字： 日期：　年　月　日		负责人签字： 日期：　年　月　日	
实际培训学时					
班组/车站级安全教育培训记录					
序　号	培训时间	培训内容	培训人	学　时	成　绩
1					
2					

(续)

班组/车站级安全教育培训记录

序 号	培训时间	培训内容	培训人	学 时	成 绩
3					
4					
...					

学时要求		受培训人签字：		负责人签字：	
实际培训学时		日期： 年 月 日		日期： 年 月 日	

表10-8 员工调岗、复工安全教育卡

姓 名		性 别		出生年月	
原部门		原车间/室		原岗位	
现部门		现车间/室		现岗位	
培训原因		调岗、复工时间		工 号	

部门、车间/室级安全教育培训记录

序 号	培训时间	培训内容	培训人	学 时	成 绩
1					
2					
3					
...					

学时要求		受培训人签字：		负责人签字：	
实际培训学时		日期： 年 月 日		日期： 年 月 日	

班组/车站级安全教育培训记录

序 号	培训时间	培训内容	培训人	学 时	成 绩
1					
2					
3					
...					

学时要求		受培训人签字：		负责人签字：	
实际培训学时		日期： 年 月 日		日期： 年 月 日	

安全部门意见
负责人签字： 日期： 年 月 日

说明：
1. "培训原因"一栏按"调岗""工伤复工"或"长假复工"填写。
2. 属"工伤复工"的必须由安全部门审批。

四、车站演练组织与管理

为提高车站员工应急处理能力，及时处理车站突发事件，车站必须加强日常演练。车站每年必须进行的演练项目包括毒气袭击演练、道岔故障演练、接到炸弹恐吓电话演练、大客流演练、发现可疑人员及物品的演练、垂直电梯故障困人演练、列车车门故障演练、电话闭塞法演练、站厅/站台火灾演练、屏蔽门故障处理演练、自动售票机故障演练、车站进/出站闸机故障演练、自动扶梯群伤事故演练、水淹出入口演练等。

车站演练根据演练的组织形式,分为运营演练、桌面演练、模拟跑位演练、突发演练。根据演练组织级别及参与部门的不同,可分为公司级、部门级、车间级、车站级等。

(一)运营演练

运营演练是指在模拟事故、事件情景或真实设置故障的情况下,在生产场所组织演练人员操作救援设备,按应急预案程序开展的救援模拟行动。

1. 演练组织

运营演练须设演练观察人员,人员由演练组织单位指定。演练前演练组织部门(车间、室)须检查演练方案安全措施的落实情况,并对相关人员进行培训,符合要求后方可实施演练。演练实施过程中,演练观察人员须随时监控演练人员和设备设施的安全情况,一旦发现异常,立即停止演练,并迅速汇报。演练结束后,演练组织部门(车间、室、车站)须清点人数,设备维修部门负责设备设施技术状态的检查工作,确保人员安全和设备设施状态正常(在隧道内演练时,需确认人员、设备出清情况),方可宣布演练全部结束。

2. 演练效果

此类演练通过实际决策、行动和操作,完成真实应急处理的过程,从而检验和提高相关人员的现场组织能力、各部门配合程度、应急处理技能和后勤保障等应急能力。使一线员工能得到充分锻炼,操作相关的设备设施,其演练的效果最佳,缺点是必须在运营结束后进行演练组织,且耗费人力物力较大。

(二)桌面演练

桌面演练是指在模拟事故、事件情景的情况下,在非生产场所组织演练人员采用口述对话、模拟操作设备等形式,按应急预案程序开展的救援模拟行动。

1. 演练组织

车站的桌面演练主要由站长/值班站长组织,在白班交接班会进行,针对事先假定的演练情景,组织员工讨论和推演应急决策及现场处置的过程,从而促进员工掌握应急预案中所规定的职责和流程,提高现场指挥和协同配合能力。车站组织桌面演练必须认真填写车站演练登记表(见表10-9),对演练当中存在问题进行详细记录,并提出改进建议,跟踪落实;对演练中本岗位的工作职责掌握不合格的人员持续跟进,直到掌握相关内容为止。车站演练登记表须存档备查。

表10-9 车站演练登记表

编号:

时 间		地 点		主 持 人		记 录 人	
主 题							
参加人员							
主要内容							
存在问题							
改进建议							
备 注							

2. 演练效果

此类演练不受任何限制，可以在任何时间、任何地点进行，缺点是演练效果不佳，员工对应急处理的流程只能根据演练方案理解，无法提高现场处理能力，对应急处理现场的环境及设备操作无法模拟。

（三）模拟跑位演练

模拟跑位演练是指在模拟事故、事件情景的情况下，在生产场所组织演练人员按应急预案程序规定的职责，需模拟操作设备的救援模拟行动。

1. 演练组织

车站的跑位演练由车站站长/值班站长在运营结束后进行，安排相应岗位的观察员，对跑位演练的过程及存在问题进行详细记录，提出改进建议，并跟踪整改落实；车站组织跑位演练结束后，必须认真填写演练评估报告（见表10-10），一式两份，一份车站留底备查，另一份上交演练主管部门存档、备案。

表10-10　演练评估报告

一、演练背景				
演练项目				
演练级别		演练形式		
演练计划起止时间		演练地点		
组织单位				
参与单位及人员分布情况				
事件或故障设置方法				
演练前须完成的准备工作	1. 是否需要向市有关部门通报演练信息； 2. 是否完成通报。		□是 □是	□否 □否
演练步骤简要介绍				
二、观察员设置情况				
序号	姓名	单位	观察岗位	
1				
2				
三、演练安全措施				
序号	演练岗位（过程）	安全责任人	1	2	3
1					
2					
3					
四、应急处理措施				
序号	需要应急抢险的设备设施名称	负责单位	联系电话	
1				
2				
3				
五、演练评估报告				
演练实际完成时间				
演练过程记录				
序号	时间	过程描述		
1				
2				
3				

（续）

重要时间段统计（注：根据演练项目，选择是否填写）				
序号	过程	起止时间	预计耗时	实际耗时

演练设备恢复情况		
设备名称	恢复情况	责任人

评估总结				
总评价意见：				
演练总体评价	□优秀	□良好	□合格	□不合格
存在的问题及改进建议				

序号	存在的问题	改进措施	责任单位	责任人	计划完成时间	整改完成情况	确认人

视察员（姓名）：	
运营演练项目	
日期	月　日
地点	
负责视察岗位	
演练安全措施	

视察项目	时间记录	视察员意见

附：演练视察员检查清单。

2. 演练效果

此类演练车站自行模拟故障组织演练，不需要其他部门配合，通过现场角色扮演、设备模拟操作，使一线员工得到锻炼，能够更加真实地熟悉应急处理流程和车站设备操作流程等，缺点是必须在运营结束后进行，且相关设备无法进行实际操作，检验不出员工的现场处理和设备操作能力。

（四）突发演练

突发演练是指采取在被考验者完全不知道时间、地点和内容的前提下，组织者突发性地虚拟事件、事故、设备故障或真实设置故障的情况下，在生产场所组织演练人员操作救援设备，按应急预案程序开展的救援模拟行动。

1. 演练组织

突发演练一般由演练主管部门在不影响车站正常的工作下，突发性模拟事件/事故、设备故障或真实的设置故障，检验车站人员应急处理和设备操作能力。为保证突发演练效果，配合部门、组织人员需对知晓的内容予以保密。演练主管部门负责安排人员对演练过程进行观察，做好记录，完成演练评估报告。

2. 演练效果

此类演练真实性与运营演练相当，在参加人员不知情的情况下，能够更加有效地检验出车站员工的应急处理水平，发现员工的不足之处。缺点是为了不影响车站正常运营，通常安排在晚上运营结束后，耗费部分人力物力。

单元五　车站物资备品管理

因车站业务特点，车站物资备品具有种类繁多、用途广泛、形式多样等特点，有用于行车业务的、票务业务的、客运业务的，还有用于综合治理的等。为了方便管理，便于日常和紧急情况下的使用，车站物资备品必须建账立册，专人管理。

一、车站物资备品种类

从管理的需求来分，车站物资备品可分为在用物资备品和库存物资备品。

车站在用物资备品是指已经投入使用的物资备品，如工器具、抢险物资和劳保用品等。车站库存物资备品是指暂未投入使用，存放于库房的物资备品，存在随时投入使用的可能，如消耗材料、备品备件等。

二、车站物资备品保管

原则上，车站物资备品由当班值班站长负责管理，车站另指定一名兼职材料员，由兼职材料员定期检查、核对车站物资备品管理情况，发现问题，及时提出或改进。

（一）物资备品入库

根据车站运作需求及配备标准，车站从物资部门领取物资备品，以物资部门的物资出库单作为车站入库记账凭证，在库存物资台账明细表中做好登记、填制物料管制卡，同时做好物资的标志及上架工作。

（二）物资备品存放

车站物资备品统一存放于车站备品间。在用物资备品和库存物资备品应分别做好标志，分开存放，在管理上也应采取与其属性相适应的措施，注意防火、防潮、防虫、防盗，并对仓储的场所进行经常性的检查。

公用工器具、公用劳保用品和抢险物资的项目和数量具有相对稳定性，不得混放，按维修要求统一存放在指定地点，按规定填写相应的在用工器具表、公用劳保用品明细表和抢险物资明细表，贴于货柜或货架上，并定期按标准进行检查、核对。

车站库存物资备品应按规定办理入、出、存手续，建立相应的台账，并定期进行盘点，做到标准（或实际需要）、清单和实物相一致。各类统计表需记录每笔入、出账，作为账务数据追溯的主要依据；加强单据管理，严格实行分类登记、存放，做好单据归档工作。各类原始账务单据必须由责任人妥善保管，作为查账凭证。表10-11为库存物资统计表，表10-12为车站物资备品领取登记表。

表10-11 库存物资统计表

序号	物资编码	物资名称	规格型号	单位	单价	合计	物料分布数量					备注
							A	B	C	D	E	
1		防寒服		套								
2		安全帽		个								
3		荧光衣		件								
4		纱手套		双								
5		防毒面具		个								
6		绝缘手套		双								
7		安全带		条								
8		纱布口罩		只								
9		一般工作鞋		双								
10		雨衣		件								
11		药箱		个								
12		防水鞋		双								

表10-12 车站物资备品领取登记表

编号：

日期	名称	数量	用途	发物单位	发物人	经手人

（三）车站物资备品报废

车站物资备品损坏报废时，做好相关记录，定期报部门专职设备管理员，按其指示送至指定地点。

三、行车备品种类及管理

1. 车站行车备品种类

车站行车备品包括：员工劳动保护用品、车站专用器具。

劳动保护用品包括安全帽、防毒面具、绝缘手套、沙手套、安全带、荧光衣、口笛、手电筒、强力探照灯及其充电用具、反光护栏、臂章等。

专用器具包括钩锁器、手摇把、信号灯及其充电用具、信号旗、红闪灯及其充电用具、无线电台及其充电用具、手提广播、调度命令、路票、下轨梯、拾物钳等。

2. 车站行车备品的存放

（1）行车备品的存放做到整齐、有序、安全和易于寻找，摆放的地方做到干净、清爽。

（2）行车公用物品，统一存放，且要存放合理，不准乱堆、乱放。个人用品放进个人专用柜子。

（3）反光护栏、防毒面具、荧光衣、口笛、信号灯及其充电用具、手电筒及其充电用具、强力探照灯及其充电用具、无线电台、红闪灯及其充电用具、手提广播及其充电用具、臂章、调度命令等放在行车备品柜的下层（非透明部分），路票放在行车值班员就近随手可拿的地方。文件盒可以放在行车备品柜的上层（应具备可直视条件，比如使用玻璃门）。防毒面具分散放在车控室、会议室、更衣室、站务室、站长室等房间。

（4）行车备品柜摆放在车控室，位置以不影响整个车控室美观为准。行车备品柜要有统一标志，柜子左门内上方贴上备品目录表，标明备品名称、数量和负责人，柜内物品要摆放整齐有序。

（5）钩锁器、手摇把、信号旗、下轨梯、拾物钳等放在站台监控亭。

3. 行车备品的使用

（1）正确穿戴劳动保护用品。

（2）带电备品（如红闪灯）按照其说明提示使用。充电时应在指定位置进行，摆放整齐，充完电后立即收起放回备品柜。

（3）使用过程中，要珍惜爱护，不得随意乱扔，不得损坏。

（4）行车备品的维护保养：

1）所有行车备品都需要注意日常维护保养。

2）铁器备品防止生锈，发现生锈现象应立即打磨，加油保养。

3）带电备品应经常保持有电，负责人每周检查一次。

4）不常用的备品，车站应定期盘查清点，防止发霉、生锈、损坏等情况。

5）每班交接班时应进行行车备品的交接，检查数量与性能及摆放状态。

案例　站内火灾事故

一、事件经过

某日15时20分左右，站台保安值班时，突然听到站台监控亭方向传来一声异响，马上赶到现场查看。发现放在监控亭里的棉大衣和手提广播在冒烟，立即踩灭大衣火星，同时叫另一保安去拿灭火器彻底扑灭火星。

保安立即向车控室报告情况，值班站长接通知后赶到现场查看，发现是正在充电的手提广播电池爆炸，火星引燃棉大衣，爆炸时站台监控亭周围无乘客。在了解清楚情况后，值班站长通知车控室将爆炸原因通报行调，并组织现场清理。

二、原因分析

1. 直接原因

站台保安在使用手提广播时，发现没电，直接在站台监控亭进行充电，误用信号灯的充电器，导致电流过大，烧毁手提广播充电电池。

2. 间接原因

该充电器没有按照标准化管理的统一要求，张贴充电器名称标签，在使用中误用而没有察觉。

三、整改措施

（1）车站对行车备品进行全面检查，确保备品状态良好，并已张贴标签。

（2）车站加强备品管理，对备品的摆放位置、数量进行科学、合理地安排，确保紧急使用时迅速、可靠。

（3）车站对充电器进行重点检查，并加强充电过程的巡视，以策安全。

（4）各站划定集中充电的位置，原则上不要在站台、站厅公共区域进行充电。

案例　站内广告灯箱伤人事件

一、事件经过

某日上午8:50，车站值班站长曾某按照规定对车站进行全面巡视，当巡视到车站B出入口时，发现63号广告灯箱没有上锁，且内面安装的光管处在通电工作状态。考虑到保障乘客安全，并节约用电，曾某将灯箱的电源切断。在操作过程中，灯箱上部四个固定的活页突然脱落，致使整个灯箱外盖（玻璃和铁框）砸落下来，把曾某压倒在地，在保安员的帮助下，才得以脱身。曾某右手四个手指和左手手背受伤，头部被玻璃砸伤，玻璃碎片扎伤额头流血。

二、原因分析

（1）广告灯箱的安装质量存在问题，固定合页没有固定好，合页脱落致使打开外盖时，外盖整体掉落。

（2）灯箱广告管理责任未落实清楚，责任经营商未尽到管理责任。车站工作人员基于客运服务的考虑，代替操作导致事件发生。

三、整改措施

（1）责成经营商对全线广告灯箱进行巡查和整改，特别是站台层轨行区广告灯箱，在活塞风作用下，易松脱而导致行车事故，应重点整改。

（2）明确责任接口，灯箱广告维护维修由经营商全权负责，车站只负责提示和通报。

（3）建立限时修复机制，广告灯箱出现问题，车站与相应责任人联系，经营商须在规定时间内修复。

四、影响及点评

该次事件源于广告灯箱的安装存在问题，导致员工受伤。通过该事件，直接促使经营商对全线广告灯箱进行全面的检查和改造，初步消除了存在的安全隐患，但深层的问题还需引起重视，即明确责任接口，理顺与车站范围内其他部门的关系，加强沟通，不缺位也不越位。

模　块　小　结

轨道交通车站管理团队必须各负其责、各司其职，严格规范化、标准化管理，车站才能持续顺畅地运作下去。车站综合管理包括车站员工管理、车站保安保洁管理、车站商户管理、培训与演练管理、物资备品管理等。

轨道交通车站24小时运作，运营时间服务乘客，非运营时间对设备设施进行维护，因此，车站员工运作实施24小时倒班制。轨道交通车站员工管理通用要求包括工作纪律、着装标准、行为标准、语言标准等方面。

站长负责车站员工排班工作，以月为单位安排排班计划，根据车站本月工作计划、员工休假需求以及上司临时交办的工作，统筹安排，做到工作负荷均匀，人员岗位工时满足标准工时要求。

轨道交通车站保洁、保安的管理方式一般有两种：内部管理或委外管理。

由于轨道交通车站业务的特殊性，在车站提供服务的保安人员，除了维持车站秩序外，还需要掌握一些车站的基本业务，如引导乘客购票、进出闸机，屏蔽门的状态判别、消防设施的巡视等。

针对地铁车站的管理特点，车站保洁工作应遵循"分区包干、加强巡视、随时处理、保持为主"的管理原则，确保车站环境的整洁舒适。

商户必须接受车站工作人员的日常管理和检查，商户经营必须以保障车站的正常运营秩序为优先考虑。因紧急事故及轨道交通运营要求，需要关闭商铺的，商户必须关闭。

商户配送货时，必须安排在轨道交通运营非繁忙时间，经由指定的出入口，以安全的方式送货到商铺。非运营时间送货时，必须按运营单位有关规定取得车站同意后方可进行，并按规定在车控室进行登记。

车站日常培训由当班值班站长负责组织实施，根据性质不同，车站培训可分为新业务培训、重温培训。根据内容不同，分为安全培训、规章文本培训、设备培训，根据方式不同，分为理论培训、操作培训。根据培训对象不同，又可分为岗前培训、岗上培训。

车站在每月月底制订出下月的培训计划，包括培训、演练等方面。计划制订后，应严格按计划执行，并定期检查执行情况。

车站演练根据演练的组织形式，分为运营演练、桌面演练、模拟跑位演练、突发演练。根据演练组织级别及参与部门的不同，可分为公司级、部门级、车间级、车站级等。

因车站业务特点，车站物资备品具有种类繁多、用途广泛、形式多样等特点，有用于行车业务的、票务业务的、客运业务的，还有用于综合治理的等。为了方便管理，便于日常和紧急情况下的使用，车站物资备品必须建账立册，专人管理。车站物资备品分为在用物资备品和库存物资备品。

复习与实训

一、单选题

1. 轨道交通车站进行排班时，两个班次之间最少确保员工有（　　）小时休息时间。
   A. 6 　　　　　B. 8 　　　　　C. 12 　　　　　D. 24
2. 以下不需要保安人员掌握的技能是（　　）。
   A. 维持车站秩序　　　　　　B. 售卖车票
   C. 引导乘客购票　　　　　　D. 屏蔽门的状态判别
3. 以下车站商户管理规定中，不正确的是（　　）。
   A. 因紧急事故需要关闭商铺的，商户可看情形选择
   B. 商户配送货时，必须安排在运营非繁忙时间

C. 商户运送货物时，不得使用自动扶梯搬运货物

D. 商户发生火警时，商户应立即通知车控室

4. 以下不属于车站综合治理小组组员的是（　　）。

   A. 乘客　　　　　B. 商铺　　　　　C. 银行　　　　　D. 地铁公安

二、多选题

1. 车站演练根据演练的组织形式，分为（　　）。

   A. 运营演练　　　　　　　　　B. 桌面演练

   C. 模拟跑位演练　　　　　　　D. 突发演练

   E. 消防演练

2. 车站培训形式主要包括（　　）。

   A. 师徒教学　　　　　　　　　B. 岗位练兵

   C. 案例教学　　　　　　　　　D. 自学成才

   E. 送外培训

3. 处理有关乘客问题时应该（　　）。

   A. 公平、公正　　　　　　　　B. 合理

   C. 热情、礼貌　　　　　　　　D. 耐心

   E. 冷处理

4. 车站常驻部门有（　　）。

   A. 银行　　　　　　　　　　　B. 街道办

   C. 驻站设备维修工班　　　　　D. 地铁公安

   E. 商铺

三、简答题

1. 简述车站的排班原则。
2. 简述车站主要的培训形式及特点。

四、实训项目

跟岗实习，熟悉行车备品的种类。主要包括员工劳动保护用品、车站专用器具。跟随值班站长检查行车备品的数量、状态和存放情况，行车备品的存放做到整齐、有序、安全和易于寻找，摆放地做到干净、清爽。记录所有行车备品的种类、数量、放置地点以及状态，包括对状态不良备品的处置办法。

模块十一 Module 11
轨道交通车站应急处理

【学习目标】

能力目标：
- 能解释轨道交通突发事件的内容。
- 能写出车站应急处置原则。
- 能操作灭火器与消防栓。
- 能处理各种情况下的突发事件。

知识目标：
- 了解轨道交通应急组织机构设置。
- 理解轨道交通信息传递原则。
- 掌握车站的应急救援流程。

模块十一 学习导引

城市轨道交通车站处于特定的空间,形成封闭环境,人员密集,通风和疏散都受到极大的限制,这些都是城市轨道交通十分突出的弱点。虽然城市轨道交通车站在规划和设计中都考虑采用先进的技术装备,但由于存在不可控的人为或灾害因素,一旦发生意外事故,人员伤亡损失往往非常惨重,其影响范围也非常广泛。因此,除了加强城市轨道交通车站的安全管理,抓好事故预防工作外,突发事件处理也是车站员工必须熟练掌握的一项重要技能,通过定期、不定期的培训和演练来强化。

新闻回放　莫斯科地铁爆炸案

2010年3月29日早晨,在莫斯科"卢比扬卡"和"文化公园"地铁站先后发生两起爆炸,总共导致40人死亡,近百人受伤。

莫斯科地铁建于1935年,它是全球造价最高、客流量最大的地铁系统之一。这一地铁系统工作日日均客流超过700万人次,上下班高峰期发车间隔不到2分钟,繁忙程度仅次于日本首都东京的地铁系统。

此次爆炸恰好发生在一天中最繁忙的时刻,通勤的人们正行色匆匆地赶去上班。由于其相对便宜的票价和四通八达的网络,即使在近年私家车井喷的情况下,莫斯科地铁依然和以前一样忙碌,是市民的主要交通工具。然而,每天数以百万计的客流量,尤其是上下班高峰期的集中客流,使地铁安保压力巨大。自2004年遭遇两起恐怖袭击以来,莫斯科地铁系统加强了安保措施,包括在每个地铁站部署警察昼夜巡逻和配备警犬嗅探爆炸物等。

莫斯科地铁进站口一般不设安全检查仪器,对进站乘客采取"抽检"的安检方式。安检人员如果发现形迹可疑或携带可疑物品者,会要求对方接受仪器检查。美国媒体援引俄罗斯安全调查机构发言人马尔金的话报道,29日爆炸缘于两名女性乘客在列车上引爆随身携带的爆炸物,不知她们是如何逃过安检的。

(资料来源:华商网《新文化报》)

单元一　车站应急组织机构

车站作为轨道交通的服务窗口,客流主要的集散地,也是轨道交通主要的应急一线。因此其应急组织机构的设置与轨道交通整体的应急指挥体系密切相关。

一、轨道交通突发事件概述

轨道交通突发事件是指在轨道交通运营场所内,因不可预见的或不可控制的因素(如自然灾害、事故、灾难、公共卫生事件、社会安全事件等)造成以下一种或几种后果,须立即处理的偶然性事件:

(1)影响轨道交通运营生产或服务质量。

(2)事态发展可能或已经导致人员伤亡。

(3)需要依靠外部支援进行处理。

二、轨道交通应急组织机构

为了应对突发事件,轨道交通运营单位都成立了由应急处理领导小组和救援队等组成的应急处理机构,如图11-1所示;发生突发事件时,所有运营员工须统一服从应急处理机构的指挥。

突发事件应急处理领导小组为非常设机构，在启动应急预案时，一般由运营单位负责人及生产部门、安全部门以及物资保障等部门负责人组成，负责突发事件应急处理的组织指挥与决策，指挥员工或配合外部支援单位进行应急处理，在应急处理中随时保持与公司、市政府有关部门及事件现场的通信联系。

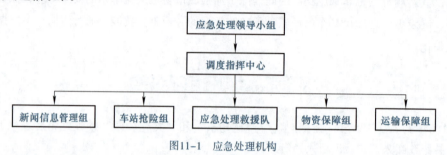

图11-1 应急处理机构

1. 突发事件调度指挥中心

控制中心是轨道交通突发事件调度指挥中心，作为突发事件信息传递中枢，承担突发事件信息集散功能，在应急处理过程中密切保持与应急处理专业机构和各站、在线列车和车辆段（车厂）的联系。其主要职责：

（1）负责突发事件应急处理工作中的行车、电力和环控调度工作，并按现场应急处理负责人的需要提供支持。

（2）组织、协调、调度运营单位各部门之间的应急处理工作。

（3）向公司相关部门及市应急指挥中心发布信息，为应急处理提供决策依据。

（4）协助、配合市应急指挥中心工作。

2. 应急处理救援队

由各专业救援队组成，包括维修救援队、车辆救援队等，各专业救援队队长一般由本专业主任工程师以上职务的员工担任，队员包括本专业技术业务主管人员和安全人员。

应急处理救援队主要职责：

（1）协助现场应急处理负责人进行救援抢险工作。

（2）作为轨道交通设备系统各专业代表向现场应急处理负责人提供相关设施设备救援抢险的技术支持。

（3）组织参与救援抢险工作，提供救援抢险物资、器材等。

（4）落实现场应急处理负责人的指令；做好与外部支援之间的协调、配合工作。

3. 车站抢险组

一般由车站当班值班站长及其他本站员工组成，包括前来支援的其他车站工作人员，车站抢险组统一由当班值班站长负责指挥，组织、实施车站救援抢险工作。

4. 物资保障组

一般由运营单位物资部门负责。负责提供救援抢险所需物资。

5. 运输保障组

一般由运营单位后勤部门负责。负责提供救援抢险所需的交通工具。

6. 新闻信息管理组

一般由运营单位党群办公室负责，向新闻媒介或外部部门发布突发事件新闻信息。

单元二 车站应急处置原则

1．高度集中、统一指挥的原则

发生突发事件时，车站要严格服从调度指挥中心指令，紧密联系、快速反应、逐级负责，不折不扣地执行和落实，并及时把车站现场情况汇报给调度指挥中心。

当突发事件发生在车站时，车站员工要反应迅速，做到早发现、早报告、早控制。在应急处理过程中，员工应兼顾现场的保护工作，以利于公安、消防和事件调查部门的现场取证。

2．“先救人，后救物；先全面，后局部”的原则

在车站范围内发生突发事件，危及人员安全时，根据调度指挥中心要求，车站应优先组织人员疏散、伤员抢救，采取有效措施控制事态发展，防止次生灾害的发生，减少损失，确保乘客安全。

抢险工作应坚持"安全有序、顺利开展、控制事态、减少影响"的方针，在确保人员安全的情况下兼顾重点设备设施以及环境的保护，减少损失，并做好现场保护工作，有利于公安和事件调查部门的现场取证，尽快恢复轨道交通运营。

坚持"抢险"与"运营"并重，先通后复。遇运营线路局部受阻情况时，坚持轨道交通运输与公交运输统筹兼顾方针，协调公交接驳车运送乘客，在积极稳妥处理事件的同时，加强宣传疏导，最大限度地维持轨道交通运营不中断。

3．就近处理的原则

发生突发事件时，在上一级应急处理负责人到达现场前，员工按表11-1规定担任现场临时应急处理负责人；在上一级应急处理负责人到达现场后，则由上一级应急处理负责人担任现场指挥。

表11-1 各场所现场临时负责人

序　号	突发事件发生处所	现场临时负责人
1	列车上（列车在区间）	本列车司机
2	列车上（列车在车站）	所在站值班站长
3	车站	所在站值班站长
4	区间线路上	行车调度员指定的值班站长
5	其他场所	现场职务最高的员工

4．宣传归口管理的原则

坚持对外宣传归口管理的原则，任何员工未经授权不得擅自发布相关信息。

运营单位指定专人为新闻发言人，在发生突发事件时，及时对外发布信息，应对媒体采访，确保发出信息的准确和完整，避免不必要的负面影响或造成乘客恐慌。

所有参与突发事件处理的员工自觉遵守宣传归口管理原则，遇到媒体采访或询问事件详情时，应告知新闻发言人的联系方式，由新闻发言人统一应对。

单元三 车站应急信息传递

一、应急信息传递原则

车站范围内发生突发事件时，应急信息通报应遵循"迅速、准确、完整"的原则，任何员工发现或接到突发事件信息，均应立即执行规定的通报流程，迅速报告，不得延误、中断或缺漏，以

便各有关方面积极采取措施，高效调动有效资源，控制事件的进一步发展，将损失降到最低限度。

轨道交通运营单位内部必须建立起一套行之有效的信息通报流程。一般来说，应急信息通报遵循这样一个流程：突发事件现场→信息控制中心→应急处理专业机构和外部支援，如图11-2所示。

在进行信息通报时，发生立即需要外部支援的突发事件（如火灾、爆炸、人员伤亡、治安/刑事案件等）时，应坚持就近迅速通报的原则：

（1）如突发事件发生在车站，现场人员有条件时应立即致电110报警中心或120急救中心；车站值班站长或行车值班员接报后（车站其他值班人员接报也应问清并立即转报车站值班站长或行车值班员）也应致电110报警中心或120急救中心。

（2）如突发事件发生在区间，行车调度员接现场人员报告或监控设备报警后，致电110报警中心或120急救中心。

（3）如突发事件发生在区间的列车上，司机（接现场人员报告后）立即报告行车调度员，由行车调度员或主任调度员致电110报警中心或120急救中心。

控制中心所通知的外部支援是指公安局、公交公司、交通局、市应急指挥中心、市民防委员会办公室、市有关防灾抗震和紧急事务的政府组织机构等，具体由主任调度员决定通知范围。

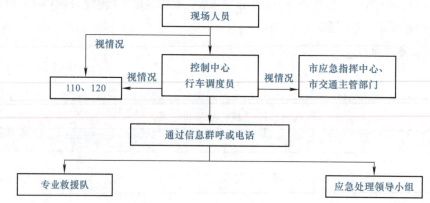

图11-2 信息通报流程

各专业救援队接到突发事件通报后，应分别向本部门相关人员进行通报。

二、突发事件信息通报内容

为了快速、完整、准确地掌握发生的突发事件信息，运营单位都规定了突发事件信息通报内容，要求每一位员工在遇到突发事件时，能第一时间按要求通报，为突发事件处理争取宝贵时间。

突发事件信息通报内容包括：

（1）报告人姓名、职务、单位。

（2）事件发生类别、时间、地点。

（3）事件发生概况、原因（若能初步判断）及影响运营程度。

（4）人员伤亡情况、设施设备损坏情况。

（5）已采取的措施。

（6）任何需要的援助（包括救援、救护、支援）。

（7）其他必须说明的内容及要求。

员工可根据现场具体情况按上述顺序内容进行汇报，尽量做到详细完整。

三、车站内信息通报流程

员工在车站范围内遇到突发事件，立即报告车站综合控制室行车值班员，行车值班员接到报告后，立即通知值班站长赶往现场，并根据值班站长指令报告控制中心行车调度员，视情况拨打120、110等求助。

单元四　车站应急救援

一、紧急出入口

车站必须指定一个出入口作为紧急出入口，紧急出入口需满足以下几个条件：

（1）独立出入口。

（2）出入口紧邻行车道，便于应急车辆停靠。

（3）出入口连接通道宽度不小于2.5米，确保应急物资运输通畅。

（4）靠近车站综合控制室，便于接应。

在发生突发事件，需要车站工作人员全部撤离时，所有人员统一到紧急出入口集合，便于清点人数和安排下一步工作。值班站长、行车值班员需将携带手机号码告知控制中心行车调度员，便于保持联系。

关闭车站时，在车站其他出入口都关闭后，保留紧急出入口，并派人职守，指引救援队伍进入车站抢险。

抢险所需物资也经由紧急出入口运输。

二、应急备品

由于车站范围内可能发生的突发事件涉及行车、客运、票务、综合治理等多方面，因此需要的应急备品也五花八门。车站的存储空间有限，车站应急备品的配备以"应急、适用"为原则，做到少而精。

根据各城市轨道交通运营经验，车站常备的应急备品包括以下几类：

（1）沙袋：用于暴雨季节防止雨水灌进车站，或者水管爆裂，水浸车站。

（2）手摇把、钩锁器：用于信号系统故障，不能自动排列进路时，人工准备进路。

（3）应急灯：用于突然停电，或因特殊原因需进入无照明区域时使用，如图11-3所示。

（4）药箱：为了应对客伤或员工受伤的意外情况，以及因天气原因人员昏厥、中暑等情况，车站常备一些应急药物，存放在药箱里（如图11-4所示），并指定专人保管，定期检查，补充缺损或淘汰过期药品，确保始终满足配备标准。

图11-3　应急灯

图11-4　药箱

（5）下轨梯：由于车站轨道区与站台存在高差，在紧急情况下，需要员工进入轨行区时，使用下轨梯进出，确保安全，如图11-5所示。

（6）担架：有人员受伤或因突发疾病不能走动时使用。

（7）拾物钳：主要用于有物品落入轨行区，人员不能下去捡拾时，经行车调度员批准使用拾物钳捡拾，如图11-6所示。

图11-5 下轨梯

图11-6 拾物钳

三、现场指挥

突发事件可能由自然灾害、设备故障、乘客行为、员工失误等导致，每个事件都有其特征，涉及的范围也各有不同，如事发的地点、时间、涉及的乘客数量、可用资源、事故本身的规模及影响等。

突发事件发生在车站范围内时，所有车站员工都必须做出反应，尽量把故障或事故对服务造成的影响减到最低，必须快速采取相应行动，以确保乘客、自身及其他员工的安全。

在高一级的指挥人员到达之前，车站当值值班站长必须担负起现场指挥的职责，安排行车值班员报告控制中心，并随时与控制中心保持联系。

值班站长携带无线电台带领另一名车站员工赶赴现场了解情况，对突发事件初步评估，并向控制中心报告有关情况。如现场情况符合设置临时现场指挥部的需要，经请示控制中心，立即着手安排。

现场指挥部的设置位置需满足以下几个条件：

（1）可供所有人员安全进出。

（2）接近事发现场，以便指挥人员可以完全掌握现场的活动及处理事故的进展。

（3）有足够的通信设施及设备。

根据控制中心的指示，值班站长安排和组织车站现场的抢险工作。各救援小组进入车站后，需到值班站长处报到，了解现场情况，经初步判断决策，为抢险救援提供专业意见，统一意见后开展相应工作。在高一级的指挥人员到场后，交付指挥权。

现场指挥人员必须穿戴荧光衣、佩戴特殊标志的臂章，便于在场人员识别。记录和保存有关事故的证据，保存在处理紧急情况期间所采取的一切行动及所做的一切决定，以及相应的文字记录，以供日后调查。

在交接指挥权时，必须把现场的所有细节情况都交接清楚后，方可离开。

单元五 车站应急处理程序

根据突发事件种类的不同，车站应急程序也各有不同。本节主要介绍车站可能遇到的事件处理程序。

一、屏蔽门故障处理

在采用屏蔽门的车站，由于屏蔽门系统与信号系统联锁，屏蔽门与车门同步开关；因此，发生屏蔽门故障时会影响车站接发列车和乘客上下车，必须根据不同的情况采取不同的处置手段。

（一）常见的屏蔽门故障现象

（1）屏蔽门玻璃破碎（如图11-7所示）。

（2）列车到站后一个或数个滑动门不能正常打开。

（3）列车到站后整侧滑动门不能打开。

（4）列车发车前一档或多档滑动门不能关闭。

（5）列车发车时整侧屏蔽门无法关闭（如图11-8所示）。

图11-7　屏蔽门玻璃破碎　　　　图11-8　整侧屏蔽门无法关闭

（二）处置关键指引

（1）发生屏蔽门故障时，应坚持"在确保安全前提下，先发车后处理"的原则。

（2）在无列车停靠站台需要人工手动打开单个或多个屏蔽门时，车站必须征得行车调度员同意，先将门隔离和关闭电源后再手动打开，列车到站前必须停止操作。

（3）列车到站后，出现整侧滑动门不能同步开或关时，司机操作就地控制盘开或关屏蔽门，并将情况报告行车调度员。若后续列车仍出现不能同步开或关时，行车调度员通知维修人员。

（4）当车站同时发生两侧滑动门整侧故障时，行车调度员可根据列车运行实际情况做出列车越站通过或不上、下客作业（首末班车除外）等相应调整。

（5）故障屏蔽门修复后，由行车调度员负责组织，车站和司机配合，利用下一列车进行一次相应侧的屏蔽门开关门试验。

（三）屏蔽门玻璃破碎

1. 站台保安

（1）发现玻璃破碎立即报告车控室，如是滑动门/应急门，应将该门隔离、断电。

（2）如玻璃未掉下来，使用胶纸将破碎的玻璃粘贴住，将其左右相邻两档滑动门隔离、断电后处于常开状态（端门破碎时将临近的滑动门隔离后处于常开状态）。

（3）设置隔离带，张贴告示牌；加强监督防护，提醒乘客注意安全。

2. 行车值班员

（1）接报后，通知值班站长到场处理。

（2）做好乘客安全广播。

（3）通知行车调度员、维修人员。

3. 值班站长

（1）接报后组织员工处理，并赶赴现场。

（2）如玻璃掉下来则组织保洁人员清扫；如掉到轨行区影响列车安全，应向行车调度员报告，请点进入轨行区清理。

（四）列车到站后，一个或数个滑动门不能正常打开

1. 站台保安

（1）立即将情况报告车控室。

（2）引导乘客从正常的门上下车。

（3）在故障门上粘贴故障告示。

2. 行车值班员

（1）多档门故障时，报告行车调度员，通知值班站长赶赴现场。

（2）做好站台乘客广播，引导乘客从正常门上车。

（3）通知维修人员。

3. 值班站长

多档门不能打开时，赶赴现场，组织人员引导乘客从正常的门上下车。

（五）列车到站后，整侧滑动门不能打开

1. 行车值班员

（1）接行车调度员通知后，立即通知值班站长及其他员工赶赴现场。

（2）做好乘客广播。

（3）通报维修人员。

2. 值班站长

（1）立即赶赴现场，指挥站台保安及其他员工按每节车厢不少于一档门要求，手动打开滑动门，并将其隔离和断电。

（2）引导乘客从开启门上下车。

（3）对开启的滑动门加强监督防护。

（4）乘客上下完毕，开启的滑动门做好安全防护，向司机显示"好了"信号。

（5）做好安全防护，后续列车到站后，组织乘客从已开启的屏蔽门上下车。

（六）列车发车前，一档或多档滑动门不能正常关闭

1. 站台保安

（1）单个门故障时：将故障门隔离，向司机显示"好了"信号，待发车后手动将该门关闭，并张贴故障告示，报告车控室。

（2）两档门故障时：将就近一档门隔离后，手动将其关闭；确认另一档故障门无夹人夹物后，向司机显示"好了"信号，待发车后将其隔离和手动关闭，并张贴故障告示；报告车控室。

（3）两档以上门故障时：立即报告车控室，对开启的滑动门设置安全防护；开启的滑动门做好安全防护或人工看护（人工看护时，原则上每个人可监护五档相邻屏蔽门）后，向司机显示"好了"信号；待列车出发后将故障门隔离和手动关闭，并张贴故障告示；对手动不能关闭的滑动门，加设安全防护栏，并加强监督防护。

2. 行车值班员

通报行车调度员、维修人员；后续列车加强车站站台乘客广播，引导乘客从正常门上下车。

3．值班站长

多档滑动门故障时，组织人员设置安全防护栏或人工看护，对开启的滑动门加强监督防护。

（七）列车发车时，整侧滑动门不能正常关闭

1．站台保安

立即报车控室，并对开启滑动门设置安全防护或人工看护，向司机显示"好了"信号；后续列车进站，待乘客上下完毕后，做好安全防护，向司机显示"好了"信号。

2．行车值班员

通报值班站长、行车调度员、维修人员；加强车站站台乘客安全广播。

3．值班站长

接报后，组织人员加强对开启滑动门的监督防护。

二、乘客物品掉落轨道

1．站台保安

（1）接到乘客告知后，马上将情况报告车控室，并安抚乘客。

（2）立即到现场查明情况，向车控室汇报情况。如影响行车，则按压紧急停车按钮。

（3）到监控亭拿拾物钳、隔离带到现场，隔离该处屏蔽门。

（4）得到值班站长指示后，用钥匙打开该屏蔽门，将物品夹起。

（5）得到值班站长指示后，恢复屏蔽门的使用，撤回隔离。

2．行车值班员

（1）接到站台通知，向值班站长汇报情况，通知厅巡到现场协助处理，并向行车调度员汇报有关情况。

（2）经站台保安确认后，向行车调度员汇报物品是否影响行车。

（3）接到值班站长的通知，向行车调度员汇报有关情况，并请点处理。

（4）经行车调度员批准后，按动紧急停车按钮做好防护，并通知值班站长可以实施处理。

（5）线路出清后，报告行车调度员销点，在车控室综合后备盘按压取消紧急停车按钮，恢复正常运营。

3．值班站长

（1）接行车值班员报告后，马上到现场查看有关情况。

（2）确认物品是否可以用拾物钳夹起，并预计所需时间。

（3）将情况通报车控室，要求行车值班员向行车调度员请点；通知站台保安去监控亭拿拾物钳、隔离带到现场隔离该处屏蔽门，准备拾物；通知厅巡去监控亭拿信号灯到站台尾端墙做好防护准备。

（4）行车调度员同意后，通知厅巡做好防护。

（5）如行车调度员不同意运营时间处理，则登记乘客详细资料，待物品取出后通知乘客领取。

（6）做好防护后，通知站台保安将物品夹起，并疏散围观乘客。

（7）物品夹起后，通知站台保安撤回隔离恢复屏蔽门的使用；通知厅巡收回防护信号。

（8）确认线路出清向车控室报告；做好相关记录，将物品归还乘客。

4．厅巡

（1）接到行车值班员通知后，马上到现场协助处理。

（2）接值班站长通知后，去监控亭拿信号灯到站台尾端墙做好防护准备。

（3）得到值班站长指示后，在尾端墙手持信号灯做好防护。

（4）得到值班站长指示后，收回防护手信号。

三、车门/屏蔽门夹人夹物

站台保安应站在站台两端的楼扶梯口值岗，车门和屏蔽门关闭时，阻止乘客抢上抢下，防止列车车门或屏蔽门夹人夹物。

（一）关键指引

（1）发现车门或屏蔽门夹人夹物没有自动弹开，就近人员立即按压紧急停车按钮，向司机显示停手信号，避免夹人夹物动车，将人或物撤出后，向车控室报告，并向司机显示"好了"信号，司机凭"好了"信号动车。

（2）行车值班员在列车到站期间应加强监控，需要时，可按压车控室综合后备盘紧停按钮。

（3）车站站台工作人员应熟记车站楼扶梯口对应的列车车厢号码和车门编号，发生列车车门夹人夹物动车后应及时汇报清楚（如夹人/物车门位置和编号等）。

（4）列车车门/屏蔽门同时夹人夹物动车被拍停后，车站人员立即报告车控室，及时采用手动开启夹人夹物屏蔽门进行处理，车控室报行车调度员，行车调度员通知司机按单独解锁车门处理；处理完毕凭行车调度员指令方可动车。

（二）岗位行动指引

1．车门或屏蔽门夹人夹物，列车未启动时

（1）站台保安：发现列车车门/屏蔽门夹人夹物且没有自动弹开释放，立即就近按动紧急停车按钮（在去按压紧急停车按钮的途中，可向司机显示停手信号）；在赶赴现场查看的同时将情况报告车控室；将人或物撤出后，向车控室报告，并向司机显示"好了"信号；值班站长到场后，协助调查处理。

（2）行车值班员：发现异常或接到报告后，通知值班站长前往处理，并向行车调度员汇报；利用电视监控系统观察现场情况；接到人或物撤出通知后，取消紧停，并汇报行调。

（3）值班站长：赶赴现场处理，调查事件原因；如发生客伤事故，按《客伤处理程序》办理；如是乘客抢上抢下造成时，寻找目击证人，并记录详细资料；事件处理完毕后，将有关情况通报行车调度员。

2．车门或屏蔽门夹人夹物，列车已动车时

（1）站台保安：发现列车车门或屏蔽门夹人夹物，列车已启动，立即就近按压紧急停车按钮，将情况报告车控室。如列车尚未出站且所在位置在站台有效范围内，应前往夹人夹物现场了解情况，将情况报告车控室。

（2）行车值班员：立即向行车调度员汇报，并通知值班站长到现场处理（如列车未停止运行，应立即向行车调度员汇报，不能立即与行车调度员通话时，应通知前方站）；利用电视监控系统观察现场情况；接到行车调度员通知后，取消紧停，恢复正常运作。

（3）值班站长：赶赴现场，协助司机处理。调查事件原因，并检查是否对车站设备造成影响，将有关情况通报行车调度员。

四、车站火灾应急处理

根据车站范围内火灾发生的地点不同，分为站台火灾（包括列车在站台火灾）（如图11-9所示）、站厅火灾、设备区火灾、区间隧道火灾。

图11-9 列车在站台火灾

（一）关键指引

（1）保障乘客和员工的人身安全。

（2）迅速通报。

（3）在保证员工自身安全情况下尝试灭火。火灾处于初起阶段，允许"先处置，后报告"，合理选用车站配备的消防器材，尽可能将火灾遏制在初起阶段。

火势较小时：疏散周边乘客；现场扑救；视需要启动站厅火灾排烟模式；视火势大小、初步判断的火灾原因、扑救成效，决定报110、120。

火势较大时：车站紧急疏散；尝试灭火；报110，视需要报120。

（4）车站紧急疏散时，尽可能稳定乘客情绪，要特别关注老、幼、残等人士，防止发生踩踏等次生灾害事件。

（二）站台火灾

1. 一般处理流程

（1）通过火灾报警系统监控到站台火灾报警或接站台发生火灾的报告后，通过电视监控系统查看，同时派人到现场确认，如属误报，初步查明原因并报告控制中心。

（2）如确认现场发生火灾，应立即致电110报警中心和行车调度员，启动车站站台火灾排烟模式。视情况致电120急救中心。

（3）按车站疏散程序紧急疏散车站范围内的乘客和相关人员，广播通知乘客、设备区施工和巡检人员、车站商户等迅速离开车站，协助有困难的乘客离开危险区域并做好疏散指引导向工作，注意避免乘客恐慌。

（4）乘客疏散完毕后，关闭车站出入口（紧急出入口除外）并张贴告示。

（5）需要时设置事故处理中心，值班站长担任临时应急处理负责人，负责各单位之间的协调。站长接到报告后，立即到站接替值班站长负责指挥处理。应急处理领导小组负责人到达后，由其担任应急处理负责人。

（6）如火势很大时组织员工从车站撤离，到紧急集合地点集中，并做好消防人员进入灭火现场的导向标志，引导消防人员到现场灭火。

（7）消防人员到场后，车站汇报有关情况，将灭火工作交给消防人员，同时做好应急处理救援配合工作。

（8）在接到可以恢复运营的指令后，清理现场，恢复运营。

（9）协助事故调查工作。

2. 岗位行动指引

（1）值班站长：组织各岗位进行车站紧急疏散；组织人员增援灭火；确认是否开启排烟模式；确认乘客疏散结果；安排人员到出入口引导救援人员；人员疏散完毕后，安排人员手动关停自动扶梯；组织车站人员撤离。

（2）行车值班员：开启站台火灾排烟模式、释放闸机（10秒内完成）；报行车调度员；报110；播放车站紧急疏散广播（尽可能与报告同步进行）；在乘客资讯系统公布相关信息。

（3）厅巡：接到火灾情况报告后，根据值班站长的安排，到现场确认是否发生火灾；确认后，报告车站控制室；在保障自身安全的前提下尝试灭火；当火势较大无法现场立即扑灭时，按值班站长要求执行车站疏散程序；在接到值班站长可以恢复运营的指令后，协助清理现场，恢复本岗位工作。

（4）售票员：接值班站长要求执行车站疏散程序的指令时，立即停止服务，锁好票款；开启员工通道门；到车站站厅相关区域进行乘客疏散工作；协助有困难的乘客离开危险区域，并做好疏散引导工作；在接到值班站长可以恢复运营的指令后，协助清理现场，恢复本岗位工作。

（三）站厅火灾

1. 一般处理流程

（1）通过火灾报警系统监控到站厅火灾报警或接站厅发生火灾的报告后，派人到现场确认是否发生火灾，如属误报，初步查明原因并报控制中心。

（2）如确认现场发生火灾，应立即致电119报警中心和行车调度员，启动车站站厅火灾排烟模式。视情况致电120急救中心。

（3）按车站疏散程序紧急疏散车站范围内的乘客和相关人员，广播通知乘客、商户等人员疏散，协助有困难的乘客离开危险区域并做好疏散引导工作，注意避免乘客恐慌。

（4）需要时设置现场指挥部，值班站长担任临时应急处理负责人，负责各单位之间的协调。站长接到报告后，立即到站接替值班站长负责指挥处理。应急处理领导小组负责人到达后，由其担任应急处理负责人。

（5）组织站台乘客疏散时，应组织站台乘客经楼扶梯上到站厅安全区域（非着火区域），如火势影响到整个站厅公共区，无法从站厅组织站台乘客疏散时，请求行车调度员安排空车疏散，并安排站务员/保安到站台与站厅之间通道阻拦乘客上站厅。

（6）乘客疏散完毕后，关闭车站出入口（紧急出入口除外）并张贴告示。

（7）如火势很大时，组织员工从车站撤离，到紧急集合地点集中，并做好消防人员进入灭火现场的导向标志，引导消防人员到现场灭火。

（8）消防人员到场后，车站汇报有关情况，将灭火工作交给消防人员，同时做好应急处理救援配合工作。

（9）在接到可以恢复运营的指令后，清理现场，恢复运营。

（10）协助事故调查工作。

2. 岗位行动指引

（1）值班站长：组织各岗位进行车站紧急疏散；安排人员在司机立岗处，向司机通知有关情况和需要配合的工作；组织人员增援灭火；确认是否开启排烟模式；确认乘客疏散结果；安排人员到出入口引导救援人员；人员疏散完毕后，安排人员手动关停自动扶梯；组织车站人员撤离；如列车已到站开门时，立即安排人员将有关情况通知司机，组织站台上的乘客和下车的乘客尽快上车，驶离车站。

(2) 行车值班员：释放闸机、开启站厅火灾排烟模式（10秒内完成）；报行车调度员；报110；播放车站紧急疏散广播（尽可能与报告同步进行）；在乘客资讯系统公布相关信息（有可能情况下）。

(3) 厅巡：接到火灾情况报告后，根据值班站长的安排，到现场确认是否发生火灾；如确认现场未发生火灾，了解误报原因，并报告车站控制室；如确认现场发生火灾，向车控室报告有关情况，同时在保障自身安全的前提下尝试灭火；当火势较大无法现场立即扑灭时，按值班站长要求执行车站疏散程序；在接到值班站长可以恢复运营的指令后，协助清理现场，恢复本岗位工作。

(4) 售票员：接值班站长要求执行车站疏散程序的指令时，立即停止服务，锁好票款；开启员工通道门；到车站站厅相关区域进行乘客疏散工作，协助有困难的乘客离开危险区域，并做好疏散引导工作；在接到值班站长可以恢复运营的指令后，协助清理现场，恢复本岗位工作。

(四) 设备区火灾

1. 一般处理流程

(1) 通过火灾报警系统监控到设备区火灾报警或接设备区发生火灾的报告后，派人到现场确认是否发生火灾，如属误报，初步查明原因并报行车调度员和环控调度员。

(2) 如现场确认发生火灾，对于有气体灭火系统保护的设备房间，待设备房内人员撤出设备房后，确认关闭房门，立即启动气体灭火，对非气体灭火系统保护的房间，就地取用灭火器进行灭火。

(3) 如因气体灭火系统失效或因火势较大车站无法控制和立即扑灭，应立即致电110报警中心和行车调度员，视情况致电120急救中心。按车站疏散程序紧急疏散车站范围内的乘客和相关人员，广播通知乘客、设备区施工和巡检人员、商户等迅速离开车站。协助有困难的乘客离开危险区域并做好疏散指引导向工作，注意避免乘客恐慌。

(4) 启动车站设备区火灾排烟模式。

(5) 需要时设置现场指挥部，值班站长担任临时应急处理负责人，负责各单位之间的协调。站长接到报告后，立即到站接替值班站长负责指挥处理。应急处理领导小组负责人到达后，由其担任应急处理负责人。

(6) 乘客疏散完毕后，关闭车站出入口（紧急出入口除外）并张贴告示。

(7) 如火势很大时，组织员工从车站撤离，到紧急集合地点集中，并做好消防人员进入灭火现场的导向标志，引导消防人员到现场灭火。

(8) 消防人员到场后，车站汇报有关情况，将灭火工作交给消防人员，同时做好应急处理救援配合工作。

(9) 在接到可以恢复运营的指令后，清理现场，恢复运营。

(10) 协助事故调查工作。

2. 岗位行动指引

(1) 值班站长：接到火灾信息后，立即到现场查看情况；疏散火灾区域人员；在确保灭火人员人身安全情况下，组织人员尝试灭火；火势无法控制时，执行车站疏散程序。

(2) 行车值班员：接到或发现设备房火灾信息后，立即通知值班站长到现场查看；通过安防系统图像观察现场情况，报告行车调度员；人工广播通知设备区内人员撤离，按压车控室综合后备盘对应房间灭火按钮；车控室火灾时，尝试使用灭火器灭火；车控室设置有气体灭火系统保护且火势无法控制时，立即撤离车控室，启动气体灭火装置，事后报行车调度员；按照值班站长指令拨打119、120。

（3）厅巡：接到火灾情况报告后，根据值班站长的安排，到现场确认是否发生火灾；如确认现场未发生火灾，了解误报原因，并报告车站控制室；如确认现场发生火灾，向车控室报告有关情况，同时在保障自身安全的前提下尝试灭火；当火势较大员工无法现场立即扑灭时，按值班站长要求执行车站疏散程序；在接到值班站长可以恢复运营的指令后，协助清理现场，恢复本岗位工作。

（4）售票员：接值班站长要求执行车站疏散程序的指令时，立即停止服务，锁好票款；开启员工通道门；到车站站厅相关区域进行乘客疏散工作；协助有困难的乘客离开危险区域，并做好疏散引导工作；在接到值班站长可以恢复运营的指令后，协助清理现场，恢复本岗位工作。

（五）隧道火灾

1．一般处理流程

（1）通过隧道光纤温度监测系统监控到隧道火灾报警或接隧道发生火灾的报告后，报告行车调度员，根据行车调度员的安排，派人携带防毒面具和防护工具、通信工具，到现场确认是否发生火灾，如属误报，初步查明原因并报行车调度员和环控调度员。

（2）如现场确认隧道发生火灾，并且火势较小时，在做好个人防护的情况下，立即利用隧道消火栓尝试灭火。如火势较大无法很快扑灭，应立即报告行车调度员，并致电或由行车调度员致电119报警中心，同时撤离现场，视情况致电120急救中心。

（3）根据环控调度员的安排，启动车站隧道火灾排烟模式。

（4）需要时设置现场指挥部，值班站长担任临时应急处理负责人，负责各单位之间的协调。站长接到报告后，立即到站接替值班站长负责指挥处理。应急处理领导小组负责人到达后，由其担任应急处理负责人。

（5）消防人员到场后，车站汇报有关情况，将灭火工作交给消防人员，同时做好应急处理救援配合工作。

（6）协助维护好车站乘客秩序，做好乘客解释工作。

（7）如隧道火势很大需要车站疏散或清客，按疏散和清客程序执行。

（8）协助事故调查工作。

2．岗位行动指引

（1）厅巡：接到火灾情况报告后，根据值班站长的安排，穿戴好个人防护用品，随同值班站长前往现场确认是否发生火灾；如确认现场未发生火灾，了解误报原因，并报告车站控制室；如确认现场发生火灾，并且火势较小时，在做好个人防护的情况下，立即和值班站长一起利用隧道消火栓尝试灭火；如火势较大无法很快扑灭，听从值班站长的指挥，迅速撤离现场；如隧道火势很大需要车站疏散或清客，在值班站长的安排下，按疏散和清客程序执行本岗位行动。

（2）售票员：做好乘客解释工作，需要时，给乘客办理退票手续；如隧道火势很大需要车站疏散或清客，按疏散和清客程序执行本岗位行动。

（六）列车因火灾停在隧道

（1）接到行车调度员列车发生火灾并停在区间隧道需要隧道疏散的通知后，立即执行车站疏散程序。

（2）跟行车调度员复核确认致电119报警中心，视情况致电120急救中心、地铁公安。

（3）广播通知乘客、设备区施工和巡检人员、银行、商铺工作人员等迅速离开车站（注意不要引起乘客恐慌）。协助有困难的乘客离开车站并做好疏散指引导向工作。

（4）开启隧道灯，必要时，根据环控调度员的安排启动列车隧道火灾排烟模式。

（5）根据行车调度员的安排，在确保员工做好个人防护的前提下，安排员工进入隧道引导乘客往车站方向疏散，乘客疏散到车站后组织往站外疏散。隧道疏散过程中如遇疏散线路上有通往邻线的通道，应在该处派人引导，防止乘客误入邻线。

（6）需要时设置现场指挥部，值班站长担任临时应急处理负责人，负责各单位之间的协调。站长接到报告后，立即到站接替值班站长负责指挥处理。应急处理领导小组负责人到达后，由其担任应急处理负责人。

（7）隧道列车及车站乘客疏散完毕后，关闭车站出入口（紧急出入口除外）并张贴告示。

（8）消防人员到场后，车站汇报有关情况，将灭火工作交给消防人员，同时做好应急处理救援配合工作。

（9）在接到可以恢复运营的指令后，清理现场，恢复运营。

（10）协助事故调查工作。

五、车站水淹应急处理

（一）关键指引

可能造成车站水淹的原因有：地面积水从出入口、站外电梯井道、风亭、施工遗留孔洞灌入车站；站内消防水管、空调水管、排污管漏水，土建结构漏水、冒浆等。

（二）处理原则

1. 站外水害处理原则

（1）防范站外积水灌入车站的原则为：站外堵截；尽最大力量控制在车站出入口局部区域；保证设备区、站台不受影响。

（2）车站须根据车站周边地形、历史最高水位、以往车站水害情况常备足量的防水沙袋，维修部门须在重点车站常备水泵，并均须保持处于良好状态。

（3）车站可视出入口地面积水或渗漏水情况，关闭相关的出入口、自动扶梯、垂直电梯。

（4）台风蓝色、暴雨黄色及以上预警信号生效期间，车站须加强对出入口、风亭的巡查，根据地面积水水位上涨情况，及时对受到威胁的出入口、站外电梯房、风亭采取放置防水沙袋、疏通排水通道等办法，并报控制中心。

（5）当地面积水水位持续上涨，情况危急时，须立即组织抢险救援。在全力加强站外堵截措施的同时，立即在站内出入口设置后续拦截措施，并封堵设备区通道，必要时切断可能遭受水淹设备的电源，直至关闭车站。

2. 站内管道漏水处理原则

（1）发现站内消防水管、空调水管、排污管漏水时，车站在报告控制中心的同时，须立即查明管道种类、对设备的影响范围，进行隔离相应区域、清扫地面积水等工作。

（2）消防水管漏水：由环控调度员关闭车站进水电动阀门和区间消防电动蝶阀，车站关闭市政进水手动阀门和区间消防水管手动阀门。

（3）空调水管漏水：车站关闭冷水机组。在停止冷水系统运行后，环控调度员、车站要留意车站公共区及重要设备房的温湿度变化情况，必要时调整环控系统运行方式或通知维修人员采取相应措施。

（4）排污管漏水：由环控调度员关停水泵，并通知机电人员现场确认、处理。

（5）站厅层设备区发生管道漏水时，车站须立即查明，并报控制中心或通知设备管理责任部门查明下层设备房是否进水。

（6）设备房有积水时，首次进入现场人员须穿戴绝缘靴、绝缘手套等绝缘防护用品后，方可进入现场查看被淹情况。一旦发现设备被淹，应立即报控制中心、车站或直接通知设备管理责任部门确认相关设备是否已停电，确认无触电危险后，方可进入。

注意：车站土建结构出现严重漏水、冒浆时，控制中心须立即组织土建专业人员赶往现场确认情况。

（三）行动指引

1．值班站长

（1）恶劣天气期间：

1）按时组织车站人员对出入口、站外电梯房、风亭等重点部位进行巡查。

2）地面积水威胁车站安全时，组织员工使用沙袋等进行站外堵截，疏通排水通道并报控制中心，请求邻站支援，通知驻站机电人员。

3）视影响情况，关闭自动扶梯、垂直电梯、出入口，引导乘客从未受影响的出入口进出车站。

4）站外积水持续上涨，情况危急时，立即组织员工在站内出入口下方设置后续拦截措施，打开站内截水沟盖板，并封堵设备区通道，必要时切断可能遭受水淹的自动扶梯、垂直电梯等设备电源。

5）设备抢险人员赶到现场后，组织车站人员配合抢险行动。

6）站外积水一旦大量进入到站厅时，车站停止服务。

（2）站内管道漏水：

1）发现、确认管道漏水时，立即报控制中心，查明漏水管道性质，说明漏水点周边设备是否会或已受到影响。

2）隔离相应区域，安排保洁人员清理地面积水。

3）发现消防水管漏水，经环控调度员同意立即安排人员关闭市政进水手动阀门和区间消防水管手动阀门。

4）发现空调水管漏水，立即关闭冷水机组及重要设备房新风系统（在环控调度员指挥下），并观察通信机械室、信号机械室、降压室、环控电控室等重点设备房温度变化情况和是否有凝露现象。

5）发现设备房积水，现场查看时，注意首次进入现场人员须穿戴绝缘靴、绝缘手套等绝缘防护用品后，方可进入现场查看被淹情况。一旦发现设备被淹，立即报控制中心，或直接通知设备管理责任部门确认相关设备是否已停电，确认无触电危险后，方可进入。

6）站厅层设备区发生管道漏水时，须立即组织查明下层设备房是否进水，并报控制中心或通知设备管理责任部门检查具体情况。

7）如积水严重影响车站运作，经行车调度员同意，车站停止服务。

（3）车站土建结构出现严重漏水，影响服务时：

1）立即报控制中心，隔离相应区域，安排保洁人员清理地面积水。

2）参照上述方法进行应急处理。

2．行车值班员

（1）及时向控制中心汇报事件和应急处理情况。

（2）根据值班站长安排或现场情况，及时通知维修人员或设备管理责任部门，关闭相应设备或进行应急防护。

（3）确认相关排水泵工作状态。

六、车站停电

（一）处理原则

（1）在后备电力供应能力内将所有乘客安全疏散出站。

（2）车站停电后确认垂直电梯是否有人被困。

（3）全站停电后，应关闭车站（出入口只出不进）。

停电后车站有关设备维持能力参考：事故照明能维持1个小时；设备监控系统、火灾报警系统能维持0.5小时；自动售检票系统维持0.5小时，闸机15分钟后自动转换为常开状态；信号系统能维持1.5小时；电力监控系统及通信系统能维持2小时；屏蔽门能维持0.5小时，开关3次。

（二）关键指引

（1）全站停电后，立即报告行车调度员和相关部门，并在出入口张贴告示，关闭车站出入口（乘客只出不进）。

（2）如有列车停靠车站，广播注意事项，用应急灯到站台组织乘客上下车。

（3）接到行车调度员疏散命令后，通知车站员工停止车站服务，打开全部闸机和员工通道，执行车站疏散程序。

（三）岗位行动指引

1．值班站长

（1）车站停电后，报告车控室。

（2）如有列车停靠车站，广播注意事项，并派人拿应急灯到站台照顾乘客上下车。

（3）接到行车调度员疏散命令后，通知车站员工停止车站服务，执行车站疏散程序，并到站台协助疏散乘客。

2．行车值班员

（1）车站停电后，立即报告行车调度员，并广播安抚乘客。

（2）通知公安人员到现场协助。

（3）疏散乘客时，将闸机设为开放状态，通过乘客资讯系统发布有关疏散信息。

3．车站其他员工

（1）客运值班员到站台协助乘客上、下车，确保安全。

（2）售票员停止售票兑零，收拾好钱、票，锁好票箱和客服中心门，在站厅控制客流；乘客疏散完毕后，关闭相应出入口。修复正常供电后，恢复岗位正常工作。

（3）厅巡、站厅保安拿应急灯、手电筒在站厅维持秩序；站厅保安打开员工通道门，拿手电筒或应急灯、手提广播到站台协助乘客上、下车，确保安全；或在站厅维持秩序，引导乘客疏散，并做好乘客解释安抚工作。乘客疏散完毕后，关闭相应出入口（紧急出入口除外）。修复正常供电后，恢复岗位正常工作。

（4）站台保安负责站台乘客上下车安全。

七、车站发现可疑物品

下列情况视为可疑物品：无人认领的且无法从表面确认具体品名的物品；呈块状、粉末状、膏状的不明性质物品；有刺激性气味、特殊异味、泄漏出气体的物品；与钟表、定时器、手机等电子设备有导线连接的不明物品；其他不确定的物品。

（一）关键指引

（1）工作人员发现可疑物品时，立即报告车控室。

（2）立即隔离相关区域，通知公安。如发现与钟表、定时器、手机等电子设备有导线连接的不明物品时，按炸弹恐吓应急处理程序进行处理。

（3）公安人员到场后，听从其指挥，按其要求执行。

（二）岗位行动指引

1．行车值班员

（1）接到发现可疑物品报告时，立即报值班站长、公安、控制中心。

（2）通过电视监控系统监控可疑物品。

（3）及时向行车调度员通报现场情况。

2．值班站长

（1）接报后，立即组织人员隔离相关区域。

（2）组织人员寻找其他可疑物品。

（3）做好乘客疏散和员工撤离车站的准备，引导公安人员到现场处理。

（4）公安人员到达后，向其汇报有关情况，协助其工作。按公安人员要求执行相关程序。

八、车站接到炸弹恐吓

（一）关键指引

（1）接到恐吓电话时，保持冷静，尽量详细记录通话内容及通过沟通了解其意图，并留意打电话人的语气、口音等，并设法多了解一些信息。

（2）迅速报警，根据警方意见采取行动。警方有明确指示的按其要求执行，警方没有明确指示的，立即进行不公开检查，安排人员把守所有面向公共区的通道门，检查过程中避免引起乘客恐慌。

（3）在不打扰乘客的情况下，对车站进行地毯式巡查，发现可疑情况及时上报。

（二）一般处理流程

（1）组织员工巡视辖区所有地点，检查有否可疑人员或物品，隔离可疑区域。在保障人身安全的前提下组织车站员工寻找炸弹源。如发现炸弹源时，立即隔离该区域，并不得触碰；发现可疑物品时：

1）隔离该区域，关闭无线对讲机、手机等无线通信设备，禁止使用电气设备，并关注附近是否有可疑人物。

2）立即停止车站服务，隔离相关区域，组织乘客疏散，乘客疏散完毕后组织车站人员（站务人员、驻站维修人员、保安、保洁、商户等）撤离车站。

（2）警方、应急处理领导小组到场后，向其汇报有关情况，引导警方到现场处理，协助其工作。

（3）按照警方要求执行相关程序。根据警方意见进行疏散或其他行动。

（三）岗位行动

1．行车值班员

（1）接到炸弹恐吓电话，做好详细记录。

（2）如果旁边有同事，示意报警。

（3）立即报告值班站长、控制中心、110和上级领导。

（4）加强与值班站长、控制中心的联系，及时汇报现场进展情况。

（5）发现可疑物品时：立即向行车调度员报告。接到值班站长疏散指令后，按车站疏散程序执行。接到撤离通知时，须与控制中心留下2个以上联系方式。

2．厅巡

（1）根据值班站长安排，对车站相关区域范围进行巡视，检查有否可疑人员或物品。

（2）发现可疑人员或物品，立即报告，对可疑物品划定区域进行隔离。

（3）当需要疏散时，根据值班站长安排执行疏散程序。

3．售票员

当需要疏散时，根据值班站长安排执行疏散程序。

4．值班站长

按控制中心命令，组织车站员工在保障人身安全的前提下，进行不公开的搜索，安排人员把守所有面向公共区的通道门，搜索过程中避免引起乘客恐慌。

九、车站发现有毒气体

（一）处理原则

（1）发现乘客携带有危险货物标志的物品时，立即制止其进站乘车，如发现乘客已上车，立即向行车调度员和前方站报告。发现乘客携带的液体或气体泄漏时，可能情况下尽快确认携带者，寻找泄漏物的包装物，尽可能确认泄漏物性质。

（2）车站发生不明原因的人员中毒/怀疑为毒气袭击时，立即停止车站的大系统及隧道通风系统运行，同时停止相邻两个车站的隧道通风系统运行。

（3）人员中毒判断：发现危险化学品泄漏（发现泄漏物（含其包装物）或现场能闻到强烈的刺激性气味或其他特殊气味），群体性人员感到呼吸道、眼睛、皮肤等不适（窒息、灼烧、呕吐、流鼻血、眼睛刺痛、咽喉不适、呼吸困难、咳嗽、抽搐等），有人不明原因昏倒等。

（4）处理中安全注意事项：处理易燃液体、气体大量泄漏时，禁止在泄漏点和扩散核心区携带对讲机、手机等电子设备，禁止穿着带有铁钉的鞋和化纤类服装，使用铁器类工具时，注意不要磕碰地面、设备。

（二）关键指引

（1）立即疏散乘客，并组织员工撤离车站。

（2）停止车站服务，关闭除紧急出入口外的车站出入口，防止不明情况的乘客进入。

（三）一般处理流程

（1）发现车站有有毒化学物质泄漏，立即报告行车调度员、110、120。

（2）在做好个人防护的情况下，通知各岗位员工执行车站疏散程序。

（3）乘客疏散完毕后，关闭除紧急出入口外的其他出入口，防止不明情况的乘客再次进入车站，组织所有员工撤离至紧急集合地点。

（4）救援人员到场后，车站向其汇报有关情况，协助其工作。

（5）配合专家行动。

（四）岗位行动

1．站务员

（1）在穿戴好防毒面具、防护服、手套后在值班站长的指挥下，执行车站疏散程序。

（2）乘客疏散完毕后，员工撤离至紧急集合点。

（3）在值班站长的安排下，配合专家的行动。

2．行车值班员

（1）发现人员中毒时，立即报告值班站长。

（2）报告行车调度员、110、120。

（3）按环控调度员指示开启/关闭车站相应环控模式。

（4）值班站长下达车站疏散命令时，按车站疏散程序执行。

（5）通知驻站机电人员做好专业救援部门到达后的配合工作。

（6）接到撤离通知时，须与控制中心留下2个以上联系方式。

3．值班站长

（1）立即通知各岗位员工执行车站疏散程序。

（2）怀疑为化学毒剂袭击时，组织将疏散到站外安全地点的乘客及车站员工进行隔离，设置缓冲区，等待专业部门处理。

（3）组织对受到伤害的人员按《常见危险化学品应急处理和控制措施表》进行急救。

（4）安排人员做好救援队的引导工作。

（5）确认乘客疏散完毕后，通知所有员工撤离至紧急出入口，同时关闭车站其他出入口。

（6）救援人员到达后，汇报有关情况，协助其处理。

十、劫持人质事件

（一）关键指引

（1）迅速报警。

（2）确保员工自身安全。

（3）确保乘客安全。

（4）在警察到场前，尽可能稳定劫匪情绪，了解其需求，尽可能为其提供职责范围内的需求，呼吁被劫持人员保持镇定。

（5）尽可能了解被劫持人员身份和其亲属联系方式。

（6）警察到场后，听从其指挥，配合解救人质行动。

（二）劫匪在列车上

1．值班站长

（1）按行车调度员指令，立即执行车站疏散程序。

(2)列车到站后,扣停列车,车站协助疏散列车上乘客。

(3)报告行车调度员和致电110报警中心、120急救中心。

(4)列车、车站乘客疏散完毕后,车站员工应撤离到安全地点。

(5)上级应急处理小组或警察到场后,听从其指挥,配合开展解救工作。配合警方处理、取证和寻找目击证人。

(6)事件处理完毕后,按警方通知向行车调度员报告,请求车站恢复服务。

(7)清理现场,组织恢复车站服务。

2. 站务员

(1)根据值班站长的安排,立即执行车站疏散程序。

(2)乘客疏散完毕后,撤离到安全地点。

(3)在值班站长的安排下,配合警方处理、取证和寻找目击证人。

(4)事件处理完毕后,接值班站长恢复运营指令,清理现场,恢复岗位正常工作。

(三)劫匪在车站内

1. 值班站长

(1)立即报告110报警中心、120急救中心和行车调度员。调整电视监控系统、安防系统设备至事发地点,关注事态的发展。

(2)按行车调度员的指令,立即执行车站疏散程序。组织站务员到达现场,疏散周边围观乘客,隔离事发区域,引导乘客从未受影响出入口、电扶梯、闸机进出车站。发生群体性乘客被劫持时(3人及以上),车站立即停止服务、疏散乘客。

(3)若劫持地点在站厅,将站厅通往站台的电扶梯全部改为下行,在站台与站厅间安排员工阻拦乘客上站厅,或设置隔离栏警示乘客不可由站台上至站厅。或组织站台乘客全部上列车疏散。

(4)若劫持地点在站台,将站厅通往站台的电扶梯全部改为上行,组织站台乘客疏散至站厅,在站台与站厅间安排员工阻拦乘客下站台,或在站台与站厅间设置隔离栏,警示不可由站厅下至站台。

(5)配合警方处理、取证和寻找目击证人。

(6)事件处理完毕后,按警方通知向行车调度员报告,请求车站恢复服务。

(7)清理现场,组织恢复车站服务。

2. 站务员

(1)根据值班站长的安排,立即执行车站疏散程序。

(2)如站厅发生劫持,将站厅通往站台的电扶梯全部改为下行,在站台与站厅间阻拦乘客上站厅,对人工监护不到的电扶梯,设置隔离栏警示乘客不可由站台上至站厅,或根据值班站长安排到站台组织乘客全部上列车疏散。

(3)如站台发生劫持,将站厅通往站台的电扶梯全部改为上行,组织站台乘客疏散至站厅,在站台与站厅间安排员工阻拦乘客下站台,或在站台与站厅间设置隔离栏,警示不可由站厅下至站台。

(4)乘客疏散完毕后,撤离到安全地点。

(5)在值班站长的安排下,配合警方处理、取证和寻找目击证人。

(6)事件处理完毕后,接值班站长恢复运营指令,清理现场,恢复岗位正常工作。

十一、电梯困人

（一）关键指引

（1）发现或接报后，迅速派人到现场，在维修人员到达前尽量安抚乘客，稳定乘客情绪。

（2）立即报告电梯厂家及运营单位设备维修部门。

（二）一般处理流程

（1）车站接到被困电梯乘客求助后，立即派人前往现场安抚乘客，并疏散围观乘客，同时向维修部门、电梯厂家报告。

（2）在垂直电梯前设置停用标志和隔离带；将情况报告行车调度员、站长等。

（3）维修人员到达现场后，车站派人协助其工作。

（4）待乘客救出后，与维修人员确认电梯状态，决定是否开启，并向行车调度员汇报具体情况。

（5）如乘客受伤则按客伤程序处理。

十二、恶劣天气（台风）

1．关键指引

（1）加强巡视，重点检查暴露地面的设备设施加固情况，发现情况及时处理。

（2）准备好防护备品，提前做好防洪准备。

（3）发现异常及时通报。

2．一般处理流程

（1）当班负责人（值班站长）组织员工加强车站的巡视，注意检查暴露地面的灯箱、广告牌及导向标志（包括与车站有关的相邻单位的设备设施防护牢固情况），发现异常及时上报处理。

（2）检查车站出入口防洪卷闸门状态是否良好，出入口外排水设施是否畅通，并准备好防洪沙袋。

（3）加强车站各出入口的保洁清扫工作，同时加强车站安全广播，防止乘客在车站滑倒受伤。

（4）如强台风造成突发性大客流，立即报告行车调度员，按突发性大客流程序处理。

（5）如因强台风造成隧道积水，按行车调度员指示派合资格人员登乘列车驾驶室进行轨道巡查。

（6）若水害较严重，按行车调度员要求组织员工关闭车站，停止车站运营服务。

（7）与行车调度员保持密切联系，发现异常及时上报。并将车站情况向有关主管部门上报或请求支援。

（8）强台风过后，按行车调度员指示组织员工恢复运营。

十三、车站、列车上发现恶性传染病

恶性传染病是指由城市疾病预防控制中心确定的易于在人群中传播的严重传染病。恶性传染病源的出现信息一般由城市疾病预防控制中心发出，轨道交通运营员工接到通知后，应配合城市疾病预防控制中心控制人流。轨道交通控制中心环控调度员根据传染病的性质可采取全通风模式，或者在列车到达前关闭或授权车站关闭车站的空调系统，通风系统只吸入新风不向外界排风，防止传染病毒扩散。

1．关键指引

（1）做好员工个人防护，确保自身安全。

（2）对病源及病源所在列车或车站采取整体隔离措施，严禁疏散，防止传染病进一步扩散。

2．一般处理程序

（1）车站接到命令后，通知员工做好个人防护，停止车站服务，关闭车站，禁止所有乘客、员工出入站，并耐心做好恰当的解释广播。

（2）如传染源在列车上，车站接到准备接入事发列车的命令后，立即疏散车站乘客与大部分员工。进站停车后暂时不能开启车门和屏蔽门，等候专家到来后经行车调度员同意后开启，并广播安抚乘客协助隔离检查。

（3）配合公安维持现场秩序。

（4）等候专家到来，配合其处理，按专家与警方意见执行行动。

十四、车站发现放射性物质

1．关键指引

立即组织员工和乘客迅速撤离车站，迅速报告。

2．一般处理流程

（1）发现放射性物质后，立即报告110、120及行车调度员，停止车站运营服务。

（2）撤离车站员工，禁止携带任何站内物品到站外，撤离前报告行车调度员，并留下车站联系方式。

（3）组织安排受影响人员进行体检（并通知放射源附近的乘客等待体检）。

（4）协助专业部门对车站进行检查。

（5）协助事故调查和清理现场。

案例　车站屏蔽门夹人事件

一、事件经过

2005年9月6日11:14，0611次列车到达A站下行站台后，当值站台保安发现车站下行线尾端墙区域所对应的一排屏蔽门滑动门最开始只开了40厘米左右的空隙，延迟5～6秒后才正常开启，站台乘客上下车完毕，车门和屏蔽门关闭时，站台保安突然发现第29档滑动门处有一位乘客被夹住脖子大声呼救。站台保安见状，立即向当值司机显示紧急停车手信号，并迅速上前将屏蔽门滑动门推开，将乘客救出；与此同时，保安发现29档屏蔽门处对应的列车车门未关。

此时当值行车值班员通过电视监控系统发现列车停站时间超过30秒，立即向站台保安询问，保安因急于处理乘客被夹事件和为尽快让列车开出，只回答列车无法开动，但未进一步说明列车车门未关以及屏蔽门夹人情况。行车值班员误认为是往常车站经常出现的屏蔽门与信号接口故障造成列车无法正常动车，就要求站台保安尽快处理让列车动车。站台保安显示"好了"信号，列车仍然无法动车，保安按行车值班员指示，立即前往端门处询问司机是否需要帮助并将车门未关情况告诉司机，司机也发现三个车门紧急解锁手柄被拉下，立即前往处理，将车门紧急解锁手柄复位，以人工驾驶模式动车。从列车到站至事件处理完毕动车，耗时400秒。

二、原因分析

（1）主要原因：屏蔽门丧失防夹功能。

（2）站台保安在乘客脱险后，没有及时将详细情况汇报车控室，导致车站值班员及行车调度员对事态了解不全面，不能及时应对、解决事件。

（3）车站值班员臆测现场情况，没有充分询问、掌握现场实际情况，导致在车门打开的情况下指示站台保安显示"好了"信号发车。

（4）车站保安缺乏必要行车知识，盲目显示"好了"信号发车。

三、影响及点评

本次事件屏蔽门夹住乘客脖子，有酿成严重后果的可能性，处理过程耗时400秒。暴露出各行车岗位间缺乏互控的意识，应急处理不是立足于掌握现场情况，而是盲目臆测，性质尤为严重的是保安在车门尚未处理情况下，按照多方要求显示好了信号，忽视了信号显示的意义和要求。

模 块 小 结

车站作为轨道交通的服务窗口，客流主要的集散地，也是轨道交通主要的应急一线，必须成立相应的应急组织机构应对突发事件。控制中心是轨道交通突发事件调度指挥中心。

车站范围内发生突发事件时，车站要严格服从调度指挥中心指令，坚持高度集中、统一指挥的原则；坚持"先救人、后救物；先全面、后局部"的原则；坚持就近处理原则；对外宣传时坚持宣传归口原则。

车站范围内发生突发事件时，应急信息通报应遵循"迅速、准确、完整"的原则，任何员工发现或接到突发事件信息，均应立即执行规定的通报流程，迅速报告，不得延误、中断或缺漏。应急信息通报遵循流程：突发事件现场—信息控制中心—应急处理专业机构和外部支援。

车站必须指定一个出入口作为紧急出入口，紧急出入口需满足一定条件。

由于车站范围内可能发生的突发事件涉及行车、客运、票务、综合治理等多方面，因此需要的应急备品也五花八门。车站的存储空间有限，车站应急备品的配备以"应急、适用"为原则，做到少而精。

突发事件可能由自然灾害、设备故障、乘客行为、员工失误等导致，每个事件都有其特征，涉及的范围也各有不同，如事发的地点、时间、涉及的乘客数量、可用资源、事故本身的规模以及影响等。

突发事件发生在车站范围内时，所有车站员工都必须做出反应，尽量把故障或事故对服务造成的影响减到最低，必须快速采取相应行动，以确保乘客、自身及其他员工的安全。

复习与实训

一、单选题

1. （　　）是轨道交通突发事件调度指挥中心，是突发事件信息传递中枢，承担突发事件信息集散功能。

　　A. 控制中心　　　　　　　　　　B. 车站抢修组
　　C. 应急处理救援队　　　　　　　D. 新闻信息管理组

2. 车站抢险组统一由（　　）负责指挥，组织、实施车站救援抢修工作。

　　A. 站长　　　　　　　　　　　　B. 当班值班站长
　　C. 客运值班员　　　　　　　　　D. 行车值班员

3. 乘客物品掉落轨道时，下列行为不正确的是（　　）。

　　A. 站台保安接到乘客通知后立即报告车控室

B．经站台保安确认是否影响行车后，行车值班员向行调汇报

C．值班站长立即赶赴站台，配合乘客取出掉落物品

D．掉落物品影响行车时，站台保安立即按压紧急停车按钮

4．车站防范站外积水灌入车站的原则中，以下错误的是（　　）。

A．站外堵截

B．关闭相关的出入口，但自动扶梯、垂直电梯照常运行

C．加强巡视

D．通知维修部门开启相关水泵

二、多选题

1．车站应急处理原则包括（　　）。

A．高度集中，统一指挥　　　　　　B．宣传归口原则

C．先救人，后救物　　　　　　　　D．先全面，后局部

E．就近处理

2．紧急出入口需满足的条件有（　　）。

A．独立出入口

B．出入口紧邻行车道，便于应急车辆停靠

C．出入口连接通道的宽度要求不小于2.5米，能满足应急物资运输

D．靠近车站综合控制室

E．远离车站综合控制室

3．劫持人质事件关键指引包括（　　）。

A．迅速报警　　　　　　　　　　　B．严正警告劫匪立即释放人质

C．确保员工自身安全　　　　　　　D．了解被劫持人员身份和其亲属联系方式

E．在警察到场前尽可能稳定劫匪情绪

4．车站火灾应急处理关键指引包括（　　）。

A．保障乘客和员工的人身安全

B．迅速通报

C．在保证员工自身安全情况下尝试灭火

D．需要紧急疏散时，尽可能稳定乘客情绪，特别关注老、幼、残等人士，防止发生踩踏等次生灾害事件

E．启动站厅火灾排烟模式

三、简答题

1．简述突发事件中应急处理救援队的职责。

2．简述突发事件信息通报的内容。

四、实训项目

参与站台火灾的跑位演练，跟岗厅巡岗位跑位，熟悉岗位指引和流程。接到火灾情况报告后，根据值班站长的安排，到现场确认是否发生火灾，确认后报告车站控制室，在保障自身安全的情况下尝试灭火，当火势较大无法现场扑灭时，按值班站长要求执行车站疏散程序。在接到值班站长可以恢复运营的指令后，协助清理现场，并完成总结报告。

参 考 文 献

[1] 北京城建设计研究总院. 地铁设计规范：GB 50157—2013[S]. 北京：中国建筑工业出版社，2014.

[2] 毛保华. 城市轨道交通系统运营管理[M]. 北京：人民交通出版社，2006.

[3] 张国宝. 城市轨道交通运营组织[M]. 上海：上海科学技术出版社，2006.

[4] 毛保华，四兵锋，等. 城市轨道交通网络管理及收入分配理论与方法[M]. 北京：科学出版社，2007.

[5] 何霖. 城市轨道交通运营筹备与组织[M]. 北京：中国劳动社会保障出版社，2008.

[6] 永秀. 城市轨道交通行车组织[M]. 北京：机械工业出版社，2010.

[7] 阎国强，仇海兵. 城市轨道交通概论[M]. 北京：人民交通出版社，2010.

[8] 李力. 城市轨道交通运营与管理综合应用[M]. 北京：中国电力出版社，2008.

[9] 张雁，宋敏华，等. 城市轨道交通可持续发展研究及工程示范[M]. 北京：中国建筑工业出版社，2010.

[10] 周顺华. 城市轨道交通设备系统[M]. 北京：人民交通出版社，2009.

[11] 何静. 城市轨道交通运营管理[M]. 北京：中国铁道出版社，2007.